Bauwelt Fundamente 58

Herausgegeben von Ulrich Conrads
unter Mitarbeit von Peter Neitzke

Beirat:
Gerd Albers
Hansmartin Bruckmann
Lucius Burckhardt
Gerhard Fehl
Herbert Hübner
Julius Posener
Thomas Sieverts

Heinz Quitzsch

# Gottfried Semper – Praktische Ästhetik und politischer Kampf

Im Anhang:

Gottfried Semper
Die vier Elemente
der Baukunst

Friedr. Vieweg & Sohn   Braunschweig / Wiesbaden

Titel der Originalausgabe:
Heinz Quitzsch, Die ästhetischen Anschauungen Gottfried Sempers
© 1962 Akademie Verlag, Berlin — DDR
Anhang: Gottfried Semper, Die vier Elemente der Baukunst. Reprint der 1. Auflage,
Friedr. Vieweg und Sohn, Braunschweig 1851

CIP-Kurztitelaufnahme der Deutschen Bibliothek

**Quitzsch, Heinz:**
Gottfried Semper — praktische Ästhetik und
politischer Kampf/Heinz Quitzsch. Im Anh.:
Die vier Elemente der Baukunst/Gottfried
Semper. — Repr. d. 1. Aufl. Braunschweig,
Vieweg, 1851. — Braunschweig; Wiesbaden:
Vieweg, 1981.
(Bauwelt-Fundamente; 58)
ISBN 3-528-08758-7

NE: Semper, Gottfried: Die vier Elemente der
Baukunst; GT

© Friedr. Vieweg & Sohn Verlagsgesellschaft mbH, Braunschweig 1981
Umschlagentwurf: Helmut Lortz
Satz: Friedr. Vieweg & Sohn, Braunschweig
Druck: E. Hunold, Braunschweig
Buchbinderei: W. Langelüddecke, Braunschweig
Alle Rechte an der deutschen Ausgabe vorbehalten. Printed in Germany West

Die Vervielfältigung und Übertragung einzelner Textabschnitte, Zeichnungen oder Bilder,
auch für Zwecke der Unterrichtsgestaltung, gestattet das Urheberrecht nur, wenn sie mit
dem Verlag vorher vereinbart wurde. Im Einzelfall muß über die Zahlung einer Gebühr für
die Nutzung fremden geistigen Eigentums entschieden werden. Das gilt für die Vervielfältigung durch alle Verfahren einschließlich Speicherung und jede Übertragung auf Papier,
Transparente, Filme, Bänder, Platten und andere Medien.

ISBN 3-528-08758-7

# Inhalt

Einleitung .................................................. 7

Die politischen Anschauungen Gottfried Sempers ................ 10

Gottfried Semper über den Zusammenhang zwischen der Entwicklung der Kunst und der Entwicklung der Gesellschaft ..................... 29

Zu den zwei Entwicklungsetappen in Sempers theoretischem Schaffen .... 51

Die Lehre von den Grundtypen der technischen Künste .............. 59

Zur Rolle von Zweck, Material und Technik in Sempers Anschauungen ... 75

Die Bedeutung der Bekleidungstheorie in Sempers Anschauungen ....... 86

Anmerkungen ................................................ 106

Literaturnachweis ........................................... 115

Anhang: Gottfried Semper, Die vier Elemente der Baukunst ......... 119

Kietz, E. B., Gottfried Semper, Zeichnung 1850

# Einleitung

Obwohl seit dem Erscheinen von Sempers Hauptwerk „Der Stil in den technischen und tektonischen Künsten" über hundert Jahre vergangen sind, hat die Beschäftigung mit den darin enthaltenen Ideen nicht aufgehört. Seine theoretischen Arbeiten sind immer wieder ein Anlaß zu erneuter Untersuchung mit den in ihnen aufgeworfenen Fragen geworden. Seit dem Ende des vergangenen Jahrhunderts setzten sich wiederholt namhafte Kunsttheoretiker und Kunsthistoriker mit seinen Gedanken auseinander. Es sei nur auf A. Riegl, A. Schmarsow, C. Fiedler, W. Worringer verwiesen. Es ist dabei nicht nur seine vor allem im „Stil" niedergelegte Kunsttheorie, die die Aufmerksamkeit auf sich zieht. Auch die Polychromieauffassung Sempers steht weiterhin im Bereich des Interesses, wie das die Arbeit von H. Koch „Studien zum Theseustempel in Athen" (Berlin 1955) bezeugt.

Es wäre eine besondere, aber auch wichtige Aufgabe, die Geschichte der Auseinandersetzung mit Sempers Theorie seit dem Entstehen des „Stil" zu schreiben. Es wäre dies zugleich ein Beitrag zur Geschichte der Kunsttheorie und Ästhetik seit 1860. Bis heute liegt aber eine zusammenfassende Darstellung für die Zeit von 1860 bis zur Gegenwart erst in den Ansätzen vor. Es würde deshalb den Rahmen der vorliegenden Arbeit sprengen, wenn sehr ausführlich auf die Wirkung Sempers bis in unsere Zeit eingegangen werden würde. Es sind deshalb nur die Grundrichtungen dieser Nachwirkung behandelt worden.

Aber nicht nur durch die Anregungen, die Semper auf kunsttheoretischem Gebiet gegeben hat, ist sein Schaffen heute noch für uns von Bedeutung. Auch auf seine Leistungen als Architekt, die ihn zu einer der bedeutendsten Gestalten in der Mitte des 19. Jahrhunderts werden ließen, muß an dieser Stelle verwiesen werden. Dabei besteht ein enger Zusammenhang zwischen seinem theoretischen und seinem künstlerischen Schaffen. Semper hat vor allem durch das Zurückgreifen auf die Formensprache der italienischen Renaissance in Deutschland Schule gemacht. In seinen theoretischen Schriften erfährt z.B. diese für die Geschichte der deutschen Architektur in der Mitte des 19. Jahrhunderts charakteristische Erscheinung eine theoretische Begründung. Diese Einheit zwischen Theorie und künstlerischem Schaffen läßt eine Untersuchung der theoretischen Konzeption Sempers wieder notwendig erscheinen.

Neben dieser Wirkung als Kunsttheoretiker und Architekt ist es aber auch Sempers eigenes Leben, das uns gerade heute wieder auf ihn aufmerksam macht. Semper ist als bedeutender deutscher Architekt seiner Zeit auch aktiver Mitkämpfer in der demokratischen Bewegung der Jahre 1848/49. Seine Beteiligung an den revolutionären Ereignissen im Mai 1849 in Dresden zeigt ihn als Kämpfer für eine bürgerlich-demokratische Ordnung in Deutschland. Und auch hier ist, wie noch im einzelnen nachzuweisen sein wird, die Beziehung zu seinen theoretischen Auffassungen gegeben.

Sempers Schaffen ist unmittelbar verbunden mit den theoretischen, baukünstlerischen und politischen Bestrebungen der Mitte des 19. Jahrhunderts. Es ist unmöglich, seine Gedanken von diesem historischen Hintergrund zu trennen, zumal er selbst sehr aktiv an diesen Bestrebungen teilgenommen hat. Er ist kein Theoretiker, der die Theorie nur um ihrer selbst willen ausarbeitet, sondern seine theoretischen Arbeiten sollten unmittelbar in die Lösung der Probleme seiner Epoche eingreifen. Dies findet seinen programmatischen Ausdruck in dem Untertitel seines Hauptwerkes, das er als „Praktische Ästhetik" bezeichnet. Das ist für Semper mehr als nur eine Abgrenzung gegen die spekulative Ästhetik.

Von diesem Gedanken ausgehend, kam es vor allem darauf an, in der vorliegenden Arbeit den Zusammenhang zwischen Sempers Theorie und den Bestrebungen und sozialen Kämpfen seiner Zeit aufzuzeigen. Das erschien auch deshalb notwendig, weil sich die bisher über Sempers Kunsttheorie verfaßten Arbeiten weitgehend von dieser Problematik abwandten. In der Lösung dieser Aufgabe besteht eines der Hauptanliegen der Arbeit.

Zur zweiten, hier vorliegenden Auflage:
Die Einleitung zur 1. Auflage charakterisiert auch heute noch wesentliche Anliegen dieser Schrift. Allerdings hat sich inzwischen die kunstwissenschaftliche Forschung dem Wirken Gottfried Sempers in weitaus stärkerem Maße zugewandt, als das bis zum Beginn der 60er Jahre der Fall war.
Eine intensive Beschäftigung mit dem Schaffen Gottfried Sempers erfolgte vor allem in den 70er Jahren. Es begann die längst notwendige Aufarbeitung des Zürcher Nachlasses, das Symposion „Gottfried Semper und die Mitte des 19. Jahrhunderts" von 1974 in Zürich erbrachte neue Gesichtspunkte zu Sempers Gesamtwerk, und die wichtige Arbeit von Wolfgang Herrmann hat die Kenntnisse über Sempers Wirken im Exil und insbesondere zur Entstehungsgeschichte des „Stil" wesentlich erweitert. Weitere wichtige Impulse gingen von den umfangreichen Arbeiten in Verbindung mit dem Wiederaufbau des Opernhauses in Dresden aus. 1979 hat die Semper-Ehrung der Deutschen Demokratischen Republik sowohl durch das Wissenschaftliche Kolloquium der TU Dresden als auch durch die reichhaltige Ausstellung „Gottfried Semper. Zum 100. Todestag" weiterführende Forschungsergebnisse erbracht und eine breite Öffentlichkeit mit dem Schaffen dieses einflußreichen Architekten und Kunsttheoretikers vertraut gemacht.[1]
Die vorliegende Auflage konnte viele neue Ergebnisse der Semperforschung einbeziehen. Aber gerade für weiterführende Untersuchungen zu den theoretischen Anschauungen Sempers fehlt bis heute eine Publikation des bisher unveröffentlichten schriftlichen Nachlasses. Wolfgang Herrmann hat inzwischen einen Teil

dieses Nachlasses bearbeitet und in seiner letzten Schrift Briefe Sempers und auch andere Textteile veröffentlich.[2] Dadurch lassen sich heute manche Fragen, wie z. B. die nach dem Manuskript des geplanten 3. Bandes des „Stil", u. a. beantworten. Zugleich bestätigte diese Arbeit auch viele 1962 von mir formulierte Thesen. So konnte bei der Bearbeitung die Grundkonzeption der 1. Auflage beibehalten werden, und eine Erweiterung erfolgte nur dort, wo dies auf Grund wesentlicher neuer Erkenntnisse erforderlich schien.

# Die politischen Anschauungen Gottfried Sempers

Das Leben Gottfried Sempers ist untrennbar verbunden mit den großen sozialen Umwälzungen, die sich in den größten europäischen Ländern während des 19. Jahrhunderts vollziehen. Zu Beginn seines Lebens kämpften die bürgerlich-demokratischen Kräfte in Deutschland gegen die feudal-absolutistische Ordnung für eine ungehinderte Entfaltung der kapitalisitischen Produktionsweise. Erstmalig tritt die Arbeiterklasse in großen Kämpfen als eine selbständige politische Klasse auf. Semper beteiligte sich im Alter von 45 Jahren aktiv an der Seite der Kleinbürger und Proletarier Dresdens an der Revolution von 1848/49. Und am Ende seines Lebens vollzog sich in allen kapitalistischen Ländern Europas der Übergang vom Kapitalismus der freien Konkurrenz zum Imperialismus. Die deutsche Arbeiterbewegung hatte sich zu einer starken politischen Massenbewegung entwickelt, die erfolgreich gegen das Bismarcksche Sozialistengesetz kämpfte. Die Pariser Kommune beunruhigte die Bourgeoisie aller Länder. Semper hat sich in der ersten Hälfte des 19. Jahrhunderts aktiv an diesen politischen Kämpfen beteiligt, und er verfolgte auch in den späteren Jahren aufmerksam die politischen Ereignisse.

Die Würdigung der Kunsttheorie Gottfried Sempers erfordert deshalb, auf seine politischen Ansichten und seine politische Haltung einzugehen. Im Rahmen dieser Arbeit sind es eine Reihe von Gründen, die die Aufnahme eines solchen Abschnittes notwendig machen.

Das theoretische Schaffen Sempers ist, wie das keines anderen seiner Zeitgenossen auf diesem Gebiet, auf die Lösung praktischer Aufgaben orientiert. Dabei kann er an den die Kunstentwicklung seiner Epoche hemmenden sozialen Zuständen nicht vorübergehen. Sempers Einschätzung der zeitgenössischen Kunst ist deshalb immer mit einer Kritik an den bestehenden gesellschaftlichen Zuständen verbunden.

Die sich hier zeigende politische Haltung wirkt, wie weiter verfolgt werden wird, auf seine ästhetischen Ansichten ein und beeinflußt die Lösung einer Reihe theoretischer Fragen. Das erfordert, daß gerade bei Semper zu einer richtigen Würdigung seiner Persönlichkeit die Darlegung seines politischen Auftretens hinzugehört. Es muß betont werden, daß Semper der einzige bedeutende deutsche Architekt war, der in der Revolution von 1848/49 aktiv auf der Seite der Volksmassen für eine demokratische Entwicklung Deutschlands kämpfte.

Das deutsche Bürgertum machte nach 1848 seinen Frieden mit den preußischen Junkern und gab aus Angst vor dem anwachsenden Proletariat den Kampf gegen die feudale Reaktion in Deutschland immer mehr auf. Die großen Traditionen der Revolution von 1848 wurden entweder verfälscht oder möglichst vergessen. Diese Tendenz zeigt sich auch in der Darstellung des Lebens von Gottfried Semper. Sowohl Lipsius als auch Pecht und Manfred Semper versuchen in ihren Arbeiten, der Haltung Sempers in der Revolution von 1848 einen möglichst geringen Raum einzuräumen. Lipsius versucht ausdrücklich, die Haltung Sempers zu bagatellisieren. So ergibt sich aus einem weiteren Grunde die Notwendigkeit eines solchen Abschnittes. Dies ist die notwendige Auseinandersetzung mit der einseitigen oder falschen Darstellung des Lebens von Semper in der Darlegung seiner politischen Haltung.

Gottfried Semper wurde am 29.11.1803 in Hamburg als Sohn eines aus Schlesien stammenden Wollfabrikanten geboren. Nach dem Besuch des Gymnasiums in Hamburg begann Semper 1823 mit dem Studium in Göttingen. Er belegte zunächst Rechtswissenschaft, später Mathematik und hörte bei Thibaut, Gauß, Otfried Müller, Heeren u.a.. In den Vorlesungen von Heeren und Otfried Müller hört der junge Semper von einer neuen Sicht der Geschichte, in der das Volk Träger der Geschichte ist und der Zusammenhang zwischen Kunst, Geistesgeschichte und Staat betont wird. 1825 übersiedelte er nach München und folgte dann dem Architekten Bühlau nach Regensburg, wo er diesen bei den Arbeiten zur Herausgabe eines Werkes über den Regenburger Dom unterstützte. Nach einem Duell flüchtete er nach Paris. Er wurde der Schüler von Gau und wandte sich vermutlich unter dessen Einfluß von der „deutschen reaktionären und frömmelnden Romantik" ab.[3] Hier, in Paris, kommt Semper auch in eine enge Berührung mit der revolutionären Entwicklung dieser Jahre. Nach dem Bericht von Hans Semper wird er in dieser Zeit zur Beschäftigung mit den Fragen des Zusammenhanges zwischen Kunst und den entsprechenden gesellschaftlichen Zuständen gedrängt. Er erlebte die Julirevolution des Jahres 1830, mit der er sympathisierte. Über seine Einstellung dazu schreibt Hans Semper:

Es kam die Julirevolution im Jahre 1830, mit der er lebhaft sympathisierte, indem er, seiner ganzen Anschauungsweise über den engen Zusammenhang zwischen Kunst und allgemeiner Kultur gemäß, den Haß, den er den verrotteten Zuständen auf dem Gebiete der Kunst entgegenbrachte, notwendig auch auf die unerquicklichen Zustände des Staates und der Gesellschaft übertragen mußte.[4]

Diese Feststellung seines Sohnes zeigt, daß Semper bereits in diesen Jahren die revolutionär-demokratische Bewegung seiner Zeit sehr aufmerksam und mit Sympathie verfolgte. Seine Auffassung von dem engen Zusammenhang zwischen Kunst und Politik macht eine solche Haltung verständlich.

Nach den Julieignissen führte ihn eine längere Reise nach Südfrankreich, Italien und Griechenland. Als ein Ergebnis dieser Reise nach Italien und Griechenland entstand die Schrift „Vorläufige Bemerkungen über bemalte Architektur und Plastik bei den Alten", die 1834 in Altona bei J.F. Hanrich erschien. Mit dieser Schrift wurde Semper in den Fachkreisen bekannt. Die Schrift erregte durch die in ihr enthaltene These von der totalen Bemalung der antiken Bauten beachtliches Aufsehen und trug ihm die Gegnerschaft Franz Kuglers ein.

In Veröffentlichungen von de Quincy aus dem Jahre 1815 war dieses Problem zum ersten Male aufgeworfen worden. Später wies Hittorf in verschiedenen Arbeiten in den Jahren 1823 bis 1824 an antiken Tempeln in Sizilien deren vollständige Bemalung nach. Seitdem stand die Polychromie antiker Bauwerke im Mittelpunkt einer umfangreichen Debatte.

Gestützt auf eigene Untersuchungen an antiken Bauwerken, griff Semper in die Auseinandersetzungen ein und bemühte sich, erstmalig ein vollständiges System der antiken Polychromie zu geben. Mit seinen Gedanken von der totalen Bemalung der antiken Bauwerke rüttelte er an einer der grundlegenden theoretischen Voraussetzungen des „Klassizismus Winckelmannscher Sehweise".[5] Für den Klassizismus war die durch keinerlei „Farbe verfälschte Form" Grundlage der Betrachtung antiker Kunst.

Jetzt wies Semper u. a. durch chemische Untersuchungen von Farbresten an der Trajanssäule in Rom nach, daß nicht nur die griechische, sondern auch die römische Architektur farbig gewesen war, und er vertrat die Ansicht, daß eine solche Bemalung sich auch auf die Plastik ausgedehnt habe. Diese Untersuchung rief die Verteidiger der alten klassizistischen Anschauungen gegen Semper auf den Plan. An ihrer Spitze stand mit seiner ganzen Autorität Franz Kugler. Aber auch dieser mußte in seiner Polemik schon eine teilweise Bemalung der antiken Architektur anerkennen.

Die Schrift Sempers über die Polychromie wurde ein wichtiges Ereignis bei der Überwindung der theoretischen Einseitigkeiten des deutschen Klassizismus.

Ettlinger hat in seiner Dissertation „Gottfried Semper und die Antike"[6] die Bedeutung dieser Schrift für die Auflösung der klassizistischen Anschauungen eingehend gewürdigt. Für ihn bedeutet der „bunte Klassizismus" die „Letzte Phase der klassizistischen Tendenz".[7]

In unserem Zusammenhang soll der Inhalt dieser Schrift nach einer anderen Seite hin untersucht werden.

In ihr sind eine Reihe von Bemerkungen Sempers, insbesondere im Vorwort, enthalten, die uns auch über die politische Einstellung des Verfassers Auskunft geben. Pecht weist in seiner Biographie über Semper bereits auf diese Tatsache hin. Er schreibt:

Die Schrift war ein vollständiges Programm von des Autors *künstlerischen* und selbst *politischen* Ansichten.[8]

Der Inhalt der Arbeit unterstreicht diese Feststellungen Pechts.

Wie Semper durch seine Lösung des Problems der Polychromie unmittelbar in grundlegende kunsttheoretische Auseinandersetzungen seiner Zeit eingriff, so geschah es auch durch die in der Schrift dargelegten politischen Ansichten. Im Vorwort legte er seine Auffassung von dem untrennbaren Zusammenhang von Kunst und Politik einer Einschätzung der Architektur seiner Zeit zugrunde.

Dabei zeigt sich schon in dieser, seiner ersten bedeutenden Schrift eine Grundhaltung, die sein ganzes späteres Schaffen bestimmte. Für Semper ist die Kunst

der Antike, noch ganz im Sinne der klassizistischen Einstellung seiner Epoche, das unbestrittene Vorbild. Seine Untersuchungen über die Polychromie sollen dazu beitragen, dieses Vorbild besser kennenzulernen. Die Polemik gegen eine enge, den kunsthistorischen Tatsachen widersprechende Theorie wird von ihm trotz der gegenteiligen Wirkung als Kampf für eine richtige Interpretation des antiken Ideals geführt. In dieser Schrift aus dem Jahre 1834 ist auch von der späteren Vorliebe für die italienische Renaissance noch nichts vorhanden.
Semper fordert ein den Tatsachen entsprechendes Studium der antiken Architektur, um sich, gestützt auf die neuen Erkenntnisse, die Mittel für einen Aufschwung des eigenen baukünstlerischen Schaffens zu erarbeiten. Die Schrift ist von dem Bestreben des Autors durchdrungen, durch seine theoretische und praktische Tätigkeit dazu beizutragen, die Kunst einer neuen Blüte entgegenzuführen. Diese Aufgabenstellung zeigt sich deutlich im Vorwort der „Vorläufigen Bemerkungen...". Er beginnt seine Darlegungen über die antike Polychromie mit einer auf die praktische Anwendung der Polychromie in der Architektur seiner Zeit orientierten Fragestellung. Die Untersuchung wird von ihm durchgeführt, weil er sich bei den „Alten" Rat für die richtige Anwendung dieses Prinzips in der zeitgenössischen Architektur holen will.
Die Betonung der künstlerischen Leistungen der Antike führt aber bei Semper niemals zur Forderung nach einer blinden Nachahmung. Im Gegenteil, er ist der erbittertste Gegener einer solchen Haltung. In Übereinstimmung mit seiner Auffassung von dem Zusammenhang von Politik und Kunst fordert Semper, daß die Kunst die Bedürfnisse ihrer Zeit auszudrücken habe. Aus diesem Grunde komme es nicht darauf an, die Alten nachzuahmen, sondern „ihren Geist einzusaugen".[9] Gerade das blinde Nachahmen historischer Baustile ist ihm eine der Ursachen für den Verfall der Kunst seiner Zeit.

... fördert uns dies alles? Wir wollen Kunst; man gibt uns Zahlen und Regeln. Wir wollen Neues; man gibt uns etwas, was noch älter ist und noch entfernter von den Bedürfnissen unserer Zeit. Sie sollen wir vom Gesichtspunkt des Schönen auffassen und ordnen, und nicht bloß die Schönheit da sehen, wo Nebel der Ferne und Vergangenheit unser Auge halb verdunkelt.[10]

Nicht nachahmen soll die Kunst, sondern die Bedürfnisse ihrer Zeit ausdrücken. Die wesentlichsten dieser Bedürfnisse werden durch die sozialen Verhältnisse bestimmt. Sie sind die letzte Ursache für die großen Leistungen der antiken Kunst. Von dieser These ausgehend, untersuchte Semper die gesellschaftlichen Bedingungen für die Blüte der griechischen Kunst. Und gerade diese Untersuchungen beinhalten einen deutlichen gesellschaftskritischen Zug, der sich gegen die damaligen politischen Verhältnisse in Deutschland richtete.
Grundlage der Blüte der griechischen Kunst ist ihm nicht die Laune eines Künstlers oder die Unterordnung der Kunst unter einen mächtigen Kunstbeschützer, im Gegenteil

... das organische Leben griechischer Kunst ist nicht ihr Werk, es gedeiht nur auf dem Boden des Bedürfnisses und unter der Sonne der Freiheit.[11]

Bei den Griechen war alles

*... im Maßstab zum Volke konzentriert.*[12]

Bei dieser Feststellung zeigen sich Anklänge an Winckelmann und Goethe. Auch sie sahen in der politischen Freiheit der Sklavenhalterdemokratie Griechenlands eine wesentliche Ursache für das Entstehen dieser Werke. Aber Semper geht weiter. Die Blütezeit griechischer Kunst beruht für ihn nicht nur auf der griechischen Freiheit schlechthin, sondern ihr politischer Hintergrund ist der Freiheitskampf des griechischen Volkes. So schreibt er nach der Behandlung der frühen griechischen Kunst:

Aus diesen Überresten vorhistorischer Kunst scheint unverkennbar hervorzugehen, daß ein langer Zustand bürgerlichen Behagens, von Reichtum und Luxus und ungestörten Friedensgenusses mit allen seinen glücklichen und unseligen Folgen demjenigen voranging, in welchem uns in den ersten Überlieferungen das griechische Volk entgegentritt... Da entzündete der Funke des Prometheus die Gemüter und erweckte das Feuer der Freiheit und des politischen Selbstgefühls. Mit dem Kampf um Freiheit gegen innere Tyrannen und fremde Invasion entwickelten sich und reiften jene wunderbaren Kräfte, durch die sich Griechenland über alle Völker aller Zeiten erhob...[13]

Aber Semper bleibt nicht bei diesen Feststellungen stehen. Er vergleicht die Kunst und die politischen Zustände seiner Zeit mit denen Griechenlands, und obwohl er vor einer blinden Nachahmung warnt, sieht er Gemeinsamkeiten auch in der historischen Entwicklung. So stellt er fest, daß

*... unser Privatleben sich der antiken Einfalt und bürgerlichem Gemeinsinn anpaßt.*[14]

Ursache dafür ist, daß, wie in Griechenland, auch das moderne Leben immer mehr eine Richtung „für große allgemeine Interessen"[15] erhielt.
So wie für die Griechen das wichtigste Bedürfnis ihre Staatsverfassung war, so nahm auch für ihn im Verlauf der Geschichte das politische Leben nach Überwindung des Einflusses des protestantischen Christentums ein zunehmendes Interesse am Staat. Damit entstand eine „Annäherung an die Zeiten der Alten".[16]
Das ist eine sehr bedeutsame Begründung. Für Semper ergibt sich somit die Vorliebe für die Antike („die Annäherung an die Zeiten der Alten") aus Gemeinsamkeiten des politischen Lebens. Er bekennt sich zur Antike, weil sie das Streben nach politischer Freiheit beinhaltet, das auch seine Zeit charakterisiert.
So übernehmen die einzelnen Epochen nicht wahllos traditionelle Formen. Es wird für ihn nur an die vergangenen künstlerischen Perioden angeknüpft, deren soziale Verhältnisse Gemeinsamkeiten mit der Gegenwart aufweisen. Nur dann ist es möglich, von der Vergangenheit zu lernen und die von ihr geschaffene Formensprache weiterzuführen. Ähnliche soziale Verhältnisse bringen somit für Semper auch ähnliche künstlerische Ausdrucksformen hervor. Wir werden auch sehen, daß seine spätere Betonung der Renaissance eine ebensolche theoretische Begründung erfährt.

Semper führt die Charakteristik seiner Zeit weiter und kommt zu dem Schluß, daß diese Veränderung

> nicht überall die gleichen Folgen für das Allgemeine erreicht, die man erwarten durfte. Die stehenden Armeen kosten das Mark des Landes, und kostbare Monumente der Eitelkeit und des Eigensinns erheben sich an den Stellen, die dem öffentlichen Nutzen geweiht sein sollten. Selbst bei dem redlichsten Willen wird des bevormundeten Volkes wahres Bedürfnis nicht immer zuerst getroffen und befriedigt. Wie lehrreich auch hier das Studium der Alten![17]

Und im Hauptteil seiner Schrift formuliert er dann folgende bedeutsame Feststellung:

> Mit den politischen Stürmen, die sich seit dem Ende des verflossenen Jahrhunderts erhoben haben, regt sich gleichzeitig in der Kunst eine neue Gärung. Politik und Kunst sind stets Hand in Hand gegangen.[18]

Diese Zitate aus der ersten Arbeit Sempers sind für die politische Haltung Sempers äußerst aufschlußreich. Sie zeigen sehr deutlich, daß Semper auf Grund seiner Studien und seiner Erlebnisse in Frankreich spätestens im Jahre 1834, wahrscheinlich aber bereits früher, zu dem Schluß gekommen war, daß ein enger Zusammenhang zwischen der Entwicklung der Kunst, insbesondere der Architektur, und der politischen Entwicklung besteht. Ausgehend von der Auffassung, daß die Blüte der griechischen Kunst das Ergebnis einer Periode der verstärkten politischen Kämpfe war, kommt er zur Feststellung eines ähnlichen Zusammenhanges beim Betrachten der Kunst seiner Zeit. Für ihn spiegelt sich auch in der Entwicklung der Kunst seiner Zeit, ausgehend von den politischen Bewegungen „seit Ende des vorigen Jahrhunderts", d.h. seit der Französischen Revolution, ein Gärungsprozeß wider.

Semper weist nicht nur auf diesen Gärungsprozeß hin. Er bezieht sich auch auf den bürgerlichen Inhalt dieser Entwicklung, wenn er z.B. die Parallelen zur bürgerlichen Tendenz im Privatleben hervorhebt und sie der Bevormundung des Volkes durch die Reaktion gegenüberstellt. Es liegt bei solchen Gedankengängen auf der Hand, daß sich hier Semper unter dem Mantel einer Untersuchung der Ursachen der Blüte der griechischen Kunst eindeutig gegen die herrschenden feudalen Kräfte in Deutschland wendet. Er selbst zieht in dieser Arbeit keine direkten Schlußfolgerungen. Aber bei dieser Deutlichkeit macht es wenig Mühe zu erkennen, daß er nur in der Beseitigung der hemmenden gesellschaftlichen Bevormundung die Voraussetzungen für eine Blüte der Kunst in Deutschland sieht. So kommt er auch in dieser Schrift zu der Feststellung:

> Nur *einen* Herren kennt die Kunst, das Bedürfnis. Sie artet aus, wo sie der Laune des Künstlers, mehr noch, wo sie mächtigen Kunstbeschützern gehorcht.[19]
> Das in jeder und auch in künstlerischer Beziehung wichtigste Bedürfnis eines Volkes ist sein Kultus und seine Staatsverfassung.[20]

Die Bedeutung dieser Stellen wird unterstrichen, wenn wir uns die Ereignisse vor Augen führen, die Deutschland in dieser Zeit bewegten. Die Arbeit erschien

1834, also in einer Zeit, in der sich die Auswirkungen der Revolution von 1830 in Paris auch unter der deutschen Intelligenz bemerkbar machten.

Im gleichen Jahr (1834) erschien Georg Büchners „Hessischer Landbote", die Gruppe „Junges Deutschland" gewann an Einfluß. 1835 verbot die deutsche Reaktion Druck und Verbreitung der Werke Heinrich Heines. Damit fällt die Schrift in eine Zeit, in der die junge deutsche Intelligenz, aufgewühlt durch die Ereignisse von Paris und die Aktionen der polnischen Unabhängigkeitsbewegung, immer stärker gegen die politischen Zustände in Deutschland auftrat. Die enge Verbindung von Kunst und Politik, die Semper hier ausspricht, findet ihre Entsprechung in der Opposition der literarischen Bewegung „Junges Deutschland" gegen die Trennung von Literatur und Politik. Dieser Gedanke der Verbindung von geistiger Kultur und Politik ist nicht auf Sempers Schaffen beschränkt, er entsteht in Deutschland in der Periode einer sich verstärkenden bürgerlichen Bewegung[21], und er findet sich auch in anderen Werken der Kunstliteratur. In bezug auf die Architektur spricht Semper den Gedanken in diesen Jahren jedoch am konsequentesten aus.

Der politische Inhalt der „Vorläufigen Bemerkungen..." läßt deshalb den Schluß zu, daß sich die Wirkung dieses kleinen Buches nicht nur aus der Behauptung Sempers über die gänzliche Bemalung der antiken Architektur und Plastik, sondern auch aus den in ihm ausgesprochenen politischen Gedanken erklärt. Semper erwies sich hier als ein aufrechter bürgerlicher Demokrat, der seine politische Haltung auch bei einer Analyse der künstlerischen Situation seiner Zeit zum Ausdruck brachte und als ein Gegner der feudalen Kräfte in Deutschland auftrat.

In dieser politischen Einstellung wurde Semper in der Folgezeit durch seine persönlichen Erfahrungen mit dem Dresdener Hof und den sächsischen Landständen nur noch bestärkt.

Seit 1834 war er in Dresden als Professor für Architektur und als Vorstand der Bauschule der Akademie der bildenden Künste tätig. Im Gegensatz zu allen bisher vertretenen Auffassungen haben neuere Untersuchungen nachgewiesen, daß die Berufung Sempers nach Dresden nicht auf Vorschlag von Schinkel erfolgte und dieser sich auch nicht in anderer Weise für Semper einsetzte. Es war vielmehr Franz Christian Gau aus Paris, der seinen Schüler und Freund Gottfried Semper für dieses Amt empfahl. Schinkel hatte den jungen Architekten August Soller benannt, aber wegen der daran gebundenen Bedingungen wurde Schinkels Kandidat abgelehnt. Für Semper sprachen neben der Empfehlung Gaus auch die über private Kanäle eingeholten Auskünfte aus Kreisen des Hamburger Bürgertums. Belegt ist auch, daß die Schrift „Vorläufige Bemerkungen..." sowohl Gau als auch zuständigen Stellen in Dresden durchaus bekannt war. Der Hamburger Senator C. N. Pehmöller übersandte sie mit einem Begleitschreiben an den Dresdener Kaufmann Heinrich Schütze, der diese Unterlagen an Graf Vitzthum v. Eckstädt weiterleitete.[22] Das legt die Vermutung nahe, daß bei der Entscheidung über die Berufung vielschichtige Motive mitwirkten. Man holte sich einen wissenschaftlich gebildeten und vielversprechenden jungen Architekten an die Akademie, von dem auch einflußreiche Vertreter des Bürgertums eine Unterstützung ihrer Bestrebungen erwarteten. Semper hat sich bald aktiv in verschiedenen bürgerlich-demokratischen Vereinigungen, wie dem „Sächsichen Kunstverein", der „Montagsgesellschaft" u. a. betätigt, und er „verkehrte auch in entschieden republikanischen Kreisen".[23] Aufschlußreich sind die Bemerkungen Pechts, der schreibt, daß Semper sich in diesen Jahren distanziert zu der reaktionären romantischen Schwärmerei verhielt, die im geistigen Leben Dresdens wirksam war.[24] Seine Sympathie gehörte den entschieden demokratischen Kreisen, das zeigt u. a. die enge Freundschaft mit Ernst Rietschel und später mit Wagner.

Semper begann in Dresden sehr bald, sich mit dem Plan zu einer großzügigen Gestaltung der städtebaulichen Anlagen um den Zwinger zu beschäftigen. In den folgenden Jahren entstand der bekannte Forumplan Sempers, der Dresden „eine einzigartige architektonische Lösung beschert hätte".[25] (Siehe hierzu auch die Darlegungen Mütterleins.[26])

Semper hat zehn Jahre um die Durchführung seines großen Planes gekämpft. Er scheiterte an der Haltung der sächsischen Landstände. Diese weigerten die Mittel zur Ausführung des Baues. Sie gaben sie offensichtlich lieber für „Stehende Heere" und „kostbare Monumente der Eitelkeit" (siehe Anm. 17) aus. Nur der Plan für den Bau des Opernhauses blieb von diesem großzügigen Plan übrig. Eine Reihe von Abänderungsvorschlägen Sempers wurde ebenfalls abgelehnt. Und auch zum Bau des Opernhauses mußten erst die Widerstände der Regierung und der Stände überwunden werden.

Im Jahre 1846 beschloß der Landtag gegen den Protest Sempers den Bau der Gemäldegalerie an der Elbseite des Zwingers, und Semper stimmte, erst durch viele Intrigen mürbe gemacht, diesem Platz für die Galerie zu. Damit war an eine Verwirklichung seines Forumprojektes nicht mehr zu denken. Diese engstirnige Haltung der Landstände mußte einen so großzügig in der städtebaulichen Gestaltung denkenden Architekten wie Semper gegen diese Kreise aufbringen. Seine persönlichen Erfahrungen mußten Semper in seiner früheren politischen Haltung nur bestärken.

Dazu hat sicher auch die gesamte politische Entwicklung Sachsens in den 40er Jahren beigetragen. Im Geistesleben Dresdens erlangten die Anhänger des radikalen Flügels der bürgerlichen Bewegung größeren Einfluß. 1841 siedelten die beiden Publizisten Arnold Ruge und Theodor Echtermeyer von Halle nach Dresden über und gaben hier die „Deutschen Jahrbücher" heraus. Im Herbst gründeten Ruge u. a. die „Gesellschaft des Dresdner literarischen Museums". Sie eröffnete im Oktober 1842 eine Lesehalle, in der über hundert Zeitschriften und politische Tageszeitungen des In- und Auslandes auslagen. Aus dem Freundeskreis von Semper hatte u. a. Ernst Rietschel dieses Vorhaben unterstützt.[27] Im Jahre 1848 spitzte sich die politische Auseinandersetzung besonders im Zusammenhang mit dem Kampf um ein neues Wahlgesetz zu. Bei den Dezemberwahlen 1848 gewannen die Vaterlandsvereine in der Ersten und der Zweiten Kammer die Mehrheit. In diesen Auseinandersetzungen der Jahre 1848 und 1849 vollzog sich eine zunehmende Differenzierung der demokratischen Bewegung in einen gemäßigteren, konstitutionell orientierten Flügel und eine konsequent republikanische Richtung. Semper vertrag in dieser Zeit eine entschieden republikanische Position und bekundete diese Haltung auch in der Öffentlichkeit. So gehörte er dem im April 1848 gegründeten „Vaterlandsverein" in Dresden an. In einer Sitzung der Ausschüsse des Vaterlandsvereins und des Städtischen Vereins wurde Prof. Gottfried Semper am 5. Januar 1849 für die Geschworenenwahlen des Vaterlandsvereins als Geschworener für die Pirnaische Vorstadt benannt.[28] Das besagt, daß er im Januar 1849 zu den führenden Kräften des Vereins gehörte und in ihm seine republikanischen Auffassungen z.B. in einer Auseinandersetzung gegen Richard Wagners Forderungen nach einer konstitutionellen Monarchie vertrat.[29] Schon lange vor Ausbruch der Kämpfe gehörte er ferner zu einem oppositionell gesinnten Freundeskreis, in dem auch Richard Wagner wirkte. Wagner war nach seiner eigenen Darstellung bereits damals eng mit August Röckel, einem der späteren Führer des Aufstandes vom Mai 1849, verbunden.

Es ist anzunehmen, daß Semper über Wagner bereits längere Zeit vor der Revolution von 1848 mit diesen demokratischen Kreisen eine enge Berührung hatte und auch über Richard Wagner an die Lektüre von Proudhon herangeführt wurde. Leider waren keine Akten oder Briefe darüber aufzufinden.[30]

Semper selbst hat sich an der Vorbereitung zur Revolution in Dresden aktiv beteiligt. Das beweist die Notiz in einer Akte des sächsischen Justizministeriums über Richard Wagner. In dieser Akte heißt es:

3. Wagner wird ferner beschuldigt, seinen Garten hergegeben zu haben, um dort Besprechungen über Volksbewaffnung zu halten. An diesen Besprechungen nahmen teil: Röckel, die Oberleutnants Schreiber und Müller, Professor Semper u.a.[31]

Diese Stelle bezieht sich auf die Tätigkeit Wagners vor dem Ausbruch der Kämpfe in Dresden. Semper gehörte demnach zu einem konspirativ arbeitenden Ausschuß unter der Leitung von August Röckel, der die allgemeine Volksbewaffnung vorzubereiten hatte.[32]

Neuere Forschungen haben inzwischen weitere Tatsachen ermittelt. Die sächsische Regierung war im April 1848 unter dem Druck der anwachsenden bürgerlich-demokratischen Bewegung zu einer Reihe von Zugeständnissen gezwungen worden. So mußte sie in der Verordnung über die „Verstärkung und erweiterte Bestimmung der Kommunalgarde" die offizielle Zulassung von besonderen freiwilligen Abteilungen, sogenannten Freikorps, genehmigen. Dadurch konnten alle Bevölkerungsschichten in die Kommunalgarde aufgenommen werden, und durch die Erweiterung des Dienstalters auf die Zeit zwischen dem 21. und 50. Lebensjahr hatten auch die revolutionär gesinnten Studenten die Möglichkeit, in bewaffneten Organen zu wirken. Arbeiter, Handwerker, Studenten usw. nutzten diese Bedingungen und bildeten freiwillige Abteilungen. An der Kunstakademie wurde als ein solches Freikorps die „Akademische Legion" gebildet. Hauptmann dieser Legion wurde einer der engsten Mitarbeiter Sempers, und zwar der in seinem Atelier für Architektur wirkende Architekt Gustav Heine. Semper gehörte einem anderen revolutionären Freikorps an, der Scharfschützenkompanie der Kommunalgarde. Ein Dokument mit seiner Unterschrift belegt, daß er zumindest seit Mitte Feburar 1849 zum acht Personen umfassenden Führungsausschuß der Scharfschützenkompanie gehörte. In diesem Schreiben an das sächsische Ministerium des Innern wird die Bitte ausgesprochen, den Bestand der Scharfschützenkompanie von 80 auf 150 Mann zu verstärken. Während der Kämpfe gehörte diese Kompanie zu den besten revolutionären Einheiten im Straßen- und Häuserkampf.[33] Auf das Wirken Sempers in dieser bewaffneten Formation bezieht sich die Bemerkung Richard Wagners, der berichtet, daß Semper einer Schützenkompanie angehörte, deren „entschieden demokratischen Geist"[34] er geteilt habe.

Semper ist also nicht, wie verschiedentlich behauptet wird (Lipsius), nur durch die Überredungskunst seiner Freunde in die revolutionären Ereignisse hineingezogen worden, sondern er hat sich schon vor Ausbruch der Kämpfe aktiv an der militärischen Vorbereitung des Aufstandes beteiligt. Die Tatsachen belegen, daß er offensichtlich zu jenen führenden Persönlichkeiten des linken Flügels der revolutionären Bewegung in Sachsen gehörte, die am entschiedensten für grundlegende demokratische Veränderungen eintraten.

Über seine Beteiligung an den Kämpfen im Mai 1849 sind folgende Tatsachen bekannt: Er kämpfte in den Reihen der Scharfschützenkompanie an der Hauptbarrikade in der Wilsdruffer Gasse. Vor der Provisorischen Regierung führte er Beschwerde über den schlechten Zustand dieser Barrikade, und er leitete dann deren Umbau.[35] Vermutlich sind nach diesem Vorbild auch die anderen Hauptbarrikaden errichtet bzw. verändert worden.[36] Am 6. Mai trat er der „zögernden Haltung eines Teils der Technischen Legion unter Prof. Franke entgegen" und forderte sie auf, an der Post gegen das Militär zu kämpfen. Vom 5. oder 6. Mai an war er Kommandant der Barrikade in der Waisenhausstraße. An Hand der Akten des Sächsischen Hauptstaatsarchivs geht auf Grund verschiedener Aussagen hervor, daß Semper in den ersten Tagen des Aufstandes Kommandant dieser Barrikade in der Waisenhausstraße gewesen war. In der Akte über den Maler Kaufmann bestätigen es vier Zeugen.[37] Nach der Darstellung Pechts hat er diese Barrikade bis zum 9. Mai befehligt und damit an einer wichtigen Position den geordneten Rückzug der Aufständischen gedeckt.

Nachdem der Dresdener Aufstand mit Hilfe preußischer Truppen niedergeschlagen wurde, flüchtete Semper mit Hilfe Karl-Wilhelm Devrients, eines Gutsbesitzers aus Burkhardtswalde, nach Zwickau, und von da emigrierte er über Karlsruhe und Straßburg nach Paris.

Am 16.5.1849 wird gegen ihn ein Steckbrief erlassen. Semper selbst wird mit Richard Wagner, Stephan Born u.a. in dem „Anzeiger für die politische Polizei Deutschlands" unter der Abteilung I geführt. Zu dieser Abteilung gehörten die

Führer der Revolution von 1848/49. So heißt es im „Demokratenverzeichnis" unter „Dresden II":

Semper, Gottfried, Professor der Baukunst I. Klasse. Ist als Führer der Umsturzpartei genügsam bekannt. Nahm 1849 April am Maiaufstand teil. Ist flüchtig.[38]

Er ist zunächst betroffen über den gegen ihn erlassenen Steckbrief[39], aber er wendet sich brieflich gegen alle Versuche, eine Begnadigung zu beantragen. In einem Brief an seinen Bruder Karl vom 20.5.1849 schreibt er:

„Besonderen Rücksichten und allerhöchster Gnade will ich meine Freiheit nicht (...) verdanken. Nichts kann mich zu der Verleugnung meiner Parthei und meines Glaubens bewegen (...). In welchem Licht würde ich erscheinen vor meinen Leidesgenossen (...). Entweder Freisprechung oder freiwillige Verbannung auf immer."[40]

Als er auf Drängen seiner Frau dann doch einen Brief an den sächsischen König schreibt, der alles andere als ein untertäniges Gnadengesuch ist, bittet er wenige Tage danach seine Gattin, diesen Brief nicht zu übergeben.[41] Semper rechnet in den folgenden Monaten noch mit der Möglichkeit einer baldigen Amnestie aller politisch Verfolgten, und er versucht deshalb, eine mögliche Neubesetzung seiner Stelle an der Akademie hinauszuzögern. Um die Jahreswende 1849/50 macht er sich in dieser Frage keine Illusionen, und er rechnet nicht mehr mit einer Rückkehr nach Dresden. Seine Gattin reicht zwar am 4.4.1850 ein Gesuch mit der Bitte um Begnadigung an den sächsischen König ein. Dieses Gnadengesuch wird am 5. Juni 1850 durch das Justizministerium abgelehnt.[42] Aber dieser Schritt erfolgt offenbar ohne Sempers Zustimmung. Denn als seine Frau ihn im März zu einem solchen Schritt auffordert, reagiert er in einem Antwortbrief vom 17.5.1850 entschieden ablehnend.

„Nachdem sie mir alles geraubt haben, soll ich noch um Gnade bitten? Du kannst es nicht wollen. Es ist unmöglich."[43]

Damit bleibt auch der Steckbrief gegen Semper weiterhin gültig. Als er 1863 zur Wahrnehmung einer Aufgabe als Gutachter nach Hamburg fahren muß, besteht für ihn daher die Möglichkeit, auf der Reise in einem Staat des Deutschen Bundes verhaftet zu werden. Er erkundigt sich in Vorbereitung dieser Fahrt bei dem sächsischen Ministerium des Inneren, ob er bei einer Reise nach Hamburg mit Reklamationen seitens der sächsischen Regierung in anderen deutschen Bundesländern zu rechnen habe. Er betont dabei, daß er nicht gewillt sei, Sachsen bei dieser Reise zu berühren. In der Antwort auf diese Anfrage zieht die sächsische Regierung den gegen ihn erlassenen Steckbrief am 8. Mai 1863 zurück.[44] Diese Entscheidung fällt also nicht auf Grund eines Gnadengesuchs von Semper, wie das z.B. bei Richard Wagner der Fall war. Das Schreiben von 1863 enthält keine Bitte um Amnestie. Diese Tatsachen zeugen von einer aufrechten demokratischen Haltung, die es Semper in diesen Jahren verbietet, zu Kreuze zu kriechen und seinen Frieden mit der deutschen Reaktion zu schließen.

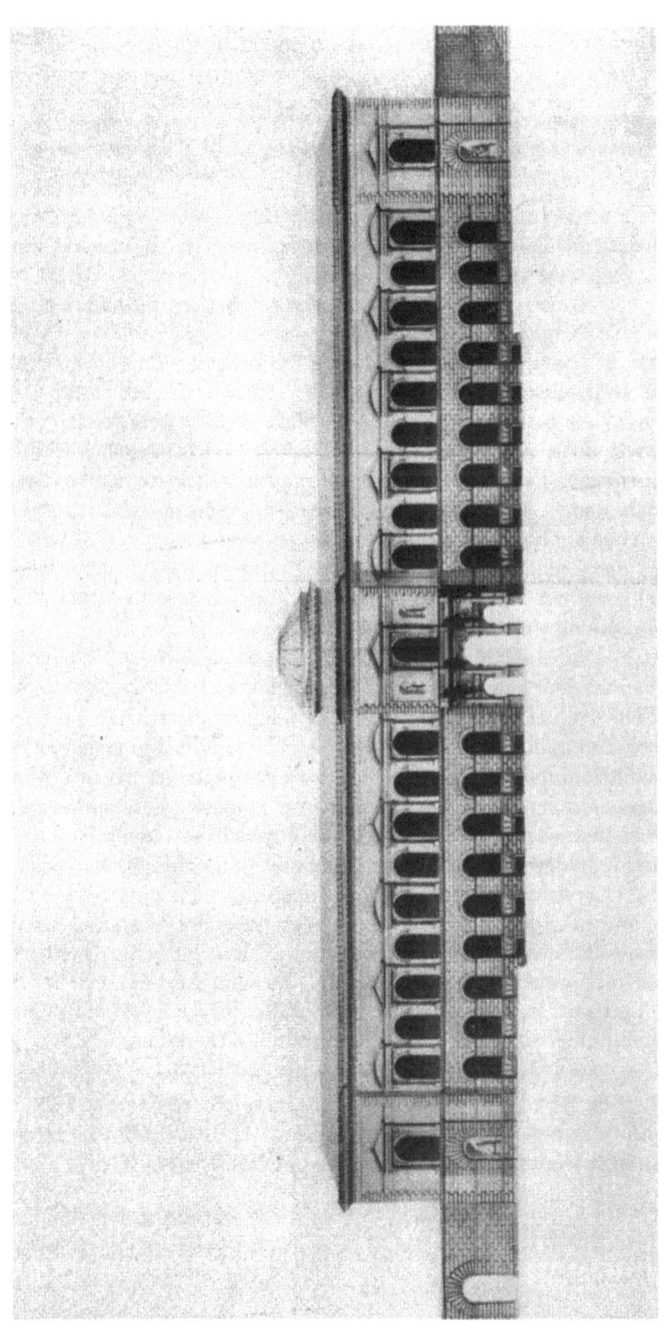

G. Semper, Die Gemäldegalerie zu Dresden, Elbseite (Zeichnung farbig gehöht)

Die Tatsachen beweisen, daß es sich mit Sempers Beteiligung an der Revolution nicht so verhält, wie Lipsius die Haltung Sempers darzustellen versucht. Dieser schreibt in dem biographischen Teil seiner Arbeit:

> Anfänglich der Bewegung fernbleibend, ließ sich Semper, von seinen revolutionären Freunden an geeigneter Stelle geschickt gefaßt, bestimmen, den Barrikadenbau zu leiten.[45]

Lipsius wollte offensichtlich Semper in seiner Biographie für die herrschenden Kreise in Deutschland wieder politisch salonfähig machen. Aber diese Darlegung widerspricht den Tatsachen. Die aktive Beteiligung Sempers an dem Dresdener Aufstand war eine Konsequenz seiner bisherigen politischen Einstellung. Semper tritt in diesen Jahren auf Grund der Ergebnisse seiner Studien und auf Grund der vor 1848 von ihm gesammelten persönlichen Erfahrungen für die Beseitigung der Monarchie in Deutschland ein. Er erwartet, ebenso wie der junge Richard Wagner, von der Revolution, daß sie die Hemmnisse, die der weiteren Entwicklung der Kunst im Wege stehen, beseitigt. Und da man bei Semper in vielen Fällen die Übereinstimmung zwischen seinen Anschauungen und seinem praktischen Handeln finden kann, so ist auch die aktive Beteiligung am Aufstand als das notwendige Ergebnis dieser politischen Haltung zu werten.

Er teilt dabei, wie viele andere Kämpfer der Revolution, die Illusionen des deutschen Kleinbürgertums, das sich vom Sieg der Revolution die Möglichkeit für eine freie Entwicklung von Kunst und Kultur versprach.

Semper selbst kommt nach 1849, auf Grund des Studiums der Verhältnisse in England, zu einer Reihe anderer Schlußfolgerungen. Er erlebt in England bereits ein kapitalistisches Land, das Deutschland in seiner wirtschaftlichen Entwicklung voraus war und in dem sich aus diesem Grunde die Widersprüche der kapitalistischen Produktionsweise auch in ihrer Auswirkung auf die Kunst schon sehr deutlich zeigten. Semper blieb deshalb nicht bei diesen Anschauungen stehen, aber nach wie vor erwartete er viel von dem revolutionären Handeln.

Zunächst hat er jedoch mit dem bitteren Los eines Emigranten zu kämpfen. Vergebens bemüht er sich, unterstützt durch Freunde, in Paris eine feste Tätigkeit zu erhalten. Ohne Erfolg sind auch seine Versuche, eine lohnende Beschäftigung in der Schweiz, in Griechenland und Belgien zu finden. Mitte 1850 entscheidet er sich, nach Nordamerika auszuwandern. Da erreicht ihn unmittelbar vor der Abreise ein Angebot aus England. Am 28.9.1850 trifft er in London ein, aber auch in England muß er jahrelang um seine berufliche Anerkennung kämpfen.[46]

Auch in diesen schwierigen Jahren nach 1849 bleibt Semper zunächst eng mit der demokratischen Bewegung verbunden. In Paris plant er im Juni 1849, seine jüngsten Erfahrungen als „Brief eines Geächteten" zu veröffentlichen. In einem Schreiben an seinen Verleger Eduard Vieweg empfiehlt er einen Text,

„in welchem neben den socialen Zuständen und der Politik, die Kunst und die Natur den Hauptstoff abzugeben hätten".[47]

In den ersten Jahren seines Aufenthaltes in England gehörte er der von Marx und Engels heftig bekämpften kleinbürgerlichen Gruppe deutscher Emigranten in London an. Die führenden Köpfe des Emigrantenkomitees, Arnold Ruge, Kinkel u.a., leugneten die Existenz der Klassenkämpfe in der Revolution. Für sie war die Revolution an der ehrgeizigen Eifersucht der einzelnen Führer gescheitert. In der Leitung des Komitees waren Intrigen, Prinzipienlosigkeit an der Tagesordnung. Marx und Engels, auf der Seite der Arbeiterklasse stehend, bekämpften von dieser Position aus das kleinbürgerliche Verhalten der Wortführer dieser Emigrantengruppe. Nach der Aufdeckung von Unterschlagungen kam es zu einer Krise unter den deutschen Emigranten. Sie lösten die bisherige Leitung des Komitees auf, und Semper wurde mit in ein neues provisorisches Flüchtlingskomitee gewählt.

Marx berichtet darüber am 31.8.1851 in einem an Engels gerichteten Brief wie folgt:

Es wurde ein neues *provisorisches* [Komitee] gewählt, bestehend aus den Herren Kinkel, Graf Reichenbach, Bucher und dem Sachsen Semper. Du siehst hieraus, daß man in eine neue Phase getreten ist. Man hat sich in die Arme des respektabeln ‚hommes d'etat' geworfen, da die bisherigen ‚Führer' als bürgerliche Lumpen kompromittiert sind.[48]

Über die Rolle Sempers im Komitee konnte leider nichts festgestellt werden. Die Briefstelle von Marx zeigt aber, daß sich Semper in diesen Jahren noch nicht vom politischen Leben zurückgezogen hatte, sondern im Rahmen der bürgerlichen Emigranten in England wirkte und dort offenbar Ansehen genoß.

Das wird noch durch eine andere Tatsache unterstrichen. Aus Unterlagen des sächsischen Ministeriums des Inneren geht hervor, daß er in England und später in der Schweiz bis 1863 ständig von der sächsischen Polizei überwacht wird. Zu seinem Aufenthalt in London heißt es u. a. im Jahre 1851:

„Er hält sich viel in den Wirtshause zum blauen Stern in der Maddox Street, nahe bei Regent Street auf und kommt dort mit vielen rothen Brüdern zusammen".[49]

Die vertraulichen Informationen enthalten Angaben, nach denen er 1851 Mitglied des Emigrationsklubs in England ist, siw berichten von den Reisen von London nach Brüssel im März 1855, von der Aufnahme seiner Tätigkeit am Malborough-House und der Berufung nach Zürich. Die sächsische Geheimpolizei sammelt Nachrichten aus seinem Schweizer Aufenthalt. 1858 wird mitgeteilt, er werde in der Schweiz zur „Flüchtlingsaristokratie" gezählt, besitze aber keinen Kontakt zu den sozialistischen Kreisen in der Schweiz.[50]

In diese Zeit seines Aufenthaltes in England fällt nun die Auseinandersetzung mit dem Einfluß der kapitalistischen Produktionsweise auf die Kunst. Er studierte sehr aufmerksam die englischen Verhältnisse und veröffentlichte das Ergebnis seiner Untersuchungen in der 1851 erschienenen Arbeit „Wissenschaft, Industrie und Kunst". Schon der Titel der Arbeit zeigt ihren Inhalt. Diese Schrift soll im einzelnen noch an anderer Stelle behandelt werden.

Wichtig ist für unseren Zusammenhang eine Stelle aus diesem Werk Sempers, die auf seine Stellung zur Revolution von 1848/49 hinweist. Er schreibt in dieser Arbeit:

> Politische Aufregungen, so verderblich sie in manches Einzelleben einzugreifen vermögen, haben stets eine raschere geistige Entwicklung der Nation herbeigeführt. Nur durch ihre gewalttätige Unterdrückung wird die Nachwirkung solcher Bewegungen unheilvoll und verderblich für das Volksleben.[51]

Wenn bisher keine der angeführten Stellen die aktive Unterstützung der Revolution und die große Bedeutung, die Semper der revolutionären Bewegung beigemessen hat, beweisen konnte, so ist es zweifellos diese Stelle aus der Schrift, in der er sich mit dem Kapitalismus auseinanderzusetzen versucht.

Semper bekannte sich hier klar zur Revolution, obwohl ihn, wie besonders seine Briefe aus den Jahren nach 1848[52] zeigen, das Emigrantendasein niedergedrückt hat und er mit großen Schwierigkeiten beim Aufbau einer gesicherten Existenz gerade in diesen Jahren kämpfen mußte. Diese Stellungnahme Sempers ist um so bemerkenswerter, weil in diesen Jahren bereits ein beachtlicher Teil des deutschen Bürgertums von der Revolution abrückte.[53]

Ihr Inhalt zeigt, daß er sich auch in den 50er Jahren noch seinen gesellschaftskritischen Blick auf die neuen, ihn jetzt umgebenden Zustände bewahrt hat. So schreibt er in der genannten Schrift z. B. über die verhängnisvolle Rolle der kapitalistischen Marktproduktion für die Kunst und polemisiert gegen die Folgen der Spekulation. Diese Beobachtungen werden unter dem Eindruck seiner realen Lage zwar relativ zurückhaltend formuliert, sie unterscheiden sich jedoch auch in dieser Form von damals verbreiteten liberalistischen Vorstellungen, die in der Weltausstellung von 1851 den Triumph der kapitalistischen Gesellschaft und ihrer industriellen Möglichkeiten sahen. Sempers kritische Bemerkungen über die negativen Auswirkungen des Kapitals auf die Kunstproduktion sind damit in diesem Zusammenhang eine Stellungnahme zu einer auch politisch bedeutsamen Debatte am Anfang der 50er Jahre in England.[54]

Aber die gleiche Schrift zeigt zugleich die Grenzen Sempers. Er bekannte sich in ihr zur Revolution – und wandte sich von einer aktiven Beteiligung am politischen Leben ab. In Deutschland hatte er gegen die feudale Ordnung und für eine bürgerliche Gesellschaft gekämpft, in England findet er eine solche kapitalistische Ordnung vor, und sie ist für ihn, trotz ihrer Mängel, die Grundlage für einen neuen Aufschwung der Kunst. Anders kann man folgende Bemerkung in der genannten Arbeit nicht deuten:

> – ich beklage allgemeine Zustände keineswegs, von denen dies nur die weniger wichtigen Symptome sind, sondern ich bin sicher, daß sie sich früher oder später zum Heile und zur Ehre der Gesellschaft nach allen Seiten werden glücklich entfalten können. Auch bescheide ich mich, jene schwierigeren und höheren Fragen zu berühren, zu welchen sie auffordern, sondern versuche nur im folgenden auf die Verwirrungen hinzuweisen, welche sie auf dem Gebiet derjenigen Fähigkeiten des Menschen, die sich in dem Erkennen und Darstellen des Schönen betätigen, vorerst veranlassen.[55]

Semper resigniert, es gibt für ihn keine Umwälzung der kapitalistischen Verhältnisse. Er bleibt bürgerlicher Demokrat und geht zeit seines Lebens nicht über diese Position hinaus. Er schwenkt auch nicht wie Richard Wagner später mit öffentlichen Erklärungen auf die Position Bismarcks ein, sondern bleibt nachweislich zumindest bis 1869 ein Gegner des reaktionären preußisch-deutschen Staates.

In den folgenden Jahren seiner Tätigkeit in England und dann in der Schweiz ist Semper nicht mehr politisch aktiv in Erscheinung getreten. Leider war mir der Nachlaß Sempers nicht zugänglich. So ist es nicht möglich, an Hand des Briefwechsels seine weitere Entwicklung und Stellungnahme zu den Ereignissen zu verfolgen. Auch die Mitteilungen Richard Wagners und vor allem Gottfried Kellers über Semper enthalten in dieser Beziehung kaum Hinweise.

Nur an Hand seiner Schriften und im Hinblick auf seinen Freundeskreis können gewisse Schlußfolgerungen gezogen werden.[56] Semper hat nach 1848 immer die Verbindung mit Vertretern des demokratischen Bürgertums aufrechterhalten. Während seines Aufenthaltes in der Schweiz verband ihn, besonders in den letzten Jahren seines Lebens, eine enge Freundschaft mit Gottfried Keller. Die Briefe Kellers, in denen er auf Semper zu sprechen kommt, legen dafür Zeugnis ab.[57]

Es blieben ihm auch Anfeindungen wegen seiner politischen Haltung nicht erspart. Sehr bezeichnend ist dafür die Haltung von Franz Kugler. In einem 1852 im „Deutschen Kunstblatt" veröffentlichten Artikel setzt dieser sich erneut mit Sempers Polychromieauffassungen auseinander und schreibt dazu:

Und wenn der Verfasser uns, außer der rothen Farbe an der Architektur, und Flecht- und Webearbeiten, der Position gemäß, die er äußerlich genommen, noch weiter von Roth unterhält, so bleibt es unserem Belieben, das zu übersehen, oder uns, wenn die Stunde kommen sollte – zu wehren.[58]

Semper kehrt nach der Aufhebung des Steckbriefes nicht wieder für längere Zeit nach Deutschland zurück. Er wählt sich nach seinem Aufenthalt in England als Wohnsitz die Schweiz; 1861 wird ihm die Schweizer Staatsbürgerschaft verliehen. Selbst als 1869 das von ihm erbaute Hoftheater in Dresden abbrannte und er mit dem Wiederaufbau betraut wird, kommt er im Februar/März und im Oktober 1870 nur für wenige Tage nach Dresden, um notwendige Besprechungen für den Neuaufbau des Theaters zu führen. 1871 übergibt er seinem Sohn Manfred die Bauleitung in Dresden.

Daß Semper aber in Deutschland nicht vergessen war und wegen seiner demokratischen Haltung verteidigt wurde, zeigen die Ereignisse, die zur weiteren Auftragserteilung an Semper für den Bau der Dresdener Oper führten. Als die zuständige Kommission es nicht wagte, Semper auf Grund der Widerstände am sächsischen Hof vorzuschlagen, erhob sich ein Sturm der Entrüstung, und die liberale Kammer in Sachsen machte ihre Geldbewilligung von der Auftragserteilung an Semper abhängig.[59]

In seiner letzten größeren Schrift „Über Baustile" nimmt er 1869 noch einmal eindeutig gegen die Entwicklung in Deutschland Stellung. In dieser Arbeit versucht er, den Zusammenhang zwischen der jeweiligen Gesellschaftsordnung und den Grundformen der Architektur der betreffenden Zeit darzulegen, und am Ende kommt er auf die Frage nach der praktischen Anwendbarkeit seiner Gedanken zu sprechen.

Doch wagen wir es, dieselben zu der Kritik eines einzigen besondern Falles ... herbeizuziehen. Wir meinen den bevorstehenden Bau eines protestantischen St.-Peter-Domes im gotischen Stil zu Berlin.

Nachdem er den Plan für die architektonische Gestaltung dieses Baues dargelegt hat, geht er zu dessen Einschätzung über und bezeichnet den Plan dieses Baues als

... ein kolossales Sinnbild der krückenbedürftigen Selbständigkeit, also der Unselbständigkeit.

Dann heißt es weiter:

Bieten uns da nicht wirklich unsere vorausgeschickten Stilbetrachtungen einigen Anhalt zur richtigen Beurteilung und Würdigung dessen, was vorgeht? Wenn Graf Bismarck sich um das Baudepartement bekümmert, wir glauben, er würde lieber zu seinem Ideal eines Nationalmonuments sich an den vorhin erwähnten großartigen Bauunternehmungen des kaiserlichen Fürstendepossedierers Tschin-Tschi-Huan-Ti inspirieren oder dazu den labyrinthischen Bundespalast der ägyptischen Dodekarchie zum Vorbild nehmen...[60]

Semper bezeichnet also die politischen Verhältnisse in Deutschland vor 1870 als einen Zustand der Unselbständigkeit und vergleicht sie mit den vorher von ihm dargelegten grausamen Herrschaftsformen eines chinesischen Kaisers und dem in der Auflösung begriffenen, militärisch organisierten Staatsgebilde Ägyptens. Unmißverständlich kommt in diesen Gedanken seine Ablehnung der politischen Zustände Preußens zum Ausdruck.
Diese Stellungnahme Sempers erinnert an fast zur gleichen Zeit erschienene Dichtungen von Georg Herwegh, der sich 1870 in seinem Gedicht „Der schlimmste Feind" und 1871 im „Epilog zum Kriege" gegen die reaktionäre Entwicklung in Deutschland ausspricht. Dieser Hinweis auf die Beziehungen zu Herwegh erscheint mir nicht unwichtig, da sich die Bekanntschaft Sempers mit dem Dichter belegen läßt.
Semper kannte Herwegh durch dessen Aufenthalt in Zürich. Im „Stil" bezieht er sich mit „Worten eines Dichters und Kunstkenners" auf Herweghsche Formulierungen. Herwegh rezensierte im Intelligenzblatt vom 26.1.1856 den Vortrag Sempers „Über die formelle Gesetzmäßigkeit des Schmucks und seine Bedeutung als Kunstsymbol".[61] Diese Kontakte mit Herwegh haben vermutlich lange Zeit bestanden, und er hat noch später die Verbindung mit Herwegh aufrechterhalten, denn die Gattin Herweghs bat Semper um dessen Rat bei der Anschaffung eines Grabsteines für Herweghs Grab. Der Entwurf der Antwort Sempers auf

G. Semper, Opernhaus in Dresden, erbaut von 1871—1878

diesen Brief befindet sich im Stadtarchiv zu Dresden. Dieser Brief ist in verschiedener Hinsicht sehr aufschlußreich. Er ist undatiert, muß aber einige Zeit nach dem Tode Georg Herweghs geschrieben sein, denn Semper entschuldigt sich darin wegen seines langen Schweigens. Ich vermute, daß er Ende 1875 geschrieben wurde. Wir haben hier also eine — leider vereinzelte — Stellungnahme Sempers aus der Zeit nach 1870 vor uns. In diesem Brief zeigt sich die tiefe Resignation Sempers (vollständiger Text siehe Anmerkung 62).

Obgleich verschiedene Stellen des Briefes die frühere Haltung andeuten, drückt er vor allem die Tatsache aus, daß Semper um diese Zeit kaum noch Verbindung zu den progressiven Kräften besaß und einsam und isoliert von ihnen lebte. 1879 starb Gottfried Semper während eines Kuraufenthaltes in Rom.

Wenn wir die politische Entwicklung Sempers zusammenfassen, so können wir feststellen, daß er zeit seines Lebens auf der Seite der kleinbürgerlich-demokratischen Kräfte stehenblieb. Er fand nach seiner Beteiligung an der Revolution von 1849, wie Gottfried Keller, nicht den Weg zu der neuen Klasse, die sich in Deutschland noch zu seinen Lebzeiten stürmisch entwickelte und deren Handeln er schon 1830 in Paris kennengelernt hatte. Aber er verließ, im Gegensatz zu vielen Vertretern des deutschen Bürgertums, diese Position auch nach 1849 nicht. Semper blieb ein Gegner der reaktionären Entwicklung in Deutschland, aber er resignierte und zog sich nach 1851 von einer aktiven politischen Tätigkeit zurück.

Diese politische Haltung Sempers findet ihren Niederschlag in einem Problem, das in seinen ästhetischen Schriften immer wieder auftaucht und zu dem er in fast allen seinen Arbeiten in der einen oder der anderen Form Stellung nimmt. Es ist dies die Frage nach dem Zusammenhang der Kunstentwicklung mit der Entwicklung der Gesellschaft, insbesondere die Frage nach dem Zusammenhang der Kunstentwicklung mit der Entwicklung der jeweiligen politischen Zustände.

# Gottfried Semper über den Zusammenhang zwischen der Entwicklung der Kunst und der Entwicklung der Gesellschaft

Die politische Entwicklung Sempers blieb nicht ohne Einfluß auf seine ästhetischen Anschauungen. Seine Erkenntnisse über den engen Zusammenhang zwischen Kunst und Politik fanden ihren Niederschlag vor allem in der Antwort auf die Frage nach dem Einfluß der gesellschaftlichen Zustände auf die Architektur.
Aber auf dem Gebiet der Literatur über Semper gilt in der Behandlung dieses Problems das gleiche, was bereits im vorangegangenen Abschnitt festgestellt werden mußte. Auch diese Fragen werden in den meisten älteren Arbeiten über Semper entweder nicht behandelt oder nur sehr kurz dargestellt. Lipsius z. B. spricht nur am Ende seiner Darlegungen der ästhetischen Anschauungen Sempers in wenigen Sätzen darüber. Bei Pecht wird auf dieses Problem nur nebenher verwiesen. In der Festrede von Sommer aus dem Jahre 1885 erscheint es nur am Rande. Das gleiche gilt für die Dissertationen von Prinzhorn und Stockmeyer. Erst Ettlinger widmet dieser Frage einen breiten Raum.[63]
Dafür gibt es m. E. vor allem folgende Ursachen. Die eine liegt darin, daß zugleich mit dem Versuch, Sempers politische Haltung zu bagatellisieren oder zu vertuschen, auch die Stellen in seinen Schriften, die Rückschlüsse auf seine politische Haltung zuließen, in den Hintergrund der Betrachtungen geschoben wurden. Das scheint mir vor allen Dingen bei Lipsius der Fall zu sein.
Eine zweite Ursache sehe ich in der Entwicklung der bürgerlichen Kunsttheorie und Ästhetik in Deutschland nach Sempers Tode. Die Fragen des Zusammenhanges und des Einflusses der gesellschaftlichen Zustände auf die Kunst werden immer mehr in den Hintergrund gedrängt, und die rein formalen Fragen, die Probleme der künstlerischen Form, losgelöst vom Inhalt und von ihren sozialen Bedingungen, werden zum Hauptproblem. Diese Richtung wird gekennzeichnet durch Namen wie Hildebrand, Fiedler, Riegl oder durch Th. Lipps, Fechner u. a. So wird dieses Problem durch die einseitige Orientierung der Literatur über Fragen der Ästhetik ebenfalls zurückgedrängt.
Diese Tendenz wurde im genannten Fall durch den Zustand, in dem das Werk Sempers uns zugänglich gemacht wurde, begünstigt. Bekanntlich ist Sempers Hauptwerk, „Der Stil", unvollendet. Es fehlt der dritte Band, der von Semper unter dem Titel „Vergleichende Baulehre" geplant wurde. Im dritten Band wollte Semper aber gerade diese Fragen behandeln.
Leider waren meine Bemühungen 1954 und 1961 erfolglos, in den Semper-Nachlaß Einsicht zu nehmen. Die damalige Leitung der Bibliothek der ETH Zürich

lehnte seinerzeit eine Einsichtnahme ab. Mir wurde jedoch 1961 mitgeteilt, daß sich das Manuskript des 3. Bandes des „Stil" im Zürcher Nachlaß befinde. Auch A. M. Vogt schreibt noch 1974 in den Vorbemerkungen zu Martin Fröhlichs Buch über den zeichnerischen Nachlaß Sempers an der ETH Zürich, daß sich im ungedruckten Nachlaß neben anderen Manuskripten „die fertig formulierten Teile zum einst geplanten III. Band des Hauptwerkes ‚Der Stil'" befinden (Gottfried Semper, Zeichnerischer Nachlaß an der ETH Zürich. Kritischer Katalog von Martin Fröhlich, Basel und Stuttgart 1974, S. 7). Inzwischen hat Wolfgang Herrmann nach einer gründlichen Sichtung des Nachlasses in Zürich mitgeteilt, daß sich ein Manuskript zu diesem dritten Band „nicht unter den Manuskripten des Semper-Archivs der ETH Zürich" befinde. Es hat, wie er schreibt, „wohl sicherlich nie existiert".[64] Damit ist über die Suche nach einem geschlossenen Manuskript des dritten Bandes des „Stil" sicher das entscheidende Wort gesprochen. Aber die Arbeit von W. Herrmann bestätigt zugleich, daß sich Semper zumindest bis 1864 ernsthaft mit der Konzeption eines solchen Bandes beschäftigt hat und er im Briefwechsel mit seinen Verlegern bis 1877 deren Erwartung auf einen solchen abschließenden Band des „Stil" wachhielt. Das Manuskript, das man jahrelang für das des dritten Bandes hielt, erwies sich als Manuskript der „Vergleichenden Baulehre", das Semper im Jahre 1850 in Paris geschrieben hat.[65] Nach 1851 gewinnt Semper neue theoretische Erkenntnisse, die dann zur Konzeption des „Stil" führen. Aber die vor 1851 gewonnenen Anschauungen bewegen ihn weiter, und er bemühte sich, sie in die weiterführende Konzeption des „Stil" einzufügen. Die im Semper-Archiv vorhandenen Entwürfe zu einem Prospekt des gesamten Aufbaues des „Stil" von 1859 enthalten hierzu wichtige Hinweise. Auch der 1869 gehaltene Vortrag „Über Baustile" enthält skizzenhafte Überlegungen zu dem angestrebten abschließenden Band.[66]
Es erscheint mir aus diesen und anderen Gründen daher nach wie vor notwendig, diese fragmentarischen Vorstellungen über den 3. Band mit zu erfassen, wenn man die gesamte theoretische Konzeption Gottfried Sempers untersuchen will. Das Fehlen eines gesonderten Manuskriptes zeigt allerdings, daß für Semper nach dem Abschluß der beiden ersten Bände des „Stil" für sein weiterführendes Vorhaben besondere Schwierigkeiten entstanden waren, die er nicht mehr bewältigen konnte. Über mögliche Ursachen dafür kann ebenfalls eine Analyse seiner Schriften aus den genannten Jahren Auskunft geben. Leider ließ sich dazu das noch unveröffentlichte Manuskript der „Vergleichenden Baulehre" von 1850 nicht mit heranziehen.
Auf Grund verschiedener Arbeiten aus den Jahren 1848 bis 1869 und mehrerer Textstellen in den beiden vorliegenden Bänden des „Stil" ist es möglich, wesentliche Grundgedanken zu diesem unvollendet gebliebenen Vorhaben zu ermitteln. Diese Materialien bestätigen sehr nachdrücklich, daß die in den beiden ersten Bänden dargelegten Gedanken nur einen — wenn auch wesentlichen — Teil seiner theoretischen Anschauungen darstellen. Aber sie allein machen eben noch nicht

den Gesamtkomplex der Semperschen Kunsttheorie aus. Auf die in dieser Weise die ersten Bände ergänzenden Materialien sei im folgenden verwiesen.
So hielt er im Jahre 1853 in London einen Vortrag über den „Entwurf eines Systems der vergleichenden Stillehre". Wie im „Stil" und in anderen Schriften beschäftigte sich Semper hier mit den Einflüssen, die einen Stil bestimmen. Er kommt zu der Feststellung, daß es zwei Klassen solcher Einflüsse gibt, die auf die Entstehung eines Kunstwerkes einwirken, innere und äußere. Aus diesen Gedanken leitete er den Aufbau einer Lehre vom Stil ab. Er schreibt darüber:

I. In demjenigen Teil der Lehre vom Stil, welcher die erstgenannte dieser beiden Klassen umfaßt, wird von den elementarsten Auffassungen dessen, was die Künstler Motive nannten, sowie von den frühesten Formen gehandelt werden, in welche diese ursprünglichen Ideen verkörpert wurden, nämlich den Typen.[67]
Dieser erste Teil der Stillehre schließt jedoch eine andere Unterabteilung in sich ein, welche uns lehren sollte, wie alte, durch Bedürfnis und Tradition geheiligte Formen unseren neuen Fabrikationsmitteln entsprechend abzuändern sind.[68]
II. Der zweite Teil der Stillehre umfaßt die verschiedenen Einflüsse, welche auf die Schöpfungen unserer Hände einwirken...
Ihre Zahl ist unbegrenzt, doch können sie in drei bestimmte Gruppen gesondert werden.
Die erste Gruppe umfaßt die Materialien und die Arten der Ausführung oder die Prozesse, welche bei der Ausführung in Frage kommen.
Die zweite Gruppe umfaßt die lokalen und ethnologischen Einflüsse auf künstlerische Gestaltungen, die Einflüsse des Klimas, religiöser und politischer Einrichtungen und andere nationale Bedingungen.
Die dritte Gruppe ist diejenige, welche alle persönlichen Einflüsse in sich einschließt, die einem Kunstwerk einen individuellen Charakter verleihen. Diese Einflüsse können zweifacher Natur sein, sie können von den Auftraggebern oder von den Künstlern oder denjenigen ausgehen, welche das Kunstwerk praktisch herzustellen haben.[69]

Wenn man die erste Klasse von Einflüssen und die erste Gruppe von Einflüssen der zweiten Klasse zusammennimmt, dann erhält man im wesentlichen den Fragenkomplex der beiden ersten Bände des „Stil". Diese Stelle zeigt aber, daß für Semper diese Kategorien nicht genügen, um den Stil zu erklären. Für ihn gibt es noch die beiden weiteren Gruppen der zweiten Klasse von Einflüssen, die man deshalb unbedingt bei einer Darlegung der Ansichten Sempers mit berücksichtigen muß. Die persönlichen Einflüsse werden in den Schriften Sempers allerdings nur wenig beachtet. Ihn interessierten vor allem die übrigen Faktoren. Daß diese Gedanken Semper jahrelang beschäftigen, beweisen eine Reihe wichtiger Tatsachen. So plante er bereits vor 1851, seine Dresdener Vorlesungen unter dem Titel „Vergleichende Baulehre", also unter dem gleichen Titel wie dem des dritten Bandes des „Stil", herauszugeben.
In einem von Semper vermutlich 1859 geschriebenen neuen Prospekt zum „Stil" erklärt er, daß zu den in den ersten Bänden in Betracht gezogenen Faktoren des Stils weitere hinzukommen, die im 3. Band dargestellt werden sollten. Hier heißt es:

Es treten aber noch zu diesen als mächtigste Faktoren des Stils in der Baukunst die sozialen Zustände der Gesellschaft und der Verhältnisse der Zeiten hinzu, deren künstlerisch monumentaler Ausdruck stets die Architektur war."

Damit eröffne sich

ein weites Gebiet der Erfindung, indem wir unsere socialen Bedürfnisse als Momente des Stils unserer Baukunst in analoger Weise, wie es die Geschichte zeigt, künstlerisch zu verwerthen trachten, wogegen schwerlich je durch neue Stoffe und neue Methoden (...) noch weniger durch die bloße Kraft des Genius, der seinen angeblichen Stil aus der Luft greift, ein nachhaltiger neuer Aufschwung in der Baukunst herbeigeführt werden wird.[70]

Neben dieser Zielstellung ist vorgesehen, besonders die Baukunst der Gegenwart zu behandeln und ein Kapitel „Kritik der gegenwärtigen Zustände" aufzunehmen.

Auf diese und andere Materialien hat sich offensichtlich Sempers Sohn Hans gestützt, als er in der Biographie über seinen Vater zur Fertigstellung des „Stil" schrieb:

Während nun in den zwei erschienenen Teilen des ‚Stil' alle funktionellen, stofflichen und konstruktiven Faktoren, die in der Baukunst zusammenwirken, aus den technischen Künsten abgeleitet werden, so sollten im dritten Band ‚die sozialen Zustände der Gesellschaft und die Verhältnisse der Zeiten' ‚als mächtigster Faktor des Stils in der Baukunst' nachgewiesen werden.[71]

Und ferner schreibt er:

Gerade aber der Teil seiner Anschauungen, welcher später in ihm zur Reife gelangt war, d.h. über den Zusammenhang der Kleinkunst mit der Monumentalkunst, sollte vollständig durchgearbeitet erscheinen, während jener Teil, der seine Gedanken schon von Jugend auf beherrscht hatte, bis nach seinem Tode Bruchstück eines Manuskripts bleiben sollte.[72]

Hans Semper unterstreicht damit, welche große Bedeutung in den Anschauungen seines Vaters gerade dieser Fragestellung beizumessen ist. Wir müssen uns gerade hier auf Hans Semper stützen, da wir diese Fragmente und die Dresdener Vorträge Sempers nicht kennen, Hans Semper diese Feststellungen jedoch auf der Grundlage des Nachlasses von Gottfried Semper gemacht hat. Sie wurden erneut durch den Aufsatz von Hans Semper in der „Allgemeinen deutschen Biographie" bestätigt.[73]

Es gibt von Semper selbst eine Fülle von Stellen in seinen theoretischen Arbeiten, die diese Feststellung seines Sohnes unterstreichen. Semper hat einen starken Einfluß des politischen und kulturellen Lebens auf die Architektur anerkannt und sich besonders in seinen Arbeiten vor dem „Stil" mit dieser Frage beschäftigt. Bereits in seiner ersten Arbeit hatten wir diese Auffassungen nachgewiesen. Auch die Vorträge, die er in Dresden bis zu seiner Flucht gehalten hat, hatten einen Grundgedanken in der Darlegung der Baustile „als Ausdruck der jeweiligen Zivilisation".[74]

Dabei ist sehr interessant, daß die meisten Arbeiten, in denen sich Semper mit diesem Problem auseinandersetzt, in der Zeit vor und unmittelbar nach der Revolution von 1848 von ihm geschrieben wurden. Hier haben ihn offensichtlich die unmittelbaren Erlebnisse besonders zur Behandlung dieser Fragen gedrängt. Die reaktionären gesellschaftlichen Verhältnisse Deutschlands nach dem Wiener

Kongreß zeigten den fortschrittlichen bürgerlichen Theoretikern sehr anschaulich die hemmende Rolle der antidemokratischen Verhältnisse für die Kunstentwicklung und führten zur theoretischen Formulierung dieser Tatsache auch in der deutschen kunsttheoretischen Literatur.
Semper steht hier nicht allein. Richard Wagner setzt sich vor und nach der Revolution mit dem Einfluß der politischen Zustände auf die Kunst auseinander. Wir wissen, daß er sich in diesen Jahren dem Studium Proudhons zuwandte. Karl Schnaase und Anton Springer, selbst ein Teilnehmer der Revolution von 1848, beginnen, sich von der ideengeschichtlichen Methode abzuwenden und die Kunstgeschichte im Zusammenhang mit der Gesamtgeschichte zu betrachten. Aber im Gegensatz zu Schnaase und Springer untersucht Semper nicht die Einflüsse der Gesellschaft schlechthin, sondern er betont vor allem den Einfluß der Politik auf die Kunst. Das zeigt sich z. B. in seiner Einschätzung der Ursachen für die Blüte der griechischen Kunst. Er erklärt sie bekanntlich aus dem politischen Aufschwung Griechenlands im Kampf um seine Freiheit. Hierin unterscheidet er sich von Schnaase, der vor allem den Zusammenhang der bildenden Kunst mit anderen kulturellen Erscheinungen betont. Für Semper besteht auch ein solcher Einfluß, aber er sieht den Einfluß der politischen Zustände einer Zeit als den bestimmenden an.
Auch in seiner Arbeit „Über den Bau evangelischer Kirchen" drückte er diesen Zusammenhang, wenn auch nicht in einer so offenen Form wie vorher, aus. Er wandte sich vor allem gegen eine schematische Übernahme des gotischen Stils und legt einen eigenen Entwurf vor, der von den zeitgenössischen liturgischen und struktiven Erfordernissen des Kirchenbaues ausgeht. Die Arbeit mündet in die Forderung, daß die Kirchen, die das 19. Jahrhundert baut, auch solche des 19. und nicht die des 13. Jahrhunderts sein müssen. Das Bauwerk bleibt so für ihn Ausdruck einer bestimmten Zeit.
Während in den Schriften aus den Jahren 1845 bis 1848 diese Frage von Semper nicht mehr so breit und eindeutig behandelt wird, drückt er sich in den Schriften, die in der Zeit seiner Londoner Emigration entstanden sind, wieder klarer aus. Die freiere politische Atmosphäre in England und die Erlebnisse der Revolution mögen vor allem dazu beigetragen haben. Es ist hier unmöglich, auf alle Stellen in den Schriften aus dieser Zeit hinzuweisen. Ich möchte mich auf die charakteristischsten beschränken.
Diesen Schriften ist gemeinsam, daß Semper bestrebt ist, seine Erkenntnisse über den Zusammenhang zwischen Kunst und Gesellschaft besonders in der Geschichte der Kunst nachzuweisen. So zeigen diese Arbeiten alle im Hinblick auf diese Frage eine Auseinandersetzung mit historischen Stilepochen und mit der Kunst der Gegenwart. Semper ist in diesen Jahren offensichtlich bemüht, seine Theorien durch ein umfassendes historisches Material allseitig zu untermauern.
Im Jahre 1853 hielt er in London einen Vortrag unter dem Titel „Über den Zusammenhang der architektonischen Systeme mit allgemeinen Kulturzuständen".

Hierbei versucht er, eine

*... Erklärung für die politische Systeme bezeichnenden architektonischen Formen...*[75] zu geben.

Der Ausgangspunkt dieses Vortrages wird von Semper wie folgt formuliert:

Die individuellen Eigentümlichkeiten der verschiedenen Systeme der Architektur werden für uns so lange unverständlich bleiben, als wir nicht eine Anschauung über die sozialpolitischen und religiösen Zustände derjenigen Nationen und Zeitalter gewonnen haben, denen die betreffenden architektonischen Systeme eigentümlich waren.
Architektonische Denkmale sind tatsächlich nur der künstlerische Ausdruck dieser sozialen, politischen und religiösen Institutionen...
Ihr mächtiger zivilisatorischer Einfluß wurde stets anerkannt und ihren Werken mit bewußtem Wollen derjenige Stempel aufgedrückt, der sie zu Symbolen der herrschenden religiösen, sozialen und politischen Systeme erhob.[76]

Sehr wichtig ist hierbei die Anwendung dieser Gedanken auf die Geschichte der Baukunst. So heißt es in dem Vortrag „Über den Ursprung einiger Architekturstile" aus dem Jahre 1854 über den Unterschied zwischen der ägyptischen und der assyrischen Baukunst:

Derselbe Unterschied, welcher zwischen einer einheimischen und ursprünglich nationalen, auf eine einflußreiche und mächtige Aristokratie oder Priesterschaft gestützten Monarchie einerseits und einer auf Eroberung, Lehnswesen, Sklaverei und militärischem Despotismus begründeten Regierungsform andererseits besteht, ist auch in den Formen der Baustile dieser beiden Völker zu erkennen.[77]

Auch im „Stil" nimmt Semper zu diesen Problemen Stellung. Er schreibt hier u. a.:

Der Aufschwung der hellenischen Kunst zu ihrer erhabensten Höhe war kein von den unmittelbar vorausgegangenen Kunstzuständen vermittelter letzter Entwicklungsprozeß, sondern das hohe Resultat einer (politisch-sozialen) *Revolution*, die sich merkwürdigerweise in der (nicht materiellen, sondern idealen) Wiederaufnahme ältester Überlieferungen symbolisiert.[78]

Und über die Ursachen des dorischen Stils heißt es dort:

Damit soll aber keineswegs eine gewisse sehr früh auftretende politisch-religiöse und soziale Bewegung geleugnet sein, die als Dorismus formale Gestalt annahm und dafür auch wie jedes neue politisch-soziale Regime seinen monumentalen Ausdruck suchte und fand![79]

In einer Anmerkung zum „Stil" schreibt Semper:

Die Geschichte beweist durch eine Menge von Beispielen, daß die Begründer eines neuen politisch-sozialen Prinzips stets darauf bedacht waren, diesem einen planmäßig durchdachten architektonischen Ausdruck zu geben.[80]

Diese Stellen mögen genügen. Sie zeigen, daß Semper diesen Grundgedanken seiner theoretischen Ansichten, der sich in der Zeit vor der Revolution bei ihm herausgebildet hatte, nach dem Scheitern der Revolution nicht aufgab und im

„Stil", wenn auch nicht in der früheren Breite, in seiner Darlegung beibehalten hat. In seinem Vortrag über „Baustile" nimmt er 1869 noch einmal sehr ausführlich dazu Stellung. Wir wollen zunächst auf diesen Vortrag noch nicht eingehen. Zunächst kann zusammenfassend gesagt werden, daß Gottfried Semper von den genannten Einflüssen des Klimas, religiöser und politischer Einrichtungen, oder, wie er es später nennt, den religiösen, sozialen und politischen Faktoren, die sozialen und politischen Einflüsse für die wichtigsten im Bereich der Kunst hält. Der aktive Teilnehmer an der Revolution von 1848/49 geht sogar noch weiter und erklärt, daß in verschiedenen Epochen der Geschichte der Kunst für ihren Aufschwung revolutionäre Bewegungen entscheidend gewesen sind. Mit dieser Erklärung geht Semper m.W. über die damals herrschenden bürgerlichen Auffassungen hinaus. Schon Winckelmann, Herder, Hegel[81] sahen eine der Ursachen für die Blüte der griechischen Kunst und Wissenschaft in der politischen Freiheit des Landes. Semper bleibt in den „Vorläufigen Bemerkungen..." noch im Rahmen dieser Anschauungen, wenn er den Höhepunkt griechischer Kunst mit dem Kampf des Volkes um seine Freiheit in Verbindung bringt. Aber nach 1849 präzisiert er seine Theorie und spricht von Revolutionen und großen sozialen Bewegungen, die den entscheidenden Hintergrund für bestimmte Epochen der griechischen Kunst bildeten.

Es zeigen sich aber auch die Grenzen einer solchen Konzeption. Semper sieht die Wechselbeziehungen von Kunst und Gesellschaft, ohne bis zu den sozialökonomischen Grundlagen dieser Beziehungen vorzustoßen. Das ist aber gerade eine prinzipielle Grenze bürgerlichen Denkens, auf die Marx in seiner Auseinandersetzung mit Proudhon aufmerksam macht. Semper hat das Problem vor allem aus der Sicht seiner antifeudalen Position aufgeworfen. Und in der Schrift „Die vier Elemente der Baukunst"* (1851) und auch später werden die historischen Beispiele für eine solche Widerspiegelung politischer Systeme in der Architektur vor allem auf jene architektonischen Gestaltungsprinzipien konzentriert, in denen für ihn die Forderungen einer auf „Grundbesitz oder priesterlicher Hierarchie beruhenden Monarchie" oder eines „militärischen Despotismus"[82] gestaltet wurden. Ihnen stellt er dann die von einem „freien Volksgeist" getragene Tempelarchitektur der Griechen gegenüber. Die Baukunst ist also vor allem Ausdruck politischer Ideen, politischer Institutionen, eines bestimmten staatlichen Prinzips — tiefer konnte Semper in den Prozeß der gesellschaftlichen Determination der Kunst nicht eindringen. Aber was er immer wieder mit diesen Überlegungen verteidigt, ist seine Erkenntnis, daß der entscheidende Impuls für Veränderungen in der Baukunst und den angewandten Künsten kein kunstimmanentes Problem ist, sondern von den sozialen Bedingungen außerhalb der Baukunst ausgeht.

Obwohl diese Bemerkungen später im „Stil" nur am Rande erscheinen, in der Fülle archäologischen Materials fast versinken, charakterisieren sie auch dann noch Sempers Auffassung von der sozialen Bedingtheit der Kunst.

In der Zeit nach der Revolution beschränkt sich Semper jedoch nicht auf die Untersuchung historisch vergangener Perioden, sondern er untersucht auch die

---
* Vgl. vorliegenden Band S. 119 ff.

Kunst seiner Zeit. Ausgehend von diesen Ergebnissen versucht er, die Ursachen für den zunehmenden Verfall der Kunst des beginnenden 19. Jahrhunderts zu ergründen.

Es ist für die Arbeiten Sempers ein bemerkenswerter Zug, daß alle seine Arbeiten praktisch orientiert sind. Er versucht, die Architektur seiner Zeit, und später auch das Kunstgewerbe, zu einer neuen Blüte zu führen. Seine historischen Untersuchungen sollen ihm helfen, hier einen richtigen Weg zu finden, sie sind ihm Hilfsmittel zur künsterlischen Lösung der Gegenwartsaufgaben. Und so versucht er auch durch das Aufdecken der Ursachen für den unbefriedigenden Zustand der Kunst in der ersten Hälfte des 19. Jahrhunderts die Wege für einen neuen Aufschwung aufzuzeigen.

In den Jahren vor der Revolution sah Semper eine der Ursachen für den Verfall der Kunst in der Bevormundung des Volkes durch den feudalen Staat, in der Unterordnung der Kunst unter „mächtige Kunstbeschützer", in der Vergeudung der Mittel für Werke der „Eitelkeit" und der „Stehenden Heere". Und er kämpfte aktiv gegen diese faulen, morschen Zustände des damaligen zersplitterten monarchistischen Deutschland.

Nach der Revolution kam er nach England und lernte hier politische Verhältnisse kennen, in denen weitgehend bürgerlich-demokratische Freiheiten bestanden, in denen die Bevormundung durch feudale Machthaber nicht in Erscheinung trat usw., d.h. Verhältnisse, die zweifellos weitgehend dem Ziel entsprachen, für das er in der Revolution gekämpft hatte. Aber auch hier fand er im Bereich der Kunst einen ähnlichen Zustand wie in Deutschland vor. Er untersuchte deshalb sehr eingehend die englischen Verhältnisse. Das beweist die 1851 erschienene Schrift „Wissenschaft, Industrie und Kunst". Diese Schrift beinhaltet die Auseinandersetzung Sempers mit dem Einfluß der kapitalistischen Produktionsweise auf die Kunst. Der unmittelbare Anlaß zu dieser Schrift ist die Londoner Weltausstellung des Jahres 1851. Semper selbst hatte im Rahmen der Ausstellung den Aufbau der Ausstellungsstücke in den schwedischen, dänischen, kanadischen und ägyptischen Abteilungen übernommen.[83]

Die Schrift entstand als ein Versuch, das Ergebnis der Ausstellung zusammenzufassen und den Stand der künstlerischen Entwicklung in den einzelnen Ländern darzulegen. Semper behandelt dabei vor allem die englischen und amerikanischen Verhältnisse, betont aber in seinen einleitenden Bemerkungen, daß seine Feststellungen im Wesen auch für die Verhältnisse in Deutschland, Rußland und Belgien gelten.[84]

Semper stellt fest, daß die Kunstgegenstände auf der Ausstellung nichts Einheitliches darstellten, sondern eine Vielzahl von Stilen verkörperten, so daß, wie er sagt, eine Art Sprachverwirrung von Babel entstanden ist.
Dazu schreibt er:

Diese scheinbare Verwirrung ist aber nichts anderes als das klare Hervortreten gewisser Anomalien in den bestehenden Verhältnissen der Gesellschaft, die bisher nicht so klar und deutlich vor aller Welt in ihren Ursachen und Wirkungen erkannt werden konnten.[85]

Für Semper liegen die Ursachen der Stillosigkeit der Kunst seiner Zeit vor allem in den Auswirkungen der raschen Entwicklung von Wissenschaft und kapitalistischer Industrie. Ihr rascher Aufschwung hat neue Materialien und Fertigungsprozesse geschaffen, die von Künstlern und Handwerkern noch nicht künstlerisch bewältigt worden sind.

Vor allem die Entwicklung der Wissenschaften hat dem Menschen neue Materialien und zusätzliche Möglichkeiten der künstlerischen Behandlung der verschiedenen Gegenstände geschaffen. Aber

die Gegenwart hat nicht Zeit, sich in die halb aufgedrungenen Wohltaten hineinzufinden und ihrer Meister zu werden...[86]
Schon zeigt es sich, daß die Erfindungen nicht mehr wie früher Mittel zur Abwehr der Not und zum Genuß; vielmehr sind die Not und der Genuß Absatzmittel für die Erfindungen. Die Ordnung der Dinge hat sich umgekehrt.[87]

Semper sieht also die Hauptursache für den Zustand der Kunst in der ungenügenden Fähigkeit der Menschen, die ihnen durch die Fortschritte von Wissenschaft und Technik in die Hand gegebenen Möglichkeiten künstlerisch zu bewältigen. Aber für ihn bleiben das nicht die einzigen Ursachen, mit denen das geringe künstlerische Niveau der Ausstellungsgegenstände der Weltausstellung erklärt werden kann. Er hat inzwischen selbst verspürt, daß die gesellschaftlichen Verhältnisse, unter denen er lebt, dem Künstler nicht die Möglichkeit lassen, diese Fähigkeiten zu erwerben und die ihm von der Technik gegebenen Materialien zu nutzen. Angesichts seiner in England gemachten Erfahrungen kann er sich nicht mehr auf eine so einfache Erklärung beschränken.
Eine weitere Ursache sieht er deshalb in der Antwort auf die Frage.

... welchen Einfluß die von dem großen Capitale getragene und von der Wissenschaft geleitete Speculation auf die Kunstindustrie übt, und was die endliche Folge dieses stets wachsenden Protectorats sein wird?[88]

Und Semper antwortet auf seine Frage, indem er die englischen Verhältnisse als Beispiel heranzieht. Er zeigt, wie unter dem Einfluß der Spekulation der Künstler von seinem Brotherrn, dem Besitzer der kapitalistischen Kunstindustrie und zugleich von der Mode abhängig wird.
Die kapitalistische Produktionsweise macht den Architekten und den Kunsthandwerker zu einem Glied im kapitalistischen Produktionsprozeß. Seine Arbeit hat nur noch den Zweck, den Profit seines Auftraggebers zu erhöhen. Künstlerische Erwägungen spielen nur noch eine höchst untergeordnete Rolle. Entscheidend ist die Absatzmöglichkeit der erzeugten Gegenstände auf dem Markt und nicht ihre künstlerische Qualität. Die künstlerischen Produkte werden zur Ware. Sie werden produziert, unabhängig davon, für welchen Zweck sie später einmal gebraucht werden, welches Bauwerk usw. sie einmal schmücken sollen.

Der Gang, den unsere Industrie, und mit ihr die gesamte Kunst unaufhaltsam verfolgt, ist deutlich; alles ist auf den Markt berechnet und zugeschnitten.[89]

Die Spekulation begrenzt die freie Entfaltung der künstlerischen Fähigkeiten, denn

... es ist ein Unterschied, für die Speculation arbeiten oder als freier Mann sein eigenes Werk vollführen. Dort ist man doppelt abhängig; Sklave des Brotherrn und der Mode des Tages, die letzterem Absatz für seine Waren verschafft. Man opfert seine Individualität, seine ‚Erstgeburt' für ein Linsengericht.[90]

Und er kommt zu der Feststellung, daß der Einfluß der Spekulation auf die Kunst für die

... Kunstindustrie gefährlich, für die traditionelle Kunst entschieden verderblich...[91]

sei.

Damit dringt Semper in dieser Arbeit bis zur Erkenntnis von der hemmenden Rolle des Kapitalismus für bestimmte Zweige der Kunst vor.

Diesen Gedanken behält er bei, denn wir finden Hinweise dieser Art dann später im „Stil".[92]

Er bleibt somit nicht bei einer eingehenden Untersuchung des Einflusses von Wissenschaft und Technik auf die Kunst stehen, sondern sieht die Wurzeln auch in der kapitalistischen Produktionsweise, die eine Ausnutzung dieser neuen Möglichkeiten im Interesse der künstlerischen Entwicklung verhindert.

Als Beweis für seine Gedanken führt er ein Beispiel aus der Praxis Londoner Bauunternehmen an. Für ihre großangelegte Bautätigkeit waren künstlerische Erwägungen des Architekten bedeutungslos. Er hatte nur den Entwurf für ein auf dem Baumarkt gangbares Produkt zu liefern. Die Wirklichkeit der kapitalistischen Bauwirtschaft, die er in England erlebte, bringen Semper während der wenigen Jahre seines Aufenthaltes in London zu der Einsicht, daß die neuen kapitalistischen Verhältnisse mit ihrem Profitstreben der Geldgeber, dem alle künstlerischen Gesichtspunkte untergeordnet werden, eine weitere wesentliche Ursache für den Verfall der Kunst seiner Zeit darstellen.

Aber Semper zieht aus dieser Einschätzung eine Reihe von Schlußfolgerungen, die einen Widerspruch in seinen Ansichten deutlich machen. Trotz dieser Charakteristik der kunstfeindlichen Rolle der Spekulation tritt er nicht für eine Beseitigung ihres Einflusses ein. Das würde allerdings bedeuten, daß er für die baldige Beseitigung der kapitalistischen Verhältnisse überhaupt sprechen müßte. Dieser Konsequenz weicht er aus. Für ihn ist auf der Grundlage der bestehenden Verhältnisse die Möglichkeit für die Entwicklung der Kunst zu einer neuen Blüte gegeben. Für ihn ist der Zustand der Kunst seiner Zeit, dessen Ursachen er bis zu wesentlichen Seiten hinein aufdeckt, eine Übergangserscheinung. Die Anwendung der Maschinen und die Produktion für den Markt erfordern neue künstlerische Formen, die noch nicht vorhanden sind. Zur Schaffung dieser neuen Formen müssen die alten, historischen Formen umgewandelt, zersetzt werden, und diese Aufgabe führt nach seiner Ansicht gerade die Spekulation und die Industrie durch. Semper sieht so nicht, wie sein Zeitgenosse Karl Marx, die prinzipielle Kunstfeindlichkeit des Kapitalismus für einzelne Zweige der Kunst.[93]

So schreibt er in der genannten Schrift:

— ich beklage allgemeine Zustände keineswegs, von denen dies nur die weniger wichtigen Symptome sind, sondern ich bin sicher, daß sie sich früher oder später zum Heile und zur Ehre der Gesellschaft nach allen Seiten werden glücklich entfalten werden.[94]

Hier zeigt sich die Inkosequenz in seinen Anschauungen. Er sieht den zerstörenden Einfluß der kapitalistischen Produktionsverhältnisse, aber er nimmt an, daß ein Weiterwirken dieser Verhältnisse, die er als Ursache für den Verfall der Kunst seiner Zeit ansieht, zugleich auch die Grundlagen für eine Blüte der Kunst in der Zukunft abgeben können. Diese Grundhaltung bleibt bestehen, obwohl Semper von den verschiedensten Problemen her die hemmende Rolle der kapitalistischen Verhältnisse für die Entwicklung der technischen Kunst anerkennen muß.

Semper bleibt ein bürgerlicher Denker. Er hat für eine bürgerlich-demokratische Ordnung in Deutschland gekämpft. Jetzt sieht er in England, in dem die kapitalistische Produktionsweise am weitesten entwickelt ist, die verhängnisvollen Auswirkungen der bürgerlichen Verhältnisse auf die Kunst. Seine ganze Grundhaltung verbietet es ihm, mit einer Beseitigung dieser Ordnung zu rechnen. Der einzige Ausweg, der ihm verbleibt, war die Hoffnung, daß die weitere Entwicklung der kapitalistischen Produktionsweise diesen die Kunst gefährdenden Einfluß überwinden könnte.

Aber Semper ist in dieser Frage nicht sehr optimistisch. Er spürt, daß diese Annahme nicht sehr wahrscheinlich ist. Die wirklichen Verhältnisse zwingen ihn immer wieder, diese Auffassung zu überprüfen. Und in den Jahren 1851 — dem Erscheinungsjahr dieser Schrift — und 1864 — dem Jahr der Drucklegung des „Stil" — gab es keinerlei Anzeichen, die seine Hoffnungen rechtfertigen konnten. So sieht er sich gezwungen, mehrfach dazu Stellung zu nehmen. Er wirft in den Prolegomena zum „Stil" diese Frage erneut auf und schreibt, daß es noch ungewiß sei, ob der Verfall der Kunst seiner Zeit „Anzeichen eines auf tieferliegenden sozialen Ursachen begründeten allgemeinen Verfalls"[95] seien. Er nennt eine solche Hypothese trostlos und unfruchtbar, denn sich darauf beschränken, das Morsche niederzureißen, „ist nicht dessen Sache, der sich am Bauen erfreut".[96] Daß Semper zwölf Jahre später im „Stil" diese Frage erneut stellt, unterstreicht, welch bedeutsames Problem sie für ihn enthielt. Obwohl er die Frage als fruchtlos verwirft, bleibt in seinen Betrachtungen die Möglichkeit einer solchen Antwort erhalten, und er findet im Grunde keine überzeugenden Argumente, um sie endgültig zurückzuweisen.

Von dieser Grundposition aus unternimmt er in seiner Schrift „Wissenschaft, Industrie und Kunst" den Versuch, die Möglichkeiten der Industrie und Wissenschaft mit der Produktion für den Markt zu vereinigen. Das erscheint ihm möglich, wenn die Kunstgegenstände für einen bestimmten Zweck produziert werden und man bei ihnen weitgehend ornamentale Formen anwendet. Er sieht als Mittel gegen die Gefährlichkeit des Einflusses der Spekulation eine Produktion von Kunstgegenständen an, die zwar den Zweck, die Bedeutung des Gegenstandes berücksichtigt, aber sich zugleich einer solchen Formensprache bedient, daß ihre Werke, für den Markt hergestellt, an oder in einem beliebigen Gebäude Aufstellung finden können. Solche Werke dürfen keine Charakteristik und lokale Färbung besitzen, sie müssen sich jeder Umgebung anpassen können. Eine künstlerische Martkware muß für ihn anonym sein, sie hat nur den technisch-funktionellen Stilgesetzen zu gehorchen. Damit liegt hier im Keim ein Gedanke vor, der dann in der Schrift „Über Baustile" klar ausgesprochen wird. 1869 bezeichnet er die neue Architektur als eine kosmopolitische Kunst. Die Abkehr von der lokalen Färbung wird damit auch im Sinne der Abkehr von nationalen Ausdrucksformen gefaßt. Hier liegen die letzten Wurzeln für Sempers Außerachtlassen der nationalen Besonderheiten des Stils. Die künstlerische Marktproduktion der fortgeschrittensten kapitalistischen Länder läßt ihm dafür keinen Raum.

Damit ist die Schrift letzlich zugleich ein Programm, das mit einem entscheidenden Gedanken der deutschen Romatik bricht. Wenn Semper auch erst viel später zu deutlicheren Formulierungen kommt, trat die wirkliche Ursache dafür schon 1851 zutage. Für ihn erfordert die kapitalistische Produktionsweise ein Überwinden der „lokalen Färbungen"[97], denn sie zerstört die traditionellen Bedingungen, schmilzt die heimischen Formen zusammen und bereitet etwas Neues vor.[98] Wie tief dabei Semper ein Merkmal der gesamten Weltausstellung, aus deren Exponaten er seine Schlußfolgerungen ableitet, erkannt hat, zeigt die entsprechende Einschätzung von Karl Marx. Für diesen erbrachte die Ausstellung den Beweis, daß die „moderne Industrie überall die nationalen Schranken niederschlägt und die lokalen Besonderheiten ... verwischt."[99] Aber im Gegensatz zu Karl Marx erfaßt Semper nicht den widersprüchlichen Charakter dieser Entwicklung. Er sieht nicht, daß der Kapitalismus die Isolierung der Nationen voneinander und die Überwindung der nationalen Schranken nur auf dem Wege der Versklavung anderer Völker und der grausamsten Ausbeutung zu verwirklichen sucht. Semper bleibt bei seiner Einschätzung auf halbem Wege stehen. Er stellt sich auf den Boden der kapitalistischen Entwicklung, und ihr will er in seinem Schaffen gerecht werden.

Diese Gedankengänge beweisen, daß er sich die Aufgabe stellt, im Rahmen der bestehenden bürgerlichen Ordnung die Wege für eine Verbesserung des künstlerischen Niveaus zu zeigen. Aber immer wieder kommt er bei einer solchen Zielsetzung mit der Wirklichkeit in Konflikt. Er kann nicht an der Tatsache vorübergehen, daß die Situation in den fünfziger Jahren des vorigen Jahrhunderts einer solchen Aufgabenstellung nicht günstig war. Das zeigt sich ihm nicht nur in dem negativen Einfluß des Kapitalismus auf die Kunst, sondern auch in dem Fehlen großer vorwärts weisender, bürgerlicher Ideen, die die Kunst gestalten kann. In der im Jahre vorher (1850) erschienen Schrift „Die vier Elemente der Baukunst" steht der bemerkenswerte Satz:

Wie großes Unrecht thut man uns Architekten mit dem Vorwurf der Armut an Erfindung, während sich nirgends eine neue weltgeschichtliche, mit Nachdruck und Kraft verfolgte Idee kund gibt. Vorher sorgt für einen neuen Gedanken, dann wollen wir schon den architektonischen Ausdruck dafür finden. Bis dahin begnüge man sich mit dem Alten."[100]

Und dieser Satz enthält keine für Sempers Ideen zufällige Feststellung. Neunzehn Jahre danach übernimmt er diesen Satz fast wörtlich in seinen 1869 gehaltenen Vortrag „Über Baustile".[101] Seine Erlebnisse in England und der Schweiz hatten ihn nicht zu einer Änderung seiner Ansichten veranlassen können.
Und gerade hieran zeigt sich erneut der Widerspruch in Sempers Anschauungen. Er will gute künstlerische Leistungen, die die Erfordernisse der Zeit ausdrücken, obwohl er sieht, daß die Verhältnisse dafür wichtige Voraussetzungen nicht geben können. Er will ein hohes Niveau der Kunst, obwohl Spekulation und Ideenarmut die Entwicklung bestimmter Zweige der Kunst hindern. Er ist sich dieses Widerspruchs, der in der Zeit liegt, durchaus bewußt. Aber für ihn sind das nur vorübergehende Auswüchse, Übergangserscheinungen, die sich zum besseren wandeln werden. Er rechnet mit einem Verschwinden dieser negativen Züge im weiteren Verlaufe der Entwicklung der bürgerlichen Ordnung. Damit steht er auf einer ähnlichen theoretischen Plattform wie Proudhon, von dem Marx in einem Brief an Annenkov vom 28.12.1846 sagt, daß er das Unmögliche wolle, „d. h. bürgerliche Lebensbedingungen ohne die notwendigen Konsequenzen dieser Bedingungen".[102]
Semper kann sich keine anderen gesellschaftlichen Verhältnisse als die vorhandenen denken, und so versucht er, die negativen, ihm als Übergangsverhältnisse auf dem Gebiet der Kunst erscheinenden Zustände durch sein theoretisches Schaffen rasch überwinden zu helfen.
Um dieses Ziel zu erreichen, verlangt er die Herausbildung eines den technischfunktionellen Bedingungen entsprechenden Stils. Aber damit allein läßt sich für ihn das Problem nicht lösen. Von nicht geringerer Bedeutung ist für ihn eine wesentliche Erweiterung des Einflusses der Volksmassen auf die Kunst und die damit verbundene Hebung ihres künstlerischen Urteils.
Sowohl vom Künstler als auch vom Handwerker und dem Volk soll dem Verfall entgegengetreten werden. Aber auch dieser Vorschlag erfolgt aus seiner bürgerlich-demokratischen Sicht heraus. Da der Künstler der Mode unterliegt, so muß man den Geschmack des Volkes als des Käufers verbessern, damit dann der Künstler entsprechende Kunstwerke herstellen kann, ohne mit seinem Brotgeber in Konflikt zu kommen.
In dieser Forderung zeigt sich zugleich die bürgerlich-demokratische Haltung Sempers. Sein erster Vorschlag, dessen Verwirklichung er als die nächste Aufgabe ansieht, besteht in einer allgemeinen Hebung des Volksgeschmackes auf diesem Gebiet.
Für Semper hat das Volk, haben die Handwerker einen entscheidenden Anteil an der Herausbildung neuer Formen. Sie schaffen durch ihr Wirken die Grundlage für die Arbeit des Künstlers.

So schreibt er, indem er eine weitere Ursache des Verfalls der Kunst seiner Zeit aufdeckt, daß die Praxis den Stoff

... zu beliebiger weiterer Verwendung von der Wissenschaft ausgeliefert (erhält), ohne daß durch vielhundertjährigen Volksgebrauch sein Stil sich entwickeln konnte. So vom Bieneninstinkt des Volkes gleichsam vorher durchgeknetet, überkamen die einstigen Begründer blühender Kunst ihren Stoff...[103]

und „bildeten dieses naturwüchsige Motiv zu höherer Bildung aus". Und indem er die seiner Meinung nach schon weiter fortgeschrittene Kunst Frankreichs untersucht, schreibt er:

Es ist sehr bemerkenswert, daß die industrielle Kunst der Franzosen erst seit der Republik so rasche Fortschritte gemacht hat ... solche Erscheinungen sind nur mehr oder weniger Wirkungen von allgemeineren und tiefer liegenden Ursachen. Diese Talente konnten sich deshalb in ihrer vollen Unabhängigkeit geltend machen, weil sie nicht mehr durch mächtige Einzeleinflüsse gestört wurden ... nur in dem speculativen Geist des Volkes haben sie fortan einen Stützpunkt für ihr Wirken, wenn nicht inzwischen wieder andere dogmatisch-vormundschaftliche Staatsinstitutionen Wurzeln fassen, und das keimende Gewächs verdrängen.[104]

Auf Grund dieser Ansichten erwartet Semper einen entscheidenden Einfluß für die weitere Kunstentwicklung vom Volk. Seine Vorschläge sind darauf gerichtet, den Volksmassen zu ermöglichen, sich ein sicheres Urteil in Sachen der Kunst zu erwerben. Um dies zu erreichen, schlägt er die Einrichtung von Museen und Ausstellungen und die Veranstaltung öffentlicher Vorträge vor. Diese Einrichtungen sollen zugleich auch die Kunstschaffenden anregen. Wie hoch er das Urteil des Volkes einschätzt, zeigt folgende Stelle:

Daher nichts von den Vorschlägen, welche einen künftigen Kunstaeropag und Vormundschaftsanstalten des Kunstgeschmacks in Aussicht stellen... Für die Hebung des Volksgeschmackes muß gewirkt werden, oder vielmehr das Volk muß selbst dafür wirken. Besser es treibt noch eine Zeitlang Unsinn, als daß es sich einen Geschmack vorschreiben läßt.[105]
Findet man für nötig, eine mehr systematische Reform der jetzigen Zustände einzuführen, so muß dies durch einen zweckmäßigen und möglichst *allgemeinen Volksunterricht des Geschmacks* geschehen ... Daher brauchen wir vor allem Sammlungen und Ateliers...[106]

Semper selbst hat durch Vorträge und vor allem durch die Einrichtung des Marlborough-House diese seine Forderung zu verwirklichen versucht. Semper hat sich darüber hinaus schon in seiner Dresdener und vor allem in seiner Londoner Zeit um eine Verbesserung der künstlerischen Ausbildung bemüht. In den Prolegomena zum „Stil" greift er diese Frage wieder auf und fordert vor allem für „die werktätigen Klassen" und diejenigen, die sich den Künsten widmen, die Abkehr von einem Unterricht, der

nicht mehr auf die Bildung des Menschen als solchen, sondern auf das unmittelbare Erziehen von Fachmenschen hinausläuft.[107]

G. Semper, Villa Rosa, Dresden, Holzhofgasse 20, 1839 (zerstört)

Semper entwirft einen Plan für eine Umgestaltung des Unterrichtswesens. Dabei tritt er für eine allseitige Bildung ein und fordert, daß erst auf der Grundlage einer humanistischen Bildung die spezielle künstlerische Ausbildung zu erfolgen hat. Diese Veränderung im Bildungsgang hält er für notwendig, um das selbständige Schaffen des Künstlers zu fördern. Damit klingt bei Semper ein Gedanke an, der vor allem in den Schriften von John Ruskin und, später, von William Morris verbreitet wird. Beide, von einer ähnlichen gesellschaftlichen Position wie Semper ausgehend, glauben, durch eine intellektuelle und ästhetische Volkserziehung eine Harmonie im sozialen Leben und auch im künstlerischen Bereich herstellen zu können. Wie Semper richten sie dabei ihre Aufmerksamkeit auf das Kunstgewerbe (vor allem Morris). Bei allen Unterschieden in der theoretischen Konzeption (Semper will z.b. im Gegensatz zu ihnen mit der ästhetischen Erziehung keine sozialen Konflikte lösen) äußert sich hier die gleiche Betonung des erzieherischen Moments des Kunstgewerbes. Es sind bei all ihrer positiven kunsttheoretischen und kunstpraktischen Bedeutsamkeit utopische Reformversuche bürgerlicher Denker. Sie sollen mithelfen, die sozialen, intellektuellen und künstlerischen Widersprüche ihrer Gegenwart zu überwinden. Sie entstehen, wie das bei Morris besonders deutlich wird, aus dem Blick für die sozialen Ungerechtigkeiten —, aber sie rühren noch nicht an die Wurzel der Sache.

Damit sind zunächst die im gegebenen Zusammenhang wichtigsten Grundgedanken von ,,Wissenschaft, Industrie und Kunst" kurz angedeutet. Semper dringt in dieser Schrift bis zur Erkenntnis der kunstfeindlichen Haltung des Kapitalismus vor. Er sieht aber darin nur eine Übergangserscheinung und macht es sich zur Aufgabe, diesen Auswirkungen im Rahmen der kapitalistischen Ordnung entgegenzuwirken.

Eine andere Aufgabenstellung erkennt er nicht an. Feststellungen wie die folgende aus den ,,Vier Elementen der Baukunst" (1851) finden wir danach nicht mehr.

Hier schrieb er, daß die Lage in der Kunst nur grundlegend verbessert werden kann, wenn sich eine neue gesellschaftliche Organisation entwickelt. Wörtlich heißt es in dieser Arbeit:

> Und alles bleibt doch nur eine unheimliche Phantasmagorie, ehe sich unser Volksleben nicht zu harmonischem Kunstwerke, analog dem Griechischen, ... nur reicher noch, gestaltet.
> Wenn dies geschieht, dann lösen sich alle Rätsel! Wo sind sie, die an die Möglichkeit dachten![108]

Damit stellt diese Schrift Sempers, die eine Analyse der Auswirkung der kapitalistischen Verhältnisse auf die Kunst enthält, m.E. die Grundlage für eine gewisse Wendung in Sempers theoretischer Arbeit dar. Die Auseinandersetzung mit dem Kunstbetrieb seiner Zeit wird jetzt von ihm von vornherein unter den Voraussetzungen geführt, daß auf der Grundlage der bestehenden Verhältnisse Wege möglich sind, die eine neue Blüte der Kunst herbeiführen können. Das wirkt sich, wie noch darzustellen sein wird, auf seine gesamte weitere kunsttheoretische

Arbeit aus. Damit ist eine wichtige Ausgangsposition für sein Hauptwerk, die beiden ersten Bände des „Stil", gegeben.

Im „Stil" behält Semper zwar, wie bereits gezeigt, den Grundgedanken von dem Zusammenhang der Entwicklung der Kunst und der Gesellschaft bei, aber er zieht kaum noch solche Schlußfolgerungen für seine Gegenwart. Die gesellschaftskritische Tendenz seiner weiteren Schriften ist jetzt nicht mehr so stark ausgeprägt. Die verschiedensten Bemerkungen des „Stil" beschäftigen sich vor allem mit der Einschätzung historischer Stile und ihrem sozialen Hintergrund. Das Problem des Einflusses der gesellschaftlichen Verhältnisse auf die Kunst wird durch die Untersuchungen über die anderen Bedingtheiten des Stils zurückgedrängt. Für ihn ist eine grundlegende Neugestaltung der Kunst aus der Entwicklung der Kunst selbst heraus nicht zu erwarten. Dazu fehlen die Voraussetzungen, fehlt der entscheidende Anstoß in Gestalt neuer weltgeschichtlicher Ideen.

Dieser Anstoß muß von außen, von der Gesellschaft her kommen. Aber gerade von den Fragen der unmittelbaren gesellschaftlichen Veränderung zieht sich Semper zurück. Er will sich mit dem Alten begnügen, bis die neuen Ideen auftauchen. Und so versucht er in der Folgezeit, die künstlerischen Gesetze der Kunst der Vergangenheit aufzudecken, um zu zeigen, wie man mit den modernen Mitteln die Errungenschaften der vorangegangenen Kunstperioden zur Herstellung guter Kunstwerke nutzen kann. Er will die Ausdrucksmittel früherer Kunstperioden so anwenden, daß sie den Erfordernissen seiner Zeit entsprechen.

Diese Aufgabenstellung führt ihn zunächst von den Problemen, die den Zusammenhang zwischen Kunst und Gesellschaft zum Inhalt haben, hinweg. Im Mittelpunkt seiner Untersuchung stehen jetzt die Fragen des Einflusses des Zwecks, des Materials und der Technik auf das Entstehen der einzelnen Kunstformen. Erst nach dem Abschluß der beiden Bände des „Stil" scheint sich Semper im Zusammenhang mit den Vorarbeiten am dritten Band wieder stärker mit dem Problem beschäftigt zu haben. 1869 tritt er mit seinem Vortrag „Über Baustile" an die Öffentlichkeit und entwickelt hier nach Hans Semper in „allgemeinster Andeutung den Ideengang, den er im dritten Teil des Stils zu verfolgen gedachte".[109] Dieser Vortrag ist besonders deshalb für die Betrachtung des Gesamtwerkes Sempers wichtig, weil er den Plan des Gesamtwerkes des „Stil" ergänzt und Sempers spätere Auffassung über die Faktoren, die den Stil seines Werkes bestimmen, enthält. Semper spricht jetzt von zwei Faktoren, die stilbestimmend sind, den technischen und den persönlichen Momenten. Neben diesen Momenten besteht der Stoff. Er sagt dazu:

Aber unter Stoff versteht man noch etwas Höheres, nämlich die *Aufgabe*, das *Thema* zur künstlerischen Verwertung. An dieses inhaltliche Moment der Kunstgestaltung wollen wir für das Folgende anknüpfen, weil es das Wichtigste und Entscheidenste ist und wir uns in unserer heutigen Aufgabe beschränken müssen.[110]

Der Stoff der Kunst, das ist nach seinen eigenen Worten der Mensch als Individuum und in der Familie, der kollektive Mensch als der Staat und das Menschtum als Ideal. Der Stoff der Kunst ist also für Semper das menschliche Leben in seinen verschiedensten Formen. Das bestätigt erneut die Ausgangsthese, daß Semper nicht nur Zweck, Material und Technik als bestimmende Faktoren anerkennt, sondern daß der Stoff das Entscheidenste ist, und Stoff ist im Sinne Sempers der Mensch in seinen gesellschaftlichen Beziehungen, der von hier aus gegebene gesellschaftliche Inhalt der Kunst.

Die Beziehungen zum progressiven Gehalt des deutschen Klassizismus werden sichtbar. Die zentrale Stellung der Menschen in diesen Anschauungen verbindet sie mit dem humanistischen Ideal Lessings, Goethes, Schinkels. Semper begreift als Gegenstand der Kunstbestrebungen den Menschen in seinen Beziehungen zur Umwelt, und dabei wieder vor allem zu den jeweiligen staatlichen Zuständen. Die Baukunst spiegelt dementsprechend die Verhältnisse der Menschen zu den sozialen, staatlichen Zuständen wider. In dem Vortrag versucht er nachzuweisen, daß in den vergangenen Kunstepochen vor allem die sozialen und die staatlichen Anschauungen bestimmend auf die Gestaltung der Grundformen eines Bauwerkes einwirkten. Er untersucht die Baukunst Mesopotamiens, Ägyptens, Indiens, Chinas und zeigt, wie durch den Herrscher oder die herrschenden Anschauungen die ideellen Grundlagen für einen neuen Stil gegeben wurden. Diese Gedanken der Herrscher fanden in der Architektur den ihnen entsprechenden Ausdruck. Dabei sagt Semper sehr viel Wichtiges für das Verständnis der einzelnen Stile, z. B. wenn er bei der Architektur Indiens darauf hinweist, daß sich die Auseinandersetzung zwischen Buddhismus und Hinduismus in der Baukunst des Landes widerspiegelt.

Das Ganze ist eingebettet in eine eigenartige Geschichtskonstruktion, die in Sempers Schaffen in diesen Jahren zum ersten und einzigen Male zutage tritt.

Für ihn vollzieht sich in der Baukunst eine Entwicklung zur Freiheit. Die Architektur der vorgriechischen Epoche ist für ihn eine unfreie Kunst, sie ist abhängig von den Anschauungen der Herrscher. Das ändert sich mit der Kunst Griechenlands. Hier vollzieht sich mit der politischen Emanzipation auch eine solche in der Kunst. Das freie griechische Volk schafft sich ein neues Symbol im Tempel, im peripterischen Säulenhaus. Damit entsteht für Semper das Vollkommenste, aber noch nicht das höchste Ziel der Baukunst. Die Verwirklichung des höchsten Zieles bahnt sich erst in der Architektur des römischen Weltreiches an. Diese Architekturepoche repräsentiert die Synthese von individuellen Streben und dem Aufgehen in der Gesamtheit. Sie zeigt damit für ihn Ansätze des Ausdrucks höchsten Menschentums; sie ist in ihrer Grundlage kosmopolitisch, der architektonische Ausdruck einer Welt, in der alles nur durch die Gesamtheit besteht und zugleich jedes einzelne notwendig ist.

Während in den Urzuständen der Menschheit im Schmuck das Streben nach Individualität und im Betonen des Herdes erste gesellschaftliche Bindungen sichtbar werden, erfolgt nach einer Krise, hervorgerufen durch die Unterordnung

des Individuums unter staatlich-religiöse Verhältnisse, die Blüte der Baukunst in der Gestaltung der freien Beziehungen der einzelnen Menschen zu ihrem Volk. Diese Ausdrucksform wird in der römischen Architektur noch kosmopolitisch erweitert, aber sie gelangt nicht mehr zur Vollendung. Diese Geschichtskonstruktion führt Semper zu der Annahme, daß in der Architektur des Römischen Kaiserreiches die kosmopolitische Zukunftsarchitektur enthalten sei. Die Zukunft der Baukunst liegt für ihn in ihrer Emanzipation von den dienenden Verhältnissen zum Bedürfnis, Staat und Kult zur freien selbstzwecklichen Idealität.[111]
Dieses Ziel ist erreicht, wenn die Architektur die kosmopolitische Einheit von Individuum und Gesamtheit verkörpern kann. Noch einmal tritt seine zutiefst demokratische Haltung zutage. Hier spricht wieder der Gegner der feudalen und religiösen Bevormundung, für den große Kunst nur auf einem politisch freien Boden gedeihen kann. Und er bleibt wieder, wie schon Jahre vorher, nicht nur bei einer Betrachtung der Vergangenheit stehen, sondern kämpft, auch hier dem progressiven Gehalt des deutschen Klassizismus eng verbunden, gegen die Kräfte der Gegenwart, die weiter an einer Bevormundung der Kunst festhalten wollen. Es sind dies „dieselben Jesuiten in Frack und Soutane, die ... die ecclesia militantis ... mit gotischem Konstruktionsgerüst panzern ... um den alten ... Kampf gegen den Fortschritt des Geistes und der Wissenschaft mit zeitgenössischer Ausrüstung von neuem aufzunehmen".[112]
Als Feind solcher Bestrebungen kann ihm die Kunst der Gegenwart nur in von diesen Einflüssen freien gesellschaftlichen Verhältnissen wachsen. Die moderne Kunst soll deshalb vor allem an die Kunst des Römischen Kaiserreiches und der Renaissance anknüpfen. In diesen Etappen der Kunst sieht er eine Weiterführung der freien antiken Architektur auf der Grundlage einer neuen kosmopolitischen Tendenz, die das Aufgehen des individuellen Strebens in der Gesamtheit symbolisiert. Michelangelo griff solche Gedanken auf als eine Persönlichkeit, die sich „aus Papst, Klerus und Reich" nichts machte.
Die Betonung dieser Stilepochen in Sempers praktischem Schaffen tritt uns hier als Resultat theoretischer Überlegungen zutage. Weil die architektonische Formensprache der römischen Baukunst und ihre Weiterführung in der Renaissance seiner Ansicht nach im Keim die gleichen Bestrebungen auszudrücken versucht, die auch seine Gegenwart bestimmen, muß diese an die genannten Stile anknüpfen. Neben den formalen Fragen, die für ihn die Überlegenheit der Renaissance ergeben, betont Semper damit vor allem die gemeinsamen gesellschaftlichen Bedürfnisse, die in beiden Epochen ihren entsprechenden baukünstlerischen Ausdruck suchen. Das Bekenntnis zur Antike aus dem Jahre 1834 und das Herausheben der römischen Baukunst und vor allem der Renaissance im Jahre 1869 erfahren somit eine gleichartige theoretische Begründung.
Aber 1869 hat sich Semper von dem antiken Ideal auch theoretisch gelöst. Die neue kosmopolitische Tendenz des Jahrhunderts, 1851 von ihm zuerst ausgesprochen, wird zur theoretischen Begründung für den Vorzug der Renaissance

gegenüber der Kunst Griechenlands. Bei aller Verbundenheit Sempers mit den Ideen des deutschen Klassizismus zeigt sich, wie er das Kunstideal dieser Epoche zu überwinden beginnt. Es kann seiner Zeit nicht mehr entsprechen, weil es wesentliche Züge der Gegenwart nicht auszudrücken vermag. Damit ist der Bruch Sempers mit einem entscheidenden Gedanken des Klassizismus im „Stil" und vor allem in dieser letzten Schrift auch theoretisch vollzogen.

Mit dieser Ableitung begreift Semper wesentliche Merkmale für die gesellschaftliche Bedingtheit beim Aufnehmen traditioneller Elemente in der Geschichte der Baukunst. Aber er kann sich trotz dieser Ansätze nicht zu einer wissenschaftlichen Auffassung vom Entwicklungsverlauf der Geschichte durchringen. Das wird sich im folgenden erneut bei der Lehre von den Grundtypen zeigen. Obwohl er während seines ganzen Lebens an dem Gedanken von dem engen Zusammenhang zwischen der Entwicklung der gesellschaftlichen Zustände und der Entwicklung der Kunst festhält, verbaut ihm eine konstruierte Geschichtsauffassung den Weg zum wirklichen Verständnis dieser Beziehungen.

Sempers Darlegungen der historischen Entwicklung der Baukunst im Vortrag „Über Baustile" ermöglichen es uns, die Herkunft dieser Konstruktion zu ermitteln. Die Auffassung von dem Fortschreiten der Baukunst zur Freiheit und die der Geschichte der Baukunst zugrunde liegende Dreiteilung deuten auf den Einfluß Hegels und der Hegelianer hin.

Die Beschäftigung mit der Hegelschen Philosophie muß in den Jahren nach 1851 erfolgt sein. Zu dieser Annahme zwingt ein Vergleich mit der Schrift „Die vier Elemente der Baukunst". Semper übernimmt aus dieser Arbeit viele Stellen fast wörtlich in seinem letzten Vortrag. Es sind also viele ältere Gedanken, die er seinen Zuhörern in Zürich darlegte. Aber in den „Vier Elementen..." finden wir noch nicht die Systematik in seinen Gedanken wie 1869. Das ist das Neue, das den Züricher Vortrag von dieser Arbeit unterscheidet. Es liegt die Vermutung nahe, daß Semper in Zürich durch seinen Kollegen am Polytechnikum, dem Hegelianer Fr. Th. Vischer, der von 1855 bis 1866 dort weilte, zum Studium Hegels angeregt wurde.

Die Übernahme von Gedanken aus der Hegelschen Philosophie führt jedoch, wie auch bei Hegel, zu einer im Grunde unhistorischen Darlegung der historischen Entwicklung. Sie verbauten Semper zugleich den Blick für ein Verständnis der Gotik und des Barock. Beide sind ihm Stile, die einen Rückfall in die Zeit der Bevormundung dokumentieren. Die Wiederaufnahme ihrer Formenwelt für die Gegenwart ist deshalb unangebracht. So verbinden sich in dieser Schrift Einsicht in die gesellschaftliche Bedingtheit bei der Wiederaufnahme historischer Stilelemente mit einer unhistorischen Betrachtung der Entwicklungsgeschichte der Architektur.

Diese, dem wirklichen historischen Verlauf nicht gerecht werdende Einschätzung der Ereignisse zeigt sich noch in einer weiteren Frage des Vortrages, und hier sind die Gedanken des Jahres 1869 ein offensichtlicher Rückschritt hinter frühere Anschauungen. Aus den Schriften und Vorträgen der Zeit um 1851 spricht

immer wieder die hohe Wertschätzung, die Semper der Tätigkeit des Volkes
gegenüber hegt. Mehrfach weist er auf das Schaffen des Volkes als der Grundlage
für die Leistungen jedes Künstlers hin. In seiner Geschichtsbetrachtung aus dem
Jahre 1869 ist davon kaum noch etwas zu verspüren. In dem Vortrag in Zürich
äußerte er:

Die Geschichte ist das succesive Werk einzelner, die ihre Zeit begriffen und den gestaltenden
Ausdruck für die Forderungen der letzteren fanden.[113]

Jetzt sind es die großen Persönlichkeiten, die die Geschichte vorangetrieben
haben! In den Jahren unmittelbar nach 1848 legte Semper größtes Gewicht auf
die aktive Rolle des Volkes, und er ist selbst als ein Teilnehmer der Volksbewegung
von 1849 mit dem Volk auf die Barrikaden gestiegen.
1869 ist von solcher Betonung nichts mehr zu verspüren. Er resigniert und glaubt
nicht mehr an die zwanzig Jahre vorher von ihm noch stark betonte aktive,
schöpferische Rolle der Volksmassen. Die Ideen der nachrevolutionären Periode
sind auch an ihm nicht vorübergegangen. Mächtige Einzelpersönlichkeiten oder
Körperschaften haben nun „die dumpfen, gärenden Massen"[114] zu lenken.
Damit offenbaren sich in dieser letzten Schrift bereits die positiven und auch die
negativen Züge, die weiterführenden Gedanken und die Grenzen der Anschauungen
Sempers zu dieser Frage. Wie er als bürgerlicher Demokrat für die Beseitigung
der feudalen Verhältnisse in Deutschland eintrat und sich zu den neuen bürgerlichen
Verhältnissen bekannte, so wandte er sich auch in seinen theoretischen Ansichten
gegen alle Kunst, die die Bevormundung des Volkes und damit auch der
Kunst widerspiegelt und trat für eine Kunst ein, die Ausdruck seiner utopischen
Forderungen nach einer kosmopolitischen, freien Zukunftsarchitektur war.
Das Festhalten an dem engen Zusammenhang der gesellschaftlichen Entwicklung
mit der Kunstentwicklung bewahrt ihn vor einer rein formalen Betrachtung der
Kunst. Der gesellschaftliche Bezug der Baukunst bleibt in seinem theoretischen
Schaffen bis zuletzt erhalten. Diese Tatsache ist besonders zu betonen, weil die
auf uns überkommenen zwei ersten Bände des „Stil" diesen Umstand zu verdecken
scheinen.
Sempers Geschichtskonstruktion als Ausdruck einer im Grunde unhistorischen
Sicht der historischen Entwicklung ermöglicht es ihm nicht, die letzten, ständig
wirkenden Ursachen für den Zerfall der Kunst seiner Zeit zu sehen. Die Erscheinungen,
die er 1851 als vorübergehende anzusehen glaubte, sind auch zwanzig
Jahre danach noch ebenso wirksam, und die Bauten der neunziger und der ihnen
folgenden Jahre in Deutschland haben diese Entwicklung noch über seinen Tod
hinaus fortgesetzt. Er aber versucht, als großer Künstler an der Vorbereitung
einer neuen, „kosmopolitischen Zukunftsarchitektur" zu wirken. Hier zeigt sich
die tiefe Tragik in seinem Schaffen. Er will ein Architekturideal gestalten, dem
seine eigene Wirklichkeit widerspricht. Er sieht die Grenzen, die die Zeit ihm
gesetzt hat, wenn er sich in dieser Schrift erneut über den Mangel an großen
Ideen beklagt, die die Architektur gestalten kann.

Aus diesem Widerspruch zwischen der Verwirklichung seines Kunstideals und der kunstfeindlichen Realität seiner Zeit wird die tiefe Resignation verständlich, die Semper am Ende seines Lebens immer stärker erfaßte.

Um sie zu erklären, kann man eben nicht nur auf die persönliche Lage, in der er sich befand, verweisen. Sie war ein nicht unwesentlicher weiterer Faktor, aber entscheidend ist die tiefe Kluft, die zwischen seinem praktischen und theoretischen Schaffen und der seinen Bestrebungen nicht entsprechenden kapitalistischen Wirklichkeit sichtbar wird.

Weil ihm seine Auffassung der Geschichte trotz vieler richtiger Ansätze ein wirkliches Verständnis seiner Zeit nicht ermöglicht und eine Kluft zwischen seinen Idealen und der Wirklichkeit aufreißt, ist er auch nicht in der Lage, den Gedanken von dem engen Zusammenhang der künstlerischen Erscheinungen mit der gesellschaftlichen Wirklichkeit organisch mit seinen anderen Anschauungen zu verbinden. Für Semper besteht der Gesellschaftsbezug der Kunst als ein wesentlicher Faktor seines theoretischen Schaffens neben den anderen Faktoren, die er als stilbestimmend ansieht. Es gibt keine Verbindung zwischen ihnen, und so können die ersten beiden Bände des „Stil" auch völlig selbständig neben dem geplanten dritten Band bestehen. Dies soll im folgenden näher untersucht werden.

## Zu den zwei Entwicklungsetappen in Sempers theoretischem Schaffen

Für die Darstellung der gesamten künstlerischen Anschauungen Sempers war es, wie sich aus dem Vorangegangenen ergibt, erforderlich, die Probleme des Einflusses der Gesellschaft auf die Kunst, die Semper in seinen Werken aufwirft, ausführlich zu behandeln. Ohne die Berücksichtigung dieser Frage ist es nicht möglich, ein wirkliches Bild der grundlegenden Anschauungen Sempers zu erarbeiten und den verschiedensten einseitigen Darstellungen zu begegnen.
Aber das eben genannte Problem bleibt nicht immer im Mittelpunkt seines theoretischen Schaffens. Es wird durch andere Fragen abgelöst bzw. stark in den Hintergrund gedrängt. An Hand der Problematik in den Veröffentlichungen lassen sich zwei Hauptperioden in seiner kunsttheoretischen Arbeit feststellen. Die Unterschiede in diesen Etappen geben zugleich die Möglichkeit, auf die Entwicklung von Sempers kunsttheoretischen Anschauungen kurz einzugehen. Von den „Vorläufigen Bemerkungen..." aus dem Jahre 1834 bis gegen Ende seines Londoner Aufenthaltes sind es zwei Hauptprobleme, die in Sempers kunsttheoretischen Schriften in den Vordergrund treten. Es sind das Problem der Polychromie und das Problem des Einflusses der gesellschaftlichen Zustände auf die Kunst. Die Polychromiefrage ist bereits mit einer Behandlung technischer Probleme der Wandbemalung verknüpft. Aber diese Bemerkungen liegen noch am Rande, sie sind für Semper in dieser Etappe seines Schaffens noch kein Zentralproblem. Der Einfluß von Zweck, Material und Technik auf den Stil wird in den frühen Schriften noch nicht besonders betont. 1850 greift Semper in den „Vier Elementen der Baukunst" die Polychromiedebatte wieder auf und erbringt neues Beweismaterial für seine Auffassung von der totalen Bemalung antiker Bauwerke. Die Darlegung der „Vier Elemente der Baukunst", Herd, Dach, Umfriedung und Erdaufwurf, werden hier noch im Rahmen der Beweisführung für die Polychromie behandelt, da Semper aus der Umfriedung über verschiedene Zwischenstufen die technisch-historischen Bedingungen der Polychromie ableitet.
In den Schriften „Vorläufige Bemerkungen..." und „Die vier Elemente..." stehen neben diesen Problemen die Darlegungen der gesellschaftlichen Bedingtheit der Baukunst im Vordergrund. Semper versucht in der zuletzt genannten Arbeit zu zeigen, wie sich bestimmte politisch-soziale Verhältnisse ihren entsprechenden Ausdruck in der Architektur schaffen. Dann folgt 1851 die Auseinandersetzung mit dem Einfluß des Kapitalismus auf die Kunst in der Schrift „Wissenschaft, Industrie und Kunst". In den Jahren 1853/54 hält Semper Vorträge: „Über den Zusammenhang der architektonischen Systeme mit den allgemeinen

Kulturzuständen" (1853), „Über den Ursprung einiger Architekturstile" (1854), in denen er sich ebenfalls mit dem genannten Problemkreis beschäftigt. Es handelt sich hierbei offensichtlich um Themen, die sich auch auf die „Vergleichende Baulehre" beziehen.

Erst ab etwa 1852/53 treten daneben immer mehr die Fragen hervor, die zum Mittelpunkt der ersten beiden Bände des „Stil" werden. Bis Anfang der fünfziger Jahre bleiben so die genannten zwei Problemkreise die Zentralfragen von Sempers kunsttheoretischem Schaffen.

Diese Feststellung bedeutet nicht, daß sich Semper in dieser Periode ausschließlich mit diesen Fragen beschäftigte. Das zeigt uns die Feststellung von Hans Semper, die bereits früher zitiert wurde. Auch ist anzunehmen, daß die Fragen der „Vier Elemente..." schon früher in ihm zu einer gewissen Reife gelangt waren, denn ohne diese Annahme ist es wenig wahrscheinlich, daß eine entsprechende Arbeit schon 1851 erscheinen konnte.

Die Hauptprobleme seines theoretischen Schaffens bleiben aber in dieser Periode die Polychromie und die Rolle des Einflusses der Gesellschaft auf die Architektur.

Diese Feststellung wird durch die Darlegungen von Hans Semper nur erhärtet.

Das änderte sich in den Jahren nach der Revolution, in der Zeit seines Londoner Aufenthaltes. Der Schwerpunkt der theoretischen Arbeit verlagert sich auf andere Probleme. Jetzt werden von ihm zum ersten Male die Fragen des Kunstgewerbes und die Rolle von Zweck, Material und Technik für die Herausbildung der Kunstformen gründlich behandelt.

In den Arbeiten, die gegen Mitte der fünfziger Jahre veröffentlicht werden, überwiegt immer mehr eine Konzeption, die später den ersten beiden Bänden des „Stil" zugrunde liegt. Semper hat also vor allem seit 1851/52 eine veränderte Problemsicht gewonnen. Das bestätigt inzwischen auch die Arbeit von W. Herrmann. Die Eindrücke der Weltausstellung und die ersten Erfahrungen mit der kapitalisitischen Produktionsweise in England geben hierzu den entscheidenden Anstoß, der sich zunächst vor allem auf eine Neuorientierung der „Vergleichenden Baulehre" bezieht.[115]

Die Ursachen für diese Veränderung in der Aufgabenstellung seiner theoretischen Arbeit sind in den grundsätzlichen Auffassungen seiner Schrift über „Wissenschaft, Industrie und Kunst" angedeutet.

Ausgehend von der Einschätzung der künstlerischen Exponate der Weltausstellung von 1851 formuliert er die Hauptursachen für den Verfall der Kunst dieser Jahre. Als Hauptursache gibt er neben dem zerstörenden Einfluß der Spekulation an, daß die durch die Entwicklung der Wissenschaft und Industrie der Kunst neu gegebenen Mittel und Materialien vom Handwerker und vom Künstler ungenügend beherrscht werden. Die durch Material und Technik bedingten Stilerfordernisse werden nicht mehr berücksichtigt, es fehlt an der notwendigen Einsicht in die technisch-materiellen Bedingungen der Form.

Der negative Einfluß der Spekulation und anderer gesellschaftlich-kultureller Faktoren wirkt losgelöst von den anderen Ursachen. Die zerstörende und hemmende Rolle dieser Momente wird als ein zeitweilig wirksames Element gesehen, das durch den weiteren Verlauf der Geschichte aufgehoben werden wird. Die unzureichende künstlerische Bewältigung der neuen Materialien und Mittel dagegen muß für ihn schnellstens vom Künstler selbst überwunden werden. Um diesen Prozeß zu fördern, um die Kenntnisse der Künstler über die technisch-materiellen Stilgesetze zu erneuern und zu erweitern, reift in Semper der Plan zu einem größeren Werk, in dem die „Grundzüge einer empirischen Stillehre" [116] dazulegen sind. Das zieht notwendig eine eingehende Auseinandersetzung mit diesen Fragen nach sich und drängt die Problematik der früheren Jahre in den Hintergrund.

Diese Tendenz wird durch eine weitere Ursache noch verstärkt. In der genannten Arbeit steht u. a. der bereits zitierte Satz:

... ich beklage allgemeine Zustände keineswegs, von denen dies nur die weniger wichtigen Symptome sind, sondern ich bin sicher, daß sie sich früher oder später zum Heile und zur Ehre der Gesellschaft nach allen Seiten werden glücklich entfalten werden.

Auch bescheide ich mich, jene schwierigen Fragen und höheren Fragen zu berühren, zu welchen sie auffordern, sondern versuche nur in dem Folgenden auf die Verwirrung hinzuweisen, welche sie auf dem Gebiet derjenigen Fähigkeiten der Menschen, die sich in dem Erkennen und Darstellen des Schönen betätigen, vorerst veranlassen.

Die hier sichtbar werdende Beschränkung in der Aufgabenstellung wird für Sempers theoretisches Schaffen in den folgenden Jahren charakteristisch. Er wendet sich von den „schwierigeren und höheren Fragen" ab, zu denen eine Untersuchung der sozialen Beziehungen auffordert. Hierin zeigt sich deutlich die Auswirkung der politischen Resignation Sempers auf sein theoretisches Schaffen. [117]

Allerdings kann Semper an diesen „höheren" Fragen nicht völlig vorübergehen. Das zeigt sich vor allem in der eben zitierten Schrift in seiner Darlegung der Rolle der Spekulation auf die Entwicklung der bildenden Kunst. Aber diese Ausführungen laufen neben den anderen her, sie erfassen nur eine der Ursachen für den Verfall der Kunst, die neben anderen gleichbedeutenden wirkt.

Diese Haltung führt dazu, daß Semper jetzt, entsprechend der neuen Aufgabenstellung, von den gesellschaftlichen Problemen abrückt. Er stellt sich nunmehr die Aufgabe, im Rahmen der bestehenden gesellschaftlichen Verhältnisse die Kunst weiter zu entwickeln, ohne die Grundlagen dieser Verhältnisse ernsthaft anzutasten. Das ist ein anderer Ausgangspunkt als vor 1848, und aus ihm ergibt sich notwendig auch eine dementsprechend veränderte theoretische Konzeption. Jede Theorie der Kunst, die die Kunstentwicklung von der Geschichte der Gesellschaft isoliert, muß zur Erklärung der Entwicklungsgesetze der Kunst bei mystischen Kräften oder spekulativ angenommenen ewigen Gesetzmäßigkeiten Zuflucht suchen. Das zeigt sich auch in Sempers Arbeiten sehr deutlich. Er untersucht jetzt die Geschichte der Kunst, um allgemeine ewige Gesetze der Entwicklung der künstlerischen Form zu finden und zu formulieren, die unabhängig von den sozialökonomischen Veränderungen der Gesellschaft und deren Ideen wirksam sind. Damit trennt er die Entwicklung der Stilbedingungen der technischen Künste weitgehend von der Entwicklung der Gesellschaft. Diese Trennung findet sich bereits in seiner Schrift „Wissenschaft, Industrie und Kunst". Hier laufen die verschiedenen Ursachen für den Verfall der Kunst seiner Zeit nebeneinander her. Durch diese Trennung wird das vorweggenommen, was sich dann im „Stil" weiterverfolgen läßt. Es ergibt sich die Möglichkeit einer Trennung der Formengeschichte von der Gesamtgeschichte der Gesellschaft, und die Geschichte der Kunst erscheint als eine Geschichte der Kunstformen.

Damit vollzieht sich in Sempers theoretischem Schaffen eine Neuorientierung, wie wir sie ähnlich bei seinem Freund Richard Wagner finden; sie ist nur nicht so durchgreifend wie bei Wagner. Semper bleibt auch in seinem persönlichen Leben immer mit den bürgerlich-demokratischen Kräften verbunden, wie das seine enge Freundschaft mit Gottfried Keller beweist. Aber diese Veränderung ist vorhanden und zeigt sich in seinen künstlerischen Anschauungen in der jetzt erfolgenden starken Betonung der technischen Fragen des künstlerischen Schaffens. Der politische Gegner der Monarchie, der er auch bis zuletzt bleibt, resigniert und söhnt sich mit dem Kapitalismus aus.

Hierin scheint mir auch eine entscheidende Ursache dafür zu liegen, daß Semper von der geplanten Veröffentlichung seiner „Vergleichenden Baulehre" zunächst Abstand nimmt und sich zuerst den in den beiden ersten Bänden des „Stil" behandelten Problemen zuwendet. Er geht Ende der fünfziger Jahre den „schwierigeren und höheren Fragen" aus dem Wege. Und da sich für ihn andererseits noch keine „neue weltgeschichtliche, mit Nachdruck und Kraft verfolgte Idee kundgibt", denen die Architektur Ausdruck geben kann, beschränkt er sich auf die für ihn vordringliche Untersuchung und Vermittlung der handwerklichen Voraussetzungen, die die Grundlage für ein bedeutsames künstlerisches Schaffen darstellen.

Hierin liegt jedoch nur eine Ursache für die jetzt beginnende Betonung der Rolle von Zweck, Material und Technik in dem theoretischen Schaffen der folgenden Jahre.

Damit tritt zwar nach 1851 eine wesentliche Problemstellung in seinen theoretischen Überlegungen zurück, aber er wendet sich zugleich einer neuen und außerordentlich aktuellen Fragestellung der Kunsttheorie zu, die durch den Verlauf der industriellen Revolution auf die Tagesordnung gesetzt wurde.

Semper erlebte in England, wie mit der Entwicklung der kapitalistischen Produktionsweise die industrielle Produktion die handwerkliche Tätigkeit verdrängt und sich die bisher vom Handwerk betriebene Herstellung künstlerisch gestalteter Gebrauchsgegenstände einverleibt. Das bisherige Kunsthandwerk geriet in den Sog der industriellen Revolution, und die auf den kapitalistischen Markt zugeschnittene industrielle Massenproduktion zerstörte in kurzer Zeit eine historische Form künstlerischer Tätigkeit. Karl Marx hat in den „Grundrissen" dazu geschrieben: „Bei der Produktion des Kapitals handelt es sich (...) von vornherein um Masse, weil um Tauschwert und Surpluswert. Das entwickelte Prinzip des Kapitals ist grade das besondre Geschick (...) und die Handarbeit (...) als geschickte Arbeit (...) überflüssig zu machen."[118] In Deutschland, wo die industrielle Revolution erst in den 30er Jahren verstärkt einsetzt, also wesentlich später als in England, waren diese Auswirkungen für Semper zunächst nicht sichtbar. Diese Entwicklung erfaßte am frühesten jene künstlerischen Bereiche, die am engsten mit der materiellen Produktion verbunden sind. Insofern zeigten sich auch die Auswirkungen der kapitalistischen Verhältnisse und der industriellen Revolution auf die Kunst zunächst am deutlichsten bei der industriellen Massenproduktion von Gebrauchsgütern und im Bauwesen. Zugleich wurde das tägliche Leben immer stärker durch diese industriell hergestellten Produkte bestimmt, es bildete sich ein Weltmarkt für die Kunst, es erweiterte sich der Grad der Internationalisierung der Kunstprozesse. Dafür ist die Weltausstellung von 1851 ein Beispiel. Die stürmische Entwicklung der Produktivkräfte führte dazu, daß die Naturwissenschaften einen umfassenden Einfluß auf die gesamte Weltanschauung gewannen und vor allem für die genannten Kunstgattungen immer bedeutsamer wurden.

Diese gesellschaftlichen Veränderungen haben eine generelle Bedeutung, sie erfassen den gesamten Kunstprozeß, wobei sich die entscheidenden Auswirkungen in Deutschland erst nach 1890 zeigen. Semper faßt die neuen Probleme noch in einem frühen Stadium ihrer Entwicklung auf. Er kommt in England zu einem Zeitpunkt damit in Berührung, als hier erste Bestrebungen unternommen werden, der durch die kapitalistische Marktproduktion bedingten Verunsicherung bei der künstlerischen Gestaltung industrieller Erzeugnisse zu begegnen. Damals oblag es generell dem Architekten, als Formgeber für die angewandte Kunst zu wirken, er bestimmte um 1850 das Niveau der industriell gefertigten Produkte mit künstlerischem Anspruch.[119] Semper unterbreitet mehrere Vorschläge, um Architekten und Handwerker besser für diese Aufgabe auszubilden. Aber für ihn ist es nicht damit getan, allein durch Musterbücher, wie das noch Schinkel tat, die Produktion zu beeinflussen. Ihm geht es darum, jene ästhetischen Gesetzmäßigkeiten zu erforschen und zu vermitteln, die für eine niveauvolle industrielle Produktion erforderlich waren. Dazu mußte man ausgehen von „Bedürfnis und Funktion".[120] Sein Anliegen war also nicht, einen Gegenstand nach außen hin zu verschönern, wie das verbreitete Praxis war, oder eine abstrakte, normative Schönheitslehre aufzustellen, wie das die Ästhetik der Zeit zumeist tat (z.B. bei A.F. Zeisig). Er betont später im „Stil", daß er jene Bestandteile der Form suche, „die nicht selbst Form sind, sondern (...) gleichsam die Vorbestandsteile und Grundbedingungen der Form". Und noch ein Aspekt unterscheidet ihn jetzt von den damals dominierenden Richtungen der bürgerlichen Ästhetik. Er „faßt das Schöne einheitlich, als Produkt oder Resultat, nicht als Summe".[121] Praktische Ästhetik hatte so für ihn die Gesetzmäßigkeiten beim

Entstehen eines künstlerisch gestalteten Gegenstandes zum Inhalt, nicht das nachträgliche Beschreiben der Resultate des Kunstschaffens. Diese Gesetzmäßigkeiten findet er vor allem in den Erfordernissen des Zwecks, der Funktion, des Materials, der Technik, den sozialen und kulturellen Bedürfnissen. Damit wendet sich seine Ästhetik künstlerischen Problemen zu, die die industrielle Produktion auf die Tagesordnung gesetzt hatte. Das bedeutet aber zugleich eine Abkehr von der verbreiteten Unterschätzung solcher Kategorien wie des Zwecks und führte zu einer Aufwertung der angewandten Kunst im System der Künste. Damit werden auch Fragen nach dem Verhältnis von Nützlichkeit und Schönheit, nach den ästhetischen Eigenschaften des Materials und der Technik usw. aufgeworfen. Unter diesem Gesichtspunkt charakterisieren die Verfasser des 1978 erschienenen Buches „Ästhetik heute" Semper als den ersten „Theoretiker einer von der industriellen Produktion entscheidend geprägten Ästhetik".[122]

In der Zeit nach 1851 bis zur Herausgabe des „Stil" setzt sich Semper mit den Problemen, die sich aus der genannten Aufgabenstellung ergeben, auseinander. Fast alle Schriften aus dieser Periode kann man als Vorarbeiten zu seinem Hauptwerk betrachten, und zwar dabei fast ausschließlich als Vorarbeit zu den ersten Bänden. Dabei hat die Tätigkeit, die Semper in dieser Zeit ausübte, sehr stark zu einer Reihe von Besonderheiten seiner Auffassung beigetragen. Semper wird durch die Gestaltung der Weltausstellung von 1851 und durch seine Arbeit im Marlborough-House in London zu einer stärkeren Beschäftigung mit den Fragen des Kunstgewerbes gedrängt. Er selbst schreibt, daß er erst nach dem Erscheinen seiner Schrift „Die vier Elemente der Baukunst" auf die große Rolle dieses Zweiges der bildenden Kunst aufmerksam geworden sei.

> Zu jener Zeit schenkte auch ich den Beziehungen zwischen der Architektur und den übrigen Zweigen der praktischen Kunst zu wenig Aufmerksamkeit. Gegenwärtig fühle ich mich in weit höherem Grade von der Tatsache durchdrungen, daß die Geschichte der Architektur mit der Geschichte der Kunstindustrie beginnt, und daß die Schönheits- und Stilgesetze der Architektur ihr Urbild in denjenigen der Kunstindustrie haben.[123]

Als neuer Gesichtspunkt wird somit die Kunstindustrie nach 1850 in die theoretische Betrachtung einbezogen. Als Veröffentlichung selbst erscheint 1850 in dem Aufsatz „Über Porzellanmalerei" zum erstenmal eine Darlegung der Fertigungsprozesse und gewisser sich daraus und aus dem Material ergebender Stilgesetze. 1851, in „Wissenschaft, Industrie und Kunst", konzentriert sich Semper dann fast ausschließlich auf die Fragen der Kunstindustrie und spricht in diesem Zusammenhang bereits von den Schwierigkeiten, die die Ausarbeitung und Anwendung einer „technischen Stillehre" verursachten.[124]

In einem „Entwurf zu den Vorlesungen über die Beziehungen der verschiedenen Zweige der industriellen Kunst zueinander und zur Architektur. Erste Vorlesung" von 1853 finden sich Thesen, die davon ausgehen, daß die angewandte Kunst historisch der Architektur vorausging und diese in ihrer Formensprache beeinflußte.

Mit der Einbeziehung der Kunstindustrie in Sempers Betrachtungsweise liegen alle wesentlichen Gedanken für die ersten beiden Bände des „Stil" vor. Der zweite Band erscheint 1863. Die Jahre nach der Fertigstellung des ersten Teils seines Werkes sind ausgefüllt mit einer Reihe größerer Bauaufträge. Es entstehen u.a. die Entwürfe für ein Theater in Rio de Janeiro und ein Festspielhaus für Richard Wagner. Es entsteht das eidgenössische Polytechnikum in Zürich (1863 vollendet) und das Rathaus in Winterthur (1866/69).
Neben der umfangreichen praktischen Tätigkeit plant Semper weiter eine Fertigstellung des „Stil". In der Korrespondenz von 1859 bis 1877 verspricht Semper seinen Verlegern eine Fertigstellung des 3. Bandes, obwohl er wahrscheinlich in den letzten Jahren dafür kaum noch arbeitete.[125] 1869 tritt er mit einem Vortrag an die Öffentlichkeit, der offensichtlich wesentliche Grundgedanken für die Konzeption des angestrebten 3. Bandes seines Hauptwerkes enthielt. Die Gedanken der ersten Jahre werden wieder aufgegriffen, aber das Werk wird nicht vollendet.
Wir müssen somit nach 1851 eine Zäsur in Sempers Schaffen vornehmen. Die Schriften der folgenden Jahre bilden die Auseinandersetzung mit einem für sich bestehenden Fragenkomplex. Ebenso gehören die bis 1851 und nach der Fertigstellung des „Stil" entstandenen Schriften und Vorträge zusammen. Erst 1869 führt Semper wesentliche Anschauungen aus der Zeit vor 1851 weiter und ist bestrebt, mit diesen Problemen sein Gesamtwerk zu vollenden. Da er aber seit 1851 die sozialen Einflüsse auf die Kunst von den anderen Faktoren weitgehend isoliert und in seiner Theorie von der Wechselbeziehung von politischen Verhältnissen und Architektur nicht zu den dieser zugrunde liegenden sozialökonomischen Ursachen vordringen kann, ergeben sich unüberwindbare Probleme. In die nach 1851 entwickelte theoretische Konzeption ließen sich die bis zu diesem Zeitpunkt gewonnenen Erkenntnisse über die Beziehungen zwischen Baukunst und Gesellschaft nicht ohne eine umfangreiche Veränderung einfügen. Diese Schwierigkeiten deuten sich bereits in der Trennung der die künstlerische Gestaltung bedingenden Faktoren an, die in den Überlegungen zur Gesamtgliederung des „Stil" zutage tritt. Dazu kam der notwendige Aufwand, um die neueren Ergebnisse der Kunstgeschichte „der Altertumskunde, der Sprachforschung, der Kulturgeschichte"[126] einzubeziehen. Semper sieht sich auch außerstande, die für die Kritik an der Baukunst seiner Zeit notwendige Unparteilichkeit aufzubringen.[127] Man könnte sicher noch mehrere mögliche Gründe anführen, die den so lange projektierten 3. Band ungeschrieben ließen. Aber eine wesentliche Ursache ist mit großer Wahrscheinlichkeit, daß er bis in die 70er Jahre keine „neue welthistorische, mit Kraft und Bewußtsein verfolgte Idee"[128] erkennt, die auch der Architektur entscheidende, neue Impulse verleihen konnte Damit fehlt aber jenem Band für die vorgesehene Anlyse der gegenwärtigen Zustände der notwendige Ausblick, ein Ziel. Dieser Satz steht sicher nicht zufällig in jenem Vortrag von 1869, der über die Beschäftigung mit diesem Projekt Auskunft gibt. Semper hat die dem 3. Band des „Stil" vorbehaltenen Gedanken von 1853 bis 1869

kaum publiziert (im ersten und zweiten Band des „Stil" finden wir dazu nur Andeutungen). So ist er der Nachwelt fast nur durch einen Teil seines bedeutendsten Werkes bekannt geworden. Die Weiterführung seiner Gedanken blieb in seinen „Kleinen Schriften" mehr oder weniger verborgen, und erst spät ist durch Nohl und Ettlinger und am Rande auch durch Stockmeyer auf die wichtigen Gedanken in diesen kleinen Arbeiten hingewiesen worden.

# Die Lehre von den Grundtypen der technischen Künste

In den Jahren bis 1851 ist die Darlegung der Beziehungen zwischen der Entwicklung der Kunst und der der Gesellschaft, wie bereits erwähnt, nicht das alleinige Problem in Sempers theoretischem Schaffen. Neben diesen Fragen arbeitet er vor allem an der Darlegung seiner Gedanken über die Polychromie an antiken Bauwerken. Die Auffassungen Sempers zu diesen Fragen hat Ettlinger in seiner Dissertation sehr eingehend behandelt. Sie sollen deshalb an dieser Stelle nicht erneut besprochen werden.

Aber bereits in den ersten Schriften war die Beweisführung Sempers in der Debatte um die Polychromie mit einem anderen Grundgedanken verbunden, der dann im „Stil" zu einem entscheidenden Bestandteil seiner vergleichenden Stiluntersuchungen wurde. Es ist dies die Auffassung, daß allen Formen der Architektur bestimmte Typen, Grundformen zugrunde liegen, die im Laufe ihrer Geschichte durch die verschiedensten Einflüsse umgewandelt und erweitert werden. Semper selbst erklärt 1853, daß dieser Gedanke von den Grundtypen der Architektur ihn seit seinem Pariser Aufenthalt 1830 beschäftigt habe. Den ersten schriftlichen Beleg dafür finden wir in seiner Arbeit „Vorläufige Bemerkungen..." aus dem Jahre 1834. Hier erklärt er bereits, daß ein Nichtberücksichtigen dieser Grundformen oder Typen zum Willkürlichen und Bizarren in der Gestaltung führe.[129] Diesen Gedanken greift Semper dann in seiner Schrift „Die vier Elemente der Baukunst" wieder auf. Während in der Arbeit aus dem Jahre 1834 nur einzelne architektonische Formen in der Entwicklung von ihrem Ursprung her verfolgt werden (Perlenleiste usw.), erweitert Semper 1851 den Bereich, für den er die Gültigkeit des Problems anerkennt. Jetzt sucht er die Grundformen einer ganzen Kunstgattung und formuliert die „Vier Elemente der Baukunst". Diese vier Elemente, der Herd als das „wichtigste", „moralische Element", das Dach, die Umfriedung und der Erdaufwurf[130], beinhalten für Semper die allgemeinsten und ursprünglichsten Aufgaben der Baukunst. Unter diesen Elementen nimmt der Herd eine besondere Stellung ein. Er verkörpert für Semper ein Prinzip, das das Zusammenleben der Menschen symbolisieren soll. 1853 spricht er in einem Vortrag vom Herd „als Embryo der gesellschaftlichen Form im allgemeinen und als Symbol der Niederlassung und Vereinigung"[131], und 1854 heißt es in dem Aufsatz „Über architektonische Symbole" erneut: „Der Feuerplatz ist das Embryo der sozialen Niederlassung."[132] Das Element des Herdes erscheint bei ihm als Symbol des menschlichen Zusammenlebens, des Lebens der Familie in einem Gebäude. Als Altar wird dieses Motiv dann religiöses Symbol. Mit diesem Element versucht Semper, die sozialen Verhältnisse, wenn auch in einer sehr zag-

haften und mystischen Ausdrucksweise, in die Elemente der Baukunst einzubeziehen. Die anderen Elemente der Baukunst sind daneben ausschließlich von der struktur-technischen Seite her gesehen.
Die vier Elemente werden in der Entwicklung der Baukunst durch die Einflüsse des Klimas, der geographischen Lage und durch soziale Faktoren modifiziert, und zwar je nachdem sich „die menschlichen Vereine ... verschiedenartig ausbildeten".[133] Diese Veränderungen, bedingt durch gesellschaftliche Wandlungen, untersucht Semper am Ende der genannten Schrift. Die Verwandlung der Grundtypen wird also in den Jahren bis 1850 immer noch unter dem sozialen Aspekt gesehen.
Erst unter dem Einfluß der Londoner Weltausstellung erscheinen bei Semper neue Bereiche der Kunst mit in seinen Betrachtungen. Das Kunstgewerbe nimmt immer mehr Raum in seinen Publikationen ein.
1853 finden wir in dem Vortrag „Entwurf eines Systems der vergleichenden Stillehre" den deutlichen schriftlichen Beweis dafür, daß Semper jetzt die Geschichte der Kunstindustrie mit in diese Auffassung einbezieht. Er kommt zu der Feststellung, daß die Stilgesetze der Architektur ihr Urbild in denen der Kunstindustrie haben und die Werke der Kunst ihren einfachsten Ausdruck in gewissen ursprünglichen Formen oder Typen besitzen.[134]
Während die Schrift „Die vier Elemente..." noch die Gedanken Sempers aus seiner Dresdener Zeit wiedergibt, erweitert sich nach 1851 seine Konzeption. Die Stilgesetze der Architektur und ihre Formensprache werden jetzt bis auf die früheste künstlerische Betätigung der Menschen zurückgeführt und letztlich auch in den Grundgesetzen aus diesen abgeleitet.
Damit haben wir seit 1853 die Grundgedanken Sempers zu dieser Frage, wie er sie später im „Stil" ausführt, vor uns. Das Neue in der Zeit des Londoner Aufenthaltes ist, daß die Probleme der Kunstindustrie mit in die Gesamtauffassung von der Entwicklung der Kunstformen der Architektur einbezogen werden. Damit bildeten sich auch die weiteren Fragen der ersten beiden Bände des Hauptwerkes erst in dieser Zeit heraus. Die zentrale Rolle von Zweck, Material und den Einflüssen der Technik auf die Kunstformen wird von Semper erst in diesen Jahren in seinen Schriften betont. Diese Tatsache macht ein Vergleich mit dem Inhalt der „Vier Elemente..." und den Schriften nach 1851 sehr deutlich. In jenem Werk untersucht Semper die Einflüsse, die eine Variation und Veränderung in den Grundformen bedingen. Er zählt dabei das Klima, die Landbeschaffenheit usw. auf, durch die sich die menschlichen Vereine verschiedenartig ausbilden. Auf diese wenigen Faktoren bleiben die Einflüsse beschränkt.[135]
In dem „Entwurf zum System einer vergleichenden Stillehre" dagegen, also zwei Jahre später, sind die Faktoren, die die Grundtypen modifizieren, die Materialien und die Arten der Ausführung, die Einflüsse des Klimas, religiöser und politischer Erscheinungen und anderer nationaler Bedingungen und ferner alle persönlichen Einflüsse.[136] Die Einflüsse des Materials, der Bearbeitungstechnik und Werkzeuge und die persönlichen Einflüsse treten nun hinzu und kennzeichnen die Verän-

derung in Sempers Stilauffassung. Die intensive Beschäftigung mit den sich daraus ergebenden Problemen erfolgt in der Zeit nach 1851.
Entsprechend diesem Entwicklungsgang in Sempers Anschauungen sei zunächst die Lehre von den Grundtypen näher untersucht. Dabei soll vor allem von der spätestens seit 1853 bei Semper vorhandenen Auffassung ausgegangen werden, weil sie uns das Problem in dem ganzen von ihm gegebenen Umfang vor Augen führt und in dieser Form in seinem einflußreichsten Werk erscheint. Der Gedanke der Grundtypen ist in seiner Konzeption nicht originell. Neu ist nur, daß er jetzt auch auf die Bereiche der Kunst angewandt wird. Semper überträgt hier Gedanken der Naturwissenschaft seiner Zeit auf die Kunstgeschichte.
In der Naturwissenschaft hatte Goethe mit seiner Lehre von der Metamorphose der Pflanzen und seinen Arbeiten auf dem Gebiet der Anatomie fast gleichzeitig mit Lamarck die engen Auffassungen Linnéschen Denkens durchbrochen. Die verschiedenen Organe der Pflanzen erschienen als Umwandlungen weniger, oder wie Goethe zuerst annahm, eines einzigen Grundorgans.
Die Verschiedenartigkeit im anatomischen Bau der Tiere waren Variationen eines Typs, bedingt durch die Verschiedenheit der Lebensformen, der Lebens- und Ernährungsbedingungen. Diese Gedanken waren ,,geniale Vorahnungen der späteren Entwicklungstheorie"[137] (Engels). Für Goethe waren nicht die ungeordneten Tatsachen das Wichtigste, sondern er sieht ihre inneren Zusammenhänge. So betont er in den ,,Maximen und Reflexionen" besonders die Bedeutung der Methode, einer Methode, ,,die das Interesse an der Gesamtheit offenbart".[138] Seine genetische und vergleichende Methode weist den Weg zu einer neuen Betrachtungsweise in der Wissenschaft, die in der Folgezeit einen immer größeren Einfluß erlangt. Die Gedanken von der Urpflanze haben diese Methode zu ihrer Grundlage.[139]
Semper selbst erhält nach seinem eigenen Zeugnis die Anregungen zu seiner Auffassung von den Grundtypen nicht von Goethe, sondern von Cuvier und dessen Tiersammlung im Jardin des Plantes zu Paris. Obwohl Cuvier in seinen theoretischen Anschauungen einer empirischen, die Dinge trennenden Betrachtungsweise zuneigt, nimmt Semper aus dessen Sammlung Anschauungen mit, die mehr denen Goethes verwandt sind. Diese Tatsache zeigt sich sehr deutlich, wenn man die Darlegung Goethes über die Auseinandersetzungen Cuviers und Geoffroy de Saint-Hilaires aus dem Jahre 1830 liest[140], in denen Goethe für Saint-Hilaire Partei ergreift.
Die Anregungen zu diesen Gedanken bei Semper kamen also vor allem von naturwissenschaftlicher Seite her. Sie finden für ihn eine erneute Bestätigung durch die Grundgedanken von Fr. Bopp, dem Begründer der vergleichenden Sprachwissenschaft, und durch die Arbeiten von Jakob Grimm.[141]
Der Einfluß auf Semper ist sowohl von naturwissenschaftlicher als auch von sprachwissenschaftlicher Seite her feststellbar. Während Semper in dem mehrfach genannten Vortrag aus dem Jahre 1853 sich in dieser Frage auf die Natur-

wissenschaft bezieht, führt er zur Unterstützung seiner Auffassungen im „Stil" vor allem die vergleichende Sprachforschung an. Diese von der Naturwissenschaft und der Sprachwissenschaft am Ende des 18. und zu Beginn des 19. Jahrhunderts herausgebildete Betrachtungsweise versucht Semper nun auch auf die Untersuchung der Stilgeschichte der technischen Künste anzuwenden. Er übernimmt deren Grundgedanken sowohl bei seiner Lehre von den Grundtypen als auch in seiner genetisch-vergleichenden Methode. Dementsprechend gibt er im „Stil" eine Untersuchung der „Entwicklung der Kunstform aus ihrem Keim und Wurzeln, ihren Übergängen und Verzweigungen".[142] In seinem „Entwurf einer vergleichenden Stillehre" spricht er von einigen wenigen Grundformen, aus denen eine unbegrenzte Menge von Variationen entsprangen, je nach den verschiedensten Einflüssen und Umständen, die bei ihrer Entstehung maßgebend waren.[143] Diese Grundformen bildeten sich auf einer sehr frühen Stufe der Geschichte der Kunst heraus. Sie sind den verschiedenen technischen Künsten entlehnt und erhielten frühzeitig eine symbolische Bedeutung.

Die Formen der Baukunst werden von diesen ältesten Urformen und Typen der Kunstsymbolik wesentlich beeinflußt, sie bauen auf dieser von der Kunstindustrie vorgebildeten Formensprache und den entsprechenden Stilgesetzen auf. Die Kenntnis dieser Elemente ist deshalb Voraussetzung für das Verständnis der Kunstsymbolik und Stilgesetzlichkeit der Architektur.[144]

Mit einer solchen Grundauffassung bringt Semper ein die Einzelform verbindendes Prinzip in die Betrachtung der Stilgeschichte. Die Notwendigkeit der Annahme eines solchen Grundgedankens begründet Semper aus dem Zustand der Kunstgeschichte seiner Zeit heraus. Er beklagt sich darüber, daß in der Kunstgeschichte zwar eine Menge beschreibenden Materials vorhanden sei, aber kein ordnender Gedanke dieses Material zusammenfasse. Diese Fülle kunsthistorischen Materials hatte bereits wenige Jahre vor ihm zu Versuchen Anlaß gegeben, in zusammenfassenden Darstellungen verarbeitet zu werden. So erschienen in Deutschland in den Jahren 1839/43 die Handbücher der Kunstgeschichte von Hotho, Schnaase, zwei von Kugler und 1845 ein weiteres von Gottfried Kinkel. Mit Kinkel war Semper seit seiner Tätigkeit in Dresden bekannt, er begegnet ihm im englischen Exil und ist sein Kollege am Polytechnikum in Zürich. Den bedeutendsten dieser Arbeiten ist dabei das Bestreben nach Aufdeckung innerer Zusammenhänge der Kunst gemeinsam, wenn es dabei auch oft bei programmatischen Erklärungen sein Bewenden hat (Schnaase).

Semper unternimmt jetzt von der Seite der Stilgeschichte her einen ähnlichen Versuch. Die Lehre von den Grundtypen und ihrer Modifikation wird für ihn das zusammenfassende Prinzip, das den Ausweg aus einer bloßen Beschreibung der Gegenstände darstellen kann. Es ermöglicht ihm zugleich, den Entwicklungsgedanken in der Betrachtung des kunsthistorischen Materials beizubehalten. Es ist für ihn charakteristisch, daß er immer wieder auf Analogien zwischen seinen Anschauungen und ähnlichen, von der Naturwissenschaft formulierten

Ergebnissen verweist. Dieses Zurückgreifen auf die Ergebnisse der Naturwissenschaften wird verständlich, wenn man seine Auffassungen über das Verhältnis von Natur und Kunst betrachtet.
Für ihn gibt es eine enge und vielfältige Beziehung zwischen beiden. In diesem Verhältnis ist die Natur das Ursprüngliche und Bestimmende. Sie ist für die Gestaltung der Kunst das große Vorbild. Die Kunst „kann nicht anders als nach dem, was die Natur sie lehrt, die Form schaffen"[145], die „Kunst erfindet nichts — alles, worüber sie schaltet, war tatsächlich schon vorher da, ihr gehört nur das Verwerten".[146] Die Kunstformen der technischen Künste blieben für Semper immer an Naturgesetze gebunden, und die Kunst kann diesen Rahmen nicht verlassen, ohne auf eine willkürliche Gestaltung herabzusinken. Die Wirksamkeit der Naturgesetze wirkt aber für Semper nicht nur über eine dem Zwecke angemessene Gestaltung der Kunstformen, sondern sie beeinflußt auch andere Formelemente der Kunst. Sie stehen sogar, wie wir bereits feststellen konnten, in einem engen Verhältnis zum Entwicklungsprinzip in der Kunst, in dem die Stilentwicklung der technischen Künste die Entwicklung der Natur analog weiterführt und dort gleichen Gesetzen unterliegt. Die Kunst richtet sich nach den in der Natur vorgefundenen Gesetzen und baut auf ihnen auf. Die Naturgesetzlichkeit wird zur Grundlage der Formgesetze und auch zur Grundlage aller ästhetischen Prinzipien.
Stockmeyer wies bereits darauf hin, daß sich Semper hier eng an die Auffassungen Herders und Goethes anschließt.[147] Er betont auch den Einfluß Rumohrs. Sempers Gedanken sind ohne den vorangegangenen Versuch Herders, in Natur und Geschichte einen gemeinsamen entwicklungsgeschichtlichen Zusammenhang nachzuweisen, nicht denkbar. Natur und Geschichte erschienen jetzt als ein Ganzes — von einer letzten Endes einheitlichen Gesetzmäßigkeit beherrscht.
Neben Goethe stützt sich vor allem Friedrich Rumohr auf diese Gedankengänge. Semper hat Rumohr auf seiner Reise in Italien persönlich kennengelernt. Wie eng diese Bekanntschaft wurde, ist nicht zu ermitteln. In der Frage der Beziehungen von Natur und Kunst hat Rumohr aber zweifellos den nachhaltigsten und unmittelbarsten Einfluß auf Semper ausgeübt. Rumohr betont vor allem in den einleitenden Abschnitten seiner „Italienischen Forschungen" die Wesensverwandtschaft zwischen der Gesetzlichkeit in der Natur und in der Kunst. Die Form der Kunst ist für ihn in der Natur gegeben[148], und der Künstler muß die Naturform meistern, indem er die Gesetze der Gestaltung und der Erscheinung bedeutsamer Naturformen erforscht.[149] Künstlerische Gestaltung ist ihm nur möglich, wenn der Künstler die Gesetze der Naturform kennt und in seinem Schaffen berücksichtigt. Im Bereich der Form ist die Natur somit die Lehrmeisterin, sie übertrifft hier die Kunst.[150]
Diese Gedanken verfolgt Semper im „Stil" weiter, und er gibt eine ausführlich Ableitung der ästhetischen Gesetze aus den Erfordernissen der Natur und den ihr zugrunde liegenden Naturgesetzen. Dabei erscheint die Natur bei Semper in zweierlei Hinsicht als Vorbild, einmal als Grundlage für eine Reihe von Grund-

formen, die als direkte Nachbildungen der Naturformen entstanden sind (Kürbis, Melonen und ihre Nachbildung in den ersten Gefäßen usw.), zum anderen in der Wirkung der Naturgesetze auf die Kunst. Die direkte Nachahmung von Naturformen spielt jedoch bei Semper keine große Rolle. Sie ist für ihn nur bei der Entstehung der Grundtypen wirksam und kein Ausdruck einer künstlerischen Gestaltung. Ein künstlerisches Verwerten dieser Formen führt bereits zur Stilisierung der Naturvorbilder. Anders ist es mit den Naturgesetzen. Diese wirken nicht nur als Entwicklungsprinzip in der Entfaltung der Grundtypen weiter, sie bestimmen auch eine Reihe ästhetischer Kategorien. Die entscheidenden Sätze dazu stehen in den Prolegomena zum „Stil".

Dem „Stil" schickt er einen Abschnitt voraus, in dem die ästhetischen Grundbegriffe in der ihm „eigenen Anschauungsweise" erläutert werden. Der Grundgedanke dieses Abschnittes liegt darin, zu zeigen, daß eine Analogie zwischen dem allgemeinen Gestaltungsgesetz in der Natur und denen in der Kunst besteht, denn die „Kunst kann nicht anders als nach dem, was die Naturerscheinung sie lehrt, ihre Form erschaffen".[151] Die Analogie tritt für Semper am deutlichsten an „dem was die spekulative Ästhetik die formellen Gesetze des Schönen nennt"[152] ,hervor.

Diese Grundgesetze der Ästhetik sind, Vitruv folgend, Eurythmie, Symmetrie und Proportionalität. Die drei Prinzipien gruppiert Semper um seine Lehre von drei Achsen, die den drei Dimensionen der räumlichen Ausdehnung entsprechen. Sie ordnen als die drei grundlegenden Gestaltungsmomente die Vielfalt der Formen zu einer Einheit und ergeben die notwendigen Bedingungen des Formal-Schönen.[153]

Diese Gestaltungselemente der Kunst müssen nach Semper aus den Gesetzen der Natur hervorgehen und ihnen entsprechen.[154] Und so wird die Symmetrie Ausdruck des „Gesetzes der Molekularattraktion"[155], das zu strenger Regelmäßigkeit und Abgeschlossenheit führt.[156] Die Eurythmie als geschlossene Symmetrie drückt die „peripherische Regelmäßigkeit der Moleküle, welche sich in Ordnung um das Centrum der Kristallisation reihen"[157], aus. Die Proportion der Pflanze ist zum Teil durch den Konflikt zwischen Massenwirkung als Schwere und der organischen Lebenskraft oder Willenskraft bedingt.[158] Ähnliche Kräfte wirken bei der Proportionalität der Tiere. Hier ist sie das Ergebnis des Konflikts zwischen Bewegung und Massenwiderstand.[159] In der Natur sind diese Momente des Schönen immer in Kombinationen vorhanden. Sie wirken zusammen, und dabei kann eines als das Bestimmende hervortreten. Es wird dann zum „Chorführer" und Repräsentanten eines einzelnen Prinzips. Semper nennt ein solches Verhältnis eines formalen Bestandteiles zu den anderen Autorität. Die höchste dieser Autoritäten, zugleich eine Autorität höherer Ordnung, ist die Inhaltsautorität oder Inhaltsangemessenheit. Die Kunst kann über diese Gesetze der Naturform nicht hinausgehen.

Die Kunst führt eine ähnliche Mannigfaltigkeit von Kombinationen auf wie die Natur, kann aber die Schranken der letzteren hierin nicht einen Zoll überschreiten; *sie muß sich in den Prinzipien formaler Gestaltung genau nach den Gesetzen der Natur richten.*[160]
Die letzten Ursachen der Momente des Schönen liegen nach einer solchen Betrachtungsweise in der Naturgesetzlichkeit begründet — sie sind nur ihre Weiterführung und Widerspiegelung. Hier liegt, abgesehen von der mechanischen Darstellung von Gesetzen der Naturform, zweifellos eine sehr schematische Übertragung dieser Gesetze auf die Kunst vor. Gleichzeitig steht sie aber in strengem Gegensatz zu der spekulativen Ästhetik. Gegen diese Ästhetik zieht Semper mit aller Schärfe zu Felde. Er wendet sich vor allem gegen A. Zeißig, den er in die Rubrik der ,,Schematiker, Puristen und Zukünftler" einreiht. Er sagt von ihnen, daß sie das Schöne aus der Erscheinungswelt in die Ideen zurückdrängen. Gegen Zeißig selbst gewandt, sagt er mit den Worten ,,eines Dichters und Kunstkenners", daß sich seine Ableitung des Formal-Schönen damit begnügte ,,aus der vollen Traube nur den abstrakten Schnaps des Gedankens abzudestillieren".[161]
Die Kategorien des Schönen sind jetzt nicht mehr ein Objekt ,,welches die Ideen der Vollkommenheit an sich selbst ... zur Präsenz bringt"[162] (Zeißig). Sie sind nicht Erscheinungsformen von Ideen, sondern die formellen Elemente gehen aus den Gesetzen der Natur hervor, und die Kunst bedient sich ihrer bei ihrer Gestaltung. Damit kritisiert Semper die Theorie Zeißigs von einer materialistischen Position aus. Symmetrie, Eurythmie, Proportionalität werden für Semper zu einer Widerspiegelung von gesetzmäßigen Verhältnissen der Naturformen, die der Künstler in seinem Schaffen berücksichtigt und anwendet.
Die Ursachen für diese gesetzmäßigen Verhältnisse der Natur werden allerdings von Semper verzerrt. Sie ergeben sich bei ihm als Ausdruck mystischer Naturkräfte, die im Ergebnis ihres Wirkens die Naturform schaffen.
In dieser radikalen Form finden wir eine solche enge Orientierung auf die Naturgesetze und ihre Bedeutung im künstlerischen Schaffen nicht in der Ästhetik der Zeit. Es gibt allerdings vor Semper Hinweise auf die Beziehungen zwischen Naturform, Naturgesetzlichkeit und künstlerischem Schaffen.
In der Ästhetik G. W. F. Hegels zeigen sich solche Gedanken. Hegel behandelt die Symmetrie und Regelmäßigkeit im Abschnitt des Naturschönen in enger Berücksichtigung der symmetrischen Formen der Kristalle, der Tiere und der Pflanzen. Die Regelmäßigkeit und Symmetrie als Ordnen der Größen hat ihre rechte Stellung in den Gestaltungen der organischen und anorganischen Natur.[163]
Sie treten da hervor, ,,wo das Objektive seiner Bestimmung gemäß das sich selbst Äußerliche ist".[164]
Diese Ordnungen finden deshalb auch ihre hauptsächliche Anwendung in der Architektur, die für Hegel die Aufgabe hat, ,,eine äußere, in sich selbst unorganische Umgebung des Geistes künstlerisch zu gestalten".[165]
Damit wird auch in der Hegelschen Konzeption eine Gemeinsamkeit zwischen den symmetrischen Erscheinungen in der Natur und ihrer Anwendung in der Architektur betont. Aber ,,die Schönheit der abstrakten Form" wird in der

Kunst nicht einfach analog den Naturerscheinungen angewandt. Dazwischen liegt die Tätigkeit des Menschen, durch die Regelmäßigkeit und Symmetrie zu Dingen für den Menschen werden.

Allerdings macht Hegel einen Unterschied zwischen der Anwendung dieser Prinzipien in der Architektur und im Schmuck. Im Schmuck ist die Beziehung zum Menschen enger als in der eine unbelebte Materie gestaltenden Architektur.

Die Architektur ist in der Bestimmtheit und Einheit der Naturform mehr verpflichtet, weil sowohl in der Natur als auch in der Architektur nur eine auf das Äußere sich beziehende Form existiert.

Obwohl hier manches Gemeinsame besteht, unterscheidet sich Semper wesentlich von Hegel. Auch er untersucht die Gesetze der Symmetrie nur im Hinblick auf die technischen Künste, zu der er die Baukunst als die wichtigste zählt. Aber im Unterschied zu Hegel wird von ihm die Beziehung zur Naturgesetzlichkeit viel stärker herausgehoben und die Ursache für die Struktur der Naturform durch Naturgesetze zu begründen versucht. Die Kategorien des Schönen sind mehr oder weniger nur Fortsetzung und mechanische Widerspiegelung der Naturgesetzlichkeit. Die tätige, die Dinge gestaltende Seite, die aktive Rolle des Menschen in der Anwendung dieser aus der Naturform abgeleiteten Verhältnisse in der Kunst wird dabei zurückgedrängt. Die Kategorien des Schönen erhalten eine reale, materielle Grundlage, aber ihre Bedingungen werden im Wesen nur mechanisch aus der Naturgesetzlichkeit abgeleitet.[166] Ihre letzte Ursache erhalten dann diese Kategorien in der sehr mystisch dargelegten Wirkung von Naturkräften. Die Momente des Schönen haben damit letzlich ihren Ursprung nur in Naturgesetzen, und der Künstler hat nach diesen Gesetzen zu gestalten. Diese mechanische Konsequenz widerspricht der gesamten Philosophie Hegels.

Die Gegenüberstellung macht uns bereits hier einen Grundzug von Sempers Kunsttheorie deutlich, und zwar seine in vielen Fragen mechanistische Auffassung der Dinge. Er sieht auf Grund seiner mechanisch-materialistischen Position richtig, daß zwischen Naturform und Kunstform gewisse Beziehungen bestehen — von hier aus erfolgt auch seine Kritik an Zeißig —, aber er sieht kaum die künstlerisch-tätige Seite. Diese mechanische Konzeption zeigte sich gleichermaßen in der Lehre von den Grundformen. Sein Materialismus bleibt stehen vor der Erkenntnis von der aktiven Rolle des Menschen. Deshalb sieht er nicht, daß die Arbeit, durch die der Mensch die Natur verändert, auch die Grundlage für die Entstehung des Schönen in der Kunst ist. Durch sie lernt der Mensch die gesetzmäßigen Beziehungen der inneren und äußeren Struktur der Natur kennen. Und diese Erfahrungen werden zur Grundlage für die Anschauungen über die Symmetrie, die Proportion usw. Weil Semper diese Seite nicht sieht, versucht er, durch eine schematische Übertragung der Naturgesetze auf die Kunst seine Aufgabe zu lösen.

Die Kategorien des Schönen erhalten eine naturwissenschaftliche Grundlage, genauer eine in den Gesetzen der Statik und der Dynamik liegende Wurzel. Die

Kunst und die Natur hängen miteinander zusammen, künstlerische Gestaltung wird zu einer Fortsetzung der Naturgesetze.
Eine solche Darlegung berührt sich eng mit den Grundgedanken des Positivismus. Es ist deshalb mehrfach auf die Verbindung Sempers mit dem Positivismus verwiesen worden.[167] Bei Semper wird der Gedanke selbst nicht so konsequent und systematisch durchgeführt wie bei Comte, und Semper betont an anderen Stellen wieder sehr stark die spezifischen Züge der Kunst gegenüber der Natur. Semper folgt dem Positivismus auch nicht bis in dessen erkenntnistheoretische Konsequenzen hinein. Aber die Berührungspunkte sind vorhanden. Ferner wirken auf Sempers Gedanken Probleme der Naturwissenschaft seiner Zeit, vor allem die Theorie der Lebenskraft aus der Biologie, und auch die Lehre Vogts und Büchners über die Rolle von Stoff und Kraft hat mit Pate gestanden.[168] Es sind also verschiedene Einflüsse, die auf den stark naturwissenschaftlich orientierten Semper gewirkt haben. Die große Bedeutung naturwissenschaftlichen Denkens, die diese Epoche charakterisiert, findet so durch die verschiedenartigsten Einflüsse auch Eingang in der Kunsttheorie. Auch die stark empirisch orientierte Methode Sempers hat hier ihre Wurzeln.
Aber Semper ist zuviel Künstler, als daß er einer so engen naturwissenschaftlich orientierten Konzeption in allen Fragen das Wort reden könnte. Bei allen vorhandenen Einflüssen von dieser Seite sieht er doch die negativen Einflüsse solcher Gedanken auf alle Fragen der Kunst. Die Kategorien des Schönen haben ihre letzte Grundlage in den Naturformen und ihren Gesetzen, aber daraus ergibt sich für ihn nicht, daß die Kunst die Natur in allem nachahmen soll. Vor allem darf sie das nicht in den Einzelformen tun. Nicht blinde Naturnachahmung, sondern Berücksichtigung der der Naturform zugrunde liegenden Gesetzlichkeit ist seine Forderung. Die Kunst muß sich auf diese Gestaltungsgesetze der Natur stützen, der Künstler muß die in der Natur vorhandenen Gesetze kennen, aber er muß ohne deren schematische Nachahmung in dem von ihnen gegebenen Rahmen die Kunstform gestalten.
Er wendet sich dabei nicht nur gegen eine blinde Nachahmung der Einzelformen, sondern auch gegen eine allzu schematische Anwendung der Naturgesetzlichkeit. Weder eine solche Nachahmung noch ein Konstruieren nach festgelegten, aus der Natur abgeleiteten und als Norm aufgestellten mathematisierten Regeln kann ein wirkliches Kunstwerk hervorbringen. In seiner Schrift ,,Über die bleiernen Schleudergeschosse der Alten..." wendet er sich sehr entschieden gegen den Versuch, numerische Verhältnisregeln für das Schöne zu geben.[169]
Demzufolge ist ihm die Baukunst etwas anderes als nur ,,durchgebildete Konstruktion, gleichsam illustrierte und illuminierte Statik und Mechanik, reine Stoffkundgebung"[170], d.h. sie ist keine Ingenieurkunst.
Aber die Kritik richtet sich nur gegen eine zu schematische Auslegung seiner Grundgedanken. Man könne keine solchen mechanischen Schönheitsregeln auf-

stellen, weil die Mannigfaltigkeit der Umstände, in der das Schöne besteht, unendliche Variationen zuläßt. Aber dennoch walten durch diese Mannigfaltigkeit der Möglichkeiten zuverlässig gewisse allgemein-gültige einfache Gesetze, welche nachzuforschen allerdings eine angemessene Aufgabe des denkenden Architekten sein darf.[171]
Die Wissenschaft hat allerdings die Möglichkeiten zur bis ins einzelne gehenden Lösung dieser Aufgabe noch nicht gegeben. Die griechischen Künstler haben ihre tektonischen Gebilde gleichsam organisch belebt und auf der Grundlage der Kenntnis dieser Gesetze ihre Kunstgebilde geschaffen.[172] Daß die Griechen solche Gesetze anwandten, belegt Semper durch Untersuchungen in der genannten Schrift, indem er an Hand mathematischer Berechnungen nachweist, daß die Form der Schleudergeschosse der Griechen die ihrer Funktion entsprechende zweckmäßige Gestalt besaßen. Die Form entsprach also der der Aufgabe zugrunde liegenden Naturgesetzlichkeit.

Da die Griechen dieses Gesetz der Natur kannten und danach ihre Werke schufen, hinterlassen sie in uns den Eindruck des Organischen, des natürlich Gewachsenen. Dem Begriff des Organischen bei Semper liegt somit der Gedanke des Naturgemäßen, der Natur Entsprechenden zugrunde, dem er als Gegensatz das Konstruierte, Gewollte, entgegenstellt. Der Akzent liegt für Semper nicht auf dem Einheitlichen, das auch mit zu diesem Begriff gehört, sondern auf der Entsprechung zur Natur, auf dem Natürlichen im wirklichen Sinne des Wortes.

Wir finden also immer wieder die Forderung nach einer der Naturform entsprechenden Gestaltungsweise, und wenn Semper sich gegen ein Festhalten an Naturgesetzen wendet, dann immer nur gegen ein zu schematisches, starres Verfahren. Seine Kritik an einem Mathematisieren antiker Verhältnisse ist nie eine Kritik, die sich gegen das Beachten von Naturgesetzlichkeiten in der Kunstform richtet, es ist nur eine Kritik an der ungenügenden Beachtung der Mannigfaltigkeit der Erscheinungen in der Natur und demzufolge auch in der Kunst. In den weiteren Schriften kommt Semper auf diese theoretische Ableitung nicht wieder zu sprechen. Sie tritt uns in der letzten Form in der Einleitung zum „Stil" entgegen. (Semper muß sich mit dieser Frage vor allem nach 1851 beschäftigt haben.)

Die Ableitung der Formen des Schönen spielt im „Stil" selbst keine bestimmende Rolle. Sie erhellt aber Sempers Stellung zur Naturgesetzlichkeit und erklärt zugleich die theoretische Grundauffassung, auf der seine Lehre von den Grundtypen basiert. Wie die Kategorien des Schönen aus der Analogie zur Naturgesetzlichkeit, und sogar als deren direkte Weiterführung verstanden werden, so ist das auch mit der Entwicklung der Grundtypen der Fall. In seinem Bestreben, eine strenge Gesetzlichkeit in der Kunst und vor allem in der Entwicklung der Formen in den technischen Künsten zu formulieren, bleibt für Semper die Naturwissenschaft das große Vorbild. Er ist bestrebt, ebenso exakte Gesetze in der Kunst aufzudecken, und er spielt dabei mit dem Gedanken an eine auf seinen Erkenntnissen basierende Kunstfindungslehre, die beim Beachten solcher Gesetze möglich wäre.[173] Hier wurzelt auch seine Überzeugung, daß die künstlerische Form in den technischen Künsten an eine strenge Gesetzmäßigkeit gebunden ist. Er ist bestrebt, durch sein theoretisches Schaffen diese Gesetze so exakt wie möglich aufzudecken und zu formulieren. In einer seiner Schriften verdeutlicht er z.B. seine Stilauffassung in Gestalt einer Formel Y = F (x, y, z usw.); das Kunstwerk erscheint als Funktion einer beliebigen Anzahl von Agentien oder Kräften.[174] Diese Bindung an Naturgesetze und an die Naturwissenschaft verliert sich nie völlig in seiner Kunstanschauung.

Während jedoch die Beziehung der Kunstform zur Natur vor allem im Zusammenhang mit der künstlerischen Gestaltung bestimmter materieller Zwecke, konstruktiver Aufgaben usw. wiederkehrt, bliebt die direkte Verbindung zu Erkenntnissen der Naturwissenschaft auf die eben genannten Probleme beschränkt.

Semper sieht, daß er außer einem allgemeinen Entwicklungsprinzip nichts von der Naturwissenschaft aus über die spezielle Gesetzmäßigkeit der künstlerischen Entwicklung sagen kann. Und sobald er auf die Kunst und ihre Gesetze zu sprechen kommt, tritt die naturwissenschaftliche Ableitung zurück. Er übernimmt aus der Naturwissenschaft nur das Prinzip, nur den leitenden Gedanken, aber dann verarbeitet er diesen Gedanken nicht in der engen Anlehnung an die analogen Beziehungen in der Natur, sondern er ist bemüht, aus künstlerischen Erwägungen heraus die Gesetze der Stilentwicklung abzuleiten. So finden wir in der genannten Einleitung zum „Stil" die aus der Naturwissenschaft und der Sprachwissenschaft abgeleitete Beweisführung, aber in den dann folgenden Ausführungen tritt sie nicht wieder in Erscheinung, und sie wird in der Folgezeit ganz fallengelassen. So kommt er auch im „Stil" bei der Anwendung seines Grundgedankens auf die Kunst nicht wieder auf seine Ableitung zurück, obwohl das Grundprinzip bestehenbleibt.

Bereits in der Einleitung zum „Stil" erfolgt eine andere Begründung. Jetzt leitet er die konkrete Grundform aus der gleichen Aufgabe, der gleichen Funktion eines Gegenstandes der technischen Künste ab.

Eine Trinkschale z.B. hat eine ganz bestimmte materielle Funktion zu erfüllen. Aus dieser Funktion ergeben sich die Grundgesetzmäßigkeiten ihrer Form. Die dem Zweck am besten entsprechende Form, die auch die Naturgesetzlichkeit am besten wiedergibt, wird zur Grundform, die in allen Variationen, die die Gestaltung eines solchen Gegenstandes erfährt, immer wieder in Erscheinung treten muß.

Das bedeutet, daß jetzt die Lehre von den Grundformen in den technischen Künsten sich nicht unmittelbar aus Naturgesetzen ergibt, die auch in der Kunst in Erscheinung treten, sondern aus den durch den Menschen gesetzten Zweckerfordernissen, aus der Aufgabe, die ein Gegenstand zu erfüllen hat. Die Grundformen ergeben sich somit aus der ihnen zugrunde liegenden Funktion, und Semper spricht deshalb in der Einleitung zum „Stil" von einer „konstruktiv-technischen Auffassung des Ursprunges der Grundformen".[175] In diesem Sinne faßt Semper im weiteren die Grundformen in den technischen Künsten auf. Damit wird deutlich, daß die naturwissenschaftliche Begründung des Entwicklungsprinzips in der Kunst nur ein Hilfsmittel ist, nur eine Brücke, um das künstlerische Problem theoretisch zu untermauern. Die Naturwissenschaft gibt nur die theoretische Begründung für Sempers Auffassung von dem engen Zusammenhang zwischen der Architektur und den anderen technischen Künsten ab.

Es ist das Verdienst Sempers, daß er zum ersten Mal in eindringlicher Weise die Bereiche der angewandten Kunst mit in die stilgeschichtliche Betrachtung einbezogen hat. Die äußeren Gründe, die Semper zur Aufnahme dieses Bereiches der Kunst in seine Untersuchungen veranlaßte, sind im „Stil" deutlich dargelegt worden.[176] Aber damit sind zunächst nur die Ursachen gegeben, die ihn, ausgehend von der künstlerischen Situation seiner Zeit, zu einer solchen Darlegung zwangen. Die inneren, sich aus seiner Theorie ergebenden Gründe, die Semper ebenfalls andeutet[177], wurzeln in seiner Lehre von den Grundtypen. Alle diese Gründe sind aber mehr oder weniger zufällig, denn sie ergeben sich entweder aus der Zeitlage oder dem speziellen Charakter des Entwicklungsgedankens bei Semper. Der von ihm angenommene Zusammenhang von Kunstgewerbe und Baukunst kann deshalb als ein ebenfalls zufälliger erscheinen. Aber diesen Gedanken liegt ein viel tieferes Problem zugrunde, das Semper zu lösen versucht. Es ist dies die Frage nach den spezifischen Gesetzen der technischen Künste.

Allen angewandten Künsten und auch der Architektur ist gemeinsam, daß sie zweckbezogen sind. Sie gestalten mit künstlerischen Mitteln Gegenstände, die eine bestimmte, zumeist materielle Funktion zu erfüllen haben. Semper sieht das Wesen dieser Kunstgattungen gerade in dieser zweckbezogenen Seite und entdeckt hier das sie Verbindende. Er versucht, die besonderen, nur den technischen Künsten eigenen Stilmerkmale und Stilbedingungen zu ermitteln, sozusagen das Wesen dieser Kunstgattungen und ihren Zusammenhang mit der Baukunst aufzudecken. Semper ist jedoch noch nicht in der Lage, dieses Problem zu lösen, aber seine ganzen Untersuchungen laufen auf die Lösung eines solchen Problems hinaus. Die starke Betonung des Zweckes, der Funktion und der Materialgesetze deuten darauf hin.

Der Versuch, die spezifischen Gesetze einzelner dieser Kunstgattungen zu formulieren, ist bereits vor Semper unternommen worden. Es sei hier wieder auf Hegel verwiesen, der die Architektur als eine niedere Kunst behandelt, weil ihren Werken als wesentliches Moment eigen ist, „daß dergleichen Gebaulichkeiten bloße Mittel sind, welche einen äußeren Zweck voraussetzen".[178] Für Hegel ist die Architektur mit der Befriedigung praktisch-materieller Bedürfnisse der Menschen beschäftigt, deshalb steht sie auch in seiner Stufenleiter der Künste an der untersten Stelle. Ihre enge Verbindung mit dem Zweck bringt ihr in seinem System diesen Platz ein. (Tschernyschewski betont auf Grund dieser Spezifik sogar, daß die Architektur nicht mit zur Kunst gehöre.[179]) Auch Schinkel betont mehrfach die in der Baukunst bestehende doppelte Funktion, ihren utilitaristischen und ihren ästhetischen Gehalt.

Semper baut diese Erkenntnisse weiter aus, bezieht in den Kreis seiner Betrachtungen auch die gesamte angewandte Kunst mit ein und versucht, bei besonderer Betonung der utilitaristischen Seite die Formgesetzlichkeit dieser Kunstgattungen umfassend darzulegen.
Die letzte theoretische Begründung für den Zusammenhang dieser beiden Kunstgattungen findet Semper aber theoretisch zunächst nicht in gewissen Gemeinsamkeiten ihrer Funktionen, in der Einheit von zweckmäßig-materieller Aufgabe und künstlerischer Gestaltung, sondern in der Lehre von den Grundtypen. Aus diesem Gedanken ergibt sich letztlich für ihn ihr innerer und auch ihr entwicklungsgeschichtlicher Zusammenhang.
Wir finden somit ein Schwanken Sempers zwischen einer aus den damaligen Erkenntnissen der Naturwissenschaften und einer aus den spezifischen Gesetzen einer Kunstgattung entspringenden theoretischen Begründung. Er kann sich in Ermangelung eines wirklichen, aus der Geschichte der Kunst herleitenden Entwicklungsprinzips nicht von dem der Naturwissenschaft lösen; zugleich spürt er, daß eine solche Konzeption nicht der Eigenart der Kunst entspricht, und er versucht, spezifische Merkmale der technischen Künste zur Erklärung heranzuziehen, und gerade hier liegt einer der weiterweisenden Gedanken Sempers.
Im Bereich der angewandten Kunst besitzen die zweckbedingten Faktoren für die Gestaltung der Kunstform einen entscheidenden Einfluß. Ihre utilitaristischen Forderungen bestimmen, soweit es sich um Gebrauchsgegenstände und Werkzeuge handelt, die Form. Aus diesem Grunde kann man in diesem Bereich von Grundformen im Semperschen Sinne sprechen. Diese Grundform ist die den Zweckerfordernissen am besten entsprechende Gestalt eines Gegenstandes. Der Gebrauchsgegenstand muß zunächst seinen funktionellen Anforderungen genügen, und da diese sich kaum ändern (z.B. bei einer Trinkschale, einem Krug, einer Vase usw.), so muß die Grundform bei allen Modifikationen erhalten bleiben. Der Fehler Sempers liegt jedoch darin, daß er als die Grundform variierende Einflüsse nur die technisch-stofflichen Einflüsse berücksichtigt und nicht auch jene, die sich aus den ästhetischen Anschauungen einer bestimmten Epoche, aus den nationalen Besonderheiten, der persönlichen Eigenart des Künstlers usw. herleiten. Diese modifizieren aber die Grundform in noch stärkerem Maße als die von ihm angenommenen Faktoren, durch sie erfolgen im wesentlichen die Veränderungen der Form. Diese gesellschaftlichen und persönlichen Einflüsse mußte Semper notwendig negieren, weil er keine diese Einflüsse erklärende Geschichtsauffassung besaß. Damit ergibt sich seine mechanische Position und sein ständiges Schwanken zwischen der naturwissenschaftlichen Ableitung und dem Versuch, eine in der Kunst wirkende Gesetzmäßigkeit aufzudecken, aus dem Unvermögen, die Stilentwicklung mit der historischen Entwicklung in eine allseitige Beziehung zu setzen.
Die Betonung des zweckbedingten Elements in den technischen Künsten und der bedeutenden Rolle, die dieses für die Entstehung der Grundformen besitzt,

führt aber Semper zu einer sehr bedeutsamen Auffassung von der Entstehung der Grundformen in der Kunst.
Für ihn sind alle Gegenstände der technischen Künste untrennbar mit ihrem Gebrauchszweck verbunden. Die ersten Formen der technischen Künste beruhen auf dessen Erfordernissen, und auch in symbolischer Gestaltung bleibt dieser Ursprung Grundlage der Form. Die Grundformen sind somit die ersten Formen, in denen die Gebrauchsgegenstände eine ihrer materiellen Funktion entsprechende künstlerische Gestaltung erfahren.
Damit wird die Entstehung der künstlerischen Form letztlich aus der Produktionstechnik der Menschen abgeleitet. Für Semper entstehen die Grundformen als Ergebnis der Herstellung von Gebrauchsgegenständen für den Menschen bzw. aus der Herstellung von Werkzeugen wie Schöpfgefäßen u.a. Die Urtypen bilden sich in den Anfängen der menschlichen Produktion. Sie sind technisch-materiellen Ursprungs. Und damit sind sie entsprechend ihrer Aufgabe „das Resultat des materiellen Dienstes oder Gebrauchs, der bezweckt wird".[180]
Noch deutlicher spricht Semper dazu in seinem „Entwurf eines Systems der vergleichenden Stillehre". Hier heißt es:

Typen sind, wie wir gesehen haben, ursprüngliche, von dem Bedürfnis vorgeschriebene Formen, welche aber, je nach den bei der Herstellung zur Verwendung kommenden Materialien, modifiziert werden.[181]

Das materielle Bedürfnis bestimmt die Grundformen und auch die Typen der Kunst. Da Semper im weiteren die Entstehung der Grundformen immer wieder mit diesen ursprünglichen technisch-materiellen Bedürfnissen der Menschen verbindet, muß man eine Ableitung der Grundformen aus der Produktionstechnik durch ihn annehmen, wenn er auch selbst diesen Gedanken nicht so nachdrücklich formuliert.
Hier setzt er Gedanken fort, die den bedeutendsten Vertretern des deutschen Klassizismus eigen sind. Winckelmann spricht in seiner „Geschichte der Kunst des Altertums" in bezug auf die Zeichnung von ihrer Entstehung aus dem Notwendigen:

Die Künste, welche von der Zeichnung abhängen, haben wie alle Erfindungen mit dem Notwendigen angefangen, nachdem suchte man die Schönheit und zuletzt folgte das Überflüssige; dieses sind die drei vornehmsten Stufen der Kunst.[182]

Goethe geht später über Winckelmann hinaus und überwindet dessen Einschränkung auf die Zeichnung. In seiner kleinen Schrift „Kunst und Handwerk" schreibt er:

Alle Künste fangen von dem Notwendigsten an; ...[183]

Goethe und Winckelmann gehen diesen Gedanken nicht weiter nach. Sie lassen es bei wenigen Andeutungen bewenden, und ihr Hauptproblem ist, wie auf der Grundlage eines solchen Ausgangspunktes ein wirkliches Kunstwerk entsteht.

Für sie ist die Gestaltung des Schönen und die erkenntnistheoretische Problematik wichtiger.
Semper dagegen legt sein Schwergewicht auf die durch den Zweck erforderte Gestaltung der Kunstgegenstände. Er will dadurch die Kunst seiner Zeit von einer blinden Nachahmung von Stilen und einer Verletzung der Erfordernisse des Notwendigen wieder auf eine zweckangemessene Gestaltungsweise zurückführen.
Der Gedanke der Ableitung der ersten Formen der Kunst aus dem Bedürfnis ist untrennbar mit allen anderen Gedanken Sempers verbunden. Von den Worten seiner ersten Schrift: „Nur einen Herren kennt die Kunst, das Bedürfnis" bis zu den viel präziseren Ausführungen im „Stil" bleibt trotz mancher Verschiedenheiten die enge Beziehung bestehen. Es ist, von einem solchen Gedanken ausgehend, nur logisch, wenn Semper dem Handwerk und der Kunst des Volkes eine wichtige Bedeutung in seiner Kunsttheorie beimißt.
Zum Zentralproblem wird nun im „Stil", wie der in jedem Werke der technischen Künste enthaltene technisch-materielle Ursprung weiterwirkt, selbst dann, wenn der betreffende Gegenstand diesen Zweck, diese Funktion, nicht mehr unmittelbar befriedigt. Die Zweckerfordernisse bleiben für ihn, als ständige Agentien, die wesentlichen stilbedingenden Faktoren. Die Grundform wird zum Träger dieser, in späteren Perioden vergessenen, nicht mehr unmittelbar vorhandenen Erfordernisse, die ihre ursprüngliche Zweckbedeutung nur mehr symbolisch besitzen.
Damit wird die Kunstform zu einem Ausdruck des in den Grundtypen aufbewahrten oder unmittelbar noch vorhandenen Gebrauchszweckes, und ihre Variationen entstehen durch die Verwendung eines bestimmten Materials und die Art seiner Bearbeitung. Das ganze Problem wird von Semper faktisch darauf eingeengt, zu ermitteln, wie die dekorative Form auszusehen habe, die den Erfordernissen der genannten Faktoren völlig entspricht. Damit gehen wir bereits zu einem neuen Problem über, das in dem folgenden Abschnitt dargelegt werden soll.
Die fruchtbaren Gedanken Sempers, die sich aus seiner Lehre von den Grundtypen ergeben, liegen, wie auch die Folgezeit beweist, nicht in dem von der Analogie zur Naturwissenschaft theoretisch hergeleiteten Problem. Sie liegen vielmehr in den sich für Semper aus dieser theoretischen Grundkonzeption ergebenden Konsequenzen. Während die Lehre von den Grundtypen kaum Nachahmer findet[184], liegt die Wirkung Sempers vor allem auf zwei Gebieten.
Die Betonung der Grundtypen als des entscheidenden Elements der Stilentwicklung führt ihn zur Betonung des Kunstgewerbes. Die angewandte Kunst wird damit zu einem Gegenstand der Kunst- und Stilgeschichte.
Die Orientierung auf diese Kunstgattung und Sempers praktisches Wirken im South Kensington Museum in London finden zunächst vor allem in England Resonanz. Beziehung zu Ruskin und Morris liegen dabei auf der Hand. Die ganze Bewegung, die sich, oft ohne Berufung auf Semper, mit diesen beiden Namen ver-

bindet, greift später wieder auf ihn zurück. Er wird hier vor allem in den technisch-materiellen Fragen am Ende des 19. Jahrhunderts zu dem großen Anreger.
Die zweite Seite knüpft an seine Ableitung der Grundtypen aus der Produktionstätigkeit der Menschen an. Kunst entsteht in dem von ihm untersuchten Bereich aus dem Handwerk und der Technik heraus und nicht als Ausdruck irgendwelcher Vorstellungen der Menschen. Damit gehört er zu den Denkern, die von einer mechanisch-materialistischen Position aus die Entstehung der Kunst erklären.
Alois Riegl bekämpft als erster in seinen „Stilfragen" (1893) diese Gedanken Sempers. Aber mit der Kritik an den mechanistischen Mängeln der Semperschen Theorie bekämpft er zugleich die in ihr enthaltenen materialistischen Gedanken. Im Gegensatz zu Semper ist für Riegl das Kunstschaffen der Ausdruck eines in seinen Ursachen prinzipiell unerklärbaren „ästhetischen Dranges".[185] In subjektiv-idealistischer Weise werden auch die Veränderungen des Stils aus Änderungen eines mystischen Kunstwollens erklärt.
Die von Semper und Riegl gegebene Ableitung der Kunst bildet bis in unsere Tage die Grundlage für zwei Lager in der Klärung dieser Frage.[186]
Die tiefere Ursache einer solchen Trennung in der Antwort auf diese Fragen wird noch deutlicher, wenn wir uns mit Sempers Auffassung vom Schmuck und seiner Bekleidungstheorie beschäftigen werden.

# Zur Rolle von Zweck, Material und Technik in Sempers Anschauungen

Aus dem Gesagten geht hervor, daß Sempers Lehre von den Grundtypen eng mit seinen Gedanken über die Rolle von Zweck, Material und Technik in der Kunst verbunden ist. Damit geht er von der anfangs gegebenen naturwissenschaftlich begründeten Konzeption zu den spezifischen Faktoren über, die im künstlerischen Bereich wirksam sind. Er versucht dadurch, die Erfordernisse einer zielbewußten menschlichen Tätigkeit, die vor allem bei der angewandten Kunst von entscheidender Bedeutung sind, zu erfassen. Das heißt aber nicht, daß er sich damit von seiner mechanischen Konzeption löst.
Die Entwicklung der Formensprache der bildenden Kunst bleibt weiter eingezwängt in eine enge Gesetzmäßigkeit. Die Kunst entwickelt sich, indem die Grundformen durch die Einflüsse von Zweck, Material und Technik weiter modifiziert werden. Nichts ist hier „reine Willkür, sondern alles durch die Umstände und Verhältnisse bedungen".[187] Das Kunstwerk ist ein Resultat verschiedener Faktoren in der Art einer mathematischen Funktion. Semper denkt sogar daran, auf der Grundlage einer solchen strengen Gesetzlichkeit eine „Art von Topik oder Erfindungsmethode (...) des natürlichen Prozesses des Erfindens"[188] aufzubauen. Die rationalistische, an die Naturwissenschaft angelehnte Auffassung von der Gesetzlichkeit in der Kunstentwicklung behält Semper also auch weiterhin bei.
Für Semper vollzieht sich die Entwicklung der Kunst in streng festgelegten Gesetzen. Das zeigt sich besonders am Einfluß der Faktoren, die die Grundformen variieren. Die wichtigsten Faktoren, die hierbei auf die Grundform einwirken, sind Material und Technik. Die Technik äußert sich im Entwicklungsstand der Werkzeuge, der Verfahren und Prozeduren zur Bearbeitung des Materials. Der Zweck selbst bleibt eng mit den Grundtypen verbunden.
Wichtig ist für die Betrachtungsweise Sempers der sehr weite Begriffsinhalt des Zweckes. Zweck versteht er einmal, im engeren Sinn, als eine unmittelbare, sich aus der Funktion und Anwendung des betreffenden Gegenstandes bzw. aus der Funktion des einzelnen Teils eines Gegenstandes ergebende Forderung. Zweck steht somit hier im Sinne von technischer Funktion oder Aufgabe. So ergibt sich der Unterschied zwischen der ägyptischen Situla und der griechischen Hydra aus dem Unterschied zwischen Schöpfgefäß und dem Gefäß zum Auffangen des Wassers aus einem Brunnen. Ebenso wirken andere Formgesetze, je nachdem, ob es sich z.B. bei einem Gefäß um den Bauch desselben und seine Gestaltung, oder um den Henkel handelt, weil beiden eine unterschiedliche technische Funktion zugrunde liegt.

Der Zweck wirkt aber auch in symbolischer Form. Das ist dann der Fall, wenn die technische Aufgabe durch ein anderes Material gelöst wird, z. B. beim Mosaikfußboden, dessen Gestaltungsgesetze sich für Semper ursprünglich aus dem Teppich herleiten. Der Zweck ist dann in symbolischer Form vorhanden, wenn ein Stoffwechsel vorgenommen wird. In noch höherem Sinne erscheint diese symbolische Form, wenn der Herd als das moralische Element, als Symbol des gesellschaftlichen Zusammenlebens der Menschen oder als Altar erscheint und zum Inhalt für die Umbauung eines Raumes genommen wird.

Aber Semper betont immer wieder, daß letzlich auch diesem symbolischen Zweck ein wirklicher, materieller zugrunde liegt oder in früheren Zeiten zugrunde gelegen hat. Dieser wirkliche Zweck ist als unmittelbarer Faktor im Verlaufe der historischen Entwicklung verlorengegangen. Das Werk bleibt so letzlich immer das Resultat des „materiellen Dienstes oder Gebrauchs, der bezweckt wird".[189]

Ursprünglich wirkte nur der materielle Zweck, der aus den Erfordernissen des Dienstes oder Gebrauchs entstand. Dieser unmittelbare Einfluß ging in der Folgezeit verloren, aber da der Gegenstand weiter auf der ursprünglichen Grundform aufbaut und von ihr hergeleitet ist, muß dieser ursprüngliche Zweck ständig bei der Gestaltung berücksichtigt werden. Der ursprüngliche Zweck bleibt somit auch in seiner symbolischen Bedeutung wichtigster Faktor des Stils in den technischen Künsten.

Um alle Kunstformen auf diesen Ursprung zurückzuführen, entwickelt Semper seine Theorie des Stoffwechsels und der Bekleidung. Die Konsequenzen einer solchen Ableitung zieht Semper, wenn er erklärt, daß jeder „ästhetisch-formalen Notwendigkeit eine tatsächliche und ganz naiv-materielle zugrunde" liegt.[190]

Diesen Gedanken verfolgt er auch im methodischen Aufbau des „Stil". Zunächst steht immer ein Abschnitt, der die Zweckerfordernisse und die sich daraus ergebenden formalen Gesetze behandelt – der Abschnitt über das „Formell-Ästhetische" –, und dann folgt der Abschnitt, der sich mit den Variationen dieser Grundelemente im Verlauf der Geschichte auseinandersetzt.

Damit faßt Semper erstmalig den Zweck als den Faktor auf, der entscheidend die Form des Kunstwerkes der technischen Künste bestimmt. Der Zweck wird zum eigentlichen Inhalt des entsprechenden Werkes. Seine Berücksichtigung ist die wichtigste Stilbedingung. Die formale Gestaltung wird zum symbolischen Ausdruck der zwecklich-funktionellen Erfordernisse. Es ist dies einer der wesentlichen Gedanken in Sempers Schaffen, der von seinen ersten Dresdener Vorträgen bis in den „Stil" bestehen bleibt.

Bei der Behandlung der Einzelformen der Baukunst, die historisch gesehen als die letzte dieser Künste erscheint, werden die Formgesetze aus diesen, letzlich auch ihren Formen zugrunde liegenden, zweckbedingten Gesetzen abgeleitet. In der Baukunst gilt eine solche Ableitung für Semper allerdings nur für die Einzelform und die Struktur der Bauteile. Die Gesamtauffassung eines Bauwerkes dagegen wird weniger aus seinem materiellen Zweck, als vielmehr aus der gesellschaftlichen Aufgabenstellung erklärt. Hier wird zum bestimmenden inhaltlichen Moment die Aufgabe, die sich aus den Anschauungen und Forderungen der jeweiligen staatlichen Organisation ergeben. Nur die Formensprache wird von der Baukunst aus den anderen technischen Künsten übernommen. Die Einzelformen werden damit zum Ausdruck eines von den technischen Künsten auch qualitativ verschiedenen Moments. Am Bauwerk selbst haben sie als Einzelform zugleich Ausdruck der technischen Aufgabe des betreffenden Bauteiles zu sein, sie ordnen sich aber auch der Gesamtaufgabe unter. Wie weit Semper einen solchen Gedanken in seinem dritten Band des „Stil" zu verfolgen und weiterzuführen gedachte, ist nicht nachweisbar. Daß er aber versucht, über die enge und einseitige funktionelle Zweckbezogenheit in der Baukunst hinauszugehen, wird schon in den „Vier Elementen..." durch die Stellung, die er dem Herd als moralischem Element und seinen symbolischen Formen zuweist, deutlich gemacht. Auch in dem Vortrag „Über Baustile" sind entsprechende Andeutungen vorhanden, so, wenn er in bezug auf die Baukunst den Inhalt des Begriffes Stoff in der oben charakterisierten Richtung erweitert und als das Entscheidenste für die Baukunst bezeichnet.

Diese Hinweise Sempers sind bedeutsam, und erst in letzter Zeit werden diese Fragen in den Diskussionen über die Spezifik der angewandten Kunst wieder stärker betont.[191]

Mit einer solchen Unterscheidung in Sempers Anschauungen muß aber auch seine Stellung zum Funktionalismus und Konstruktivismus wieder neu gesehen werden. Es soll dabei noch von der Bekleidungstheorie abgesehen werden, die am stärksten einer konstruktivistischen Haltung widerspricht. Aber auch ohne diese Theorie widersprechen entscheidende Gedanken einer solchen Position.

Man kann in Sempers Theorie nicht übersehen, daß sich in seiner Behandlung der Baukunst der Einfluß der einzelnen stilbestimmenden Faktoren verändert. Im „Stil" und auch in den übrigen Schriften hält er bei der eingehenden Betrachtung der angewandten Kunst an einem Zweckbegriff fest, der immer wieder auf die materiell-technische Funktion der Gegenstände verweist.

Allgemein gesellschaftliche Einflüsse (soziale, politische, nationale usw.) werden in diesem Bereich von Semper nicht berücksichtigt. Selbst die von ihm für einige Länder als charakteristisch bezeichneten Grundformen werden auf ihre materiell-technische Grundlage zurückgeführt und die Stilbedingungen nur daraus abgeleitet. Am deutlichsten tritt das in der Ableitung von Situla und Hydra hervor. Beide sind ihm Symbole des politischen und religiösen Lebens in Ägypten und Griechenland. Diese religiöse und nationale Bedeutung erhielten sie aber erst spät. Zunächst zeigt sich in ihnen nur der Unterschied zwischen einem Schöpfgefäß und einem Gefäß, das aus einem Brunnen sprudelndes Wasser aufzufangen hat. Nur diese technische Aufgabe ist bestimmend für die Stilgesetzlichkeit der beiden Gegenstände, alle anderen Einflüsse sind bedeutungslos für ihre Gestaltung und liegen nicht im Untersuchungsbereich Sempers. Für ihn sind die dekorativen Kunstformen der angewandten Kunst wesentlich Resultat von Zweck,

Material und Technik. Die Beschränkung auf die eben genannten Einflüsse fällt jedoch in der Betrachtung der Stilerfordernisse der Baukunst fort. Ihr Einfluß wirkt jetzt nur noch entscheidend auf die Gestaltung der Einzelformen. Hierbei übernimmt die Baukunst die durch die angewandten Künste vorgebildete Formensprache und Formgesetzlichkeit. Eine Abhängigkeit von den in den anderen technischen Künsten stilbestimmenden Faktoren bleibt so bestehen. Aber diese Bedingungen sind nicht mehr die ausschließlichen, ja nicht einmal mehr die entscheidenden für die Baukunst. Sie bestimmen wohl weiter die Gestaltung der Schmuckelemente, allgemein die ganze dekorative Seite, aber sie sind jetzt einem anderen Inhalt, einer neuen Zweckgestaltung untergeordnet, die sich aus der Aufgabe des Gebäudes in seiner Gesamtheit herleitet. Die einzelnen struktivtechnischen Bedingungen treten hinter dieser Gesamtidee zurück. An ihre Stelle tritt in der Baukunst als entscheidende Stilbedingung des Gesamtbaues die soziale Funktion. Nur so kann man die Gedanken in den Vorträgen „Über Baustile" und „Über den Zusammenhang der architektonischen Systeme mit den allgemeinen Kulturzuständen" verstehen. Auch jetzt liegen wieder der Aufgabe bestimmte Bedürfnisse zugrunde, aber es sind Bedürfnisse, die sich aus dem gesellschaftlichen Zusammenleben der Menschen ergeben. Ihre erste Form ist der Herd und die zu seinem Schutze notwendige Umbauung. Ein reales Bedürfnis bleibt die erste Grundlage[192], aber es ist nicht mehr eng materiell-technischer Art, sondern fußt auf gesellschaftlichen Beziehungen, auf den Formen des Zusammenlebens der Menschen. Semper verweist mit einer solchen Darlegung auf qualitative Unterschiede zwischen angewandter Kunst und Baukunst.[193] Im Bereich der angewandten Kunst dominiert die materiell-technische Funktion unter den stilbedingenden Faktoren, und die sozialen, nationalen usw. Einflüsse treten in der Gestaltung der Grundformen zurück. Anders ist es in der Baukunst. Hier spielt die gesellschaftliche Aufgabe des Gebäudes eine stärkere Rolle, ihr Gewicht ist viel ausgeprägter als in den vorher genannten Zweigen. Gerade in der letzten Schrift Sempers wird der enge materielle Zweck als das zunächst wichtigste inhaltliche Moment, als das es noch in „Stil" erscheint, durch die Erfordernisse der Gesellschaft, durch den vom Menschen und seiner Umwelt her gesehenen Inhalt zurückgedrängt. Semper ist damit kein Anhänger des Funktionalismus und des Konstruktivismus in der Baukunst. Für ihn sind Zweck, Material und Technik nicht die alleinigen und bestimmenden Faktoren der Architektur, sondern hinzu kommt die Forderung nach einem der Epoche, den Anschauungen und den sozialen Bedürfnissen der Menschen gerecht werdenden und ihnen entsprechend gestaltenden Ausdruck. Aber auch hier führt das Fehlen einer wissenschaftlichen Geschichtsauffassung wiederum dazu, daß diese Einflüsse nur in Form allgemeiner Prinzipien erscheinen, z.B. als kosmopolitisches Prinzip in der römischen Architektur oder als Verwirklichung eines despotischen Prinzips in der Baukunst Ägyptens.

In den technischen Künsten wirken ferner für Semper neben den zwecklichen Momenten auch die des Materials und der Technik. Durch ihre Einflüsse werden

die Grundformen modifiziert, aber ihre Wirkung vollzieht sich auf der Grundlage der zweckbezogenen Erfordernisse, der Zweck bleibt weiterhin bestimmender Faktor. Das trifft vor allem auf die Auswahl des Materials zu, die sich immer nach der Aufgabe richtet und ihr untergeordnet ist. Der „Stoff dient immer der Idee, er eignet sich entweder besser oder schlechter zu diesen oder jenen Aufgaben der Kunst".[194]
Unter diesen Gesichtspunkten wird er ausgewählt, ohne „letztere in ihren Grundprinzipien zu afficieren".[195]
Aber für Semper ist das Material für die Gestaltung des Werkes nicht bedeutungslos, das Produkt muß ihm auch eine „gleichsam (...) logische Konsequenz des Rohstoffes sein".[196]
Damit wirken die Gesetze des Materials auf die Kunstform als weitere stilbestimmende Faktoren ein. Semper fordert für jedes Werk eine dem Material entsprechende Gestaltung. Der Künstler hat alle Möglichkeiten des Materials zu nutzen und auch die Mängel in den Dienst seiner Aufgabe zu stellen, er darf nicht gegen das Material wirken, sondern seine Gestaltung hat im Einklang mit ihm zu stehen. Gegen eine solche Auffassung wandte sich einige Jahre später Alois Riegl. Für diesen soll in umgekehrter Weise die Kunstform im Kampf des Kunstwollens gegen die materiellen Bedingungen gefunden werden. Die starke Betonung des Kunstwollens, also eines irrationalen Moments, führte Riegl zu einer Unterschätzung der materiellen Forderungen. Für Semper dagegen kommt es zunächst auf die handwerklichen Voraussetzungen an, ihn interessiert mehr die technische Seite am Kunstwerk. Im Gegensatz zu Riegl fordert er die Berücksichtigung der Materialforderungen. Diese Materialgerechtigkeit der Kunstform baut auf der Kenntnis der Eigenschaften und Gesetze des Materials auf. Ein großer Teil der beiden Bände des „Stil" ist der Darlegung der Eigenschaften des Materials und ihrer Vorzüge und Mängel gewidmet. Diese Abhandlungen geben sehr wesentliche Anleitungen für den Künstler. Hier äußert sich wieder der naturwissenschaftlich gebildete und über große technische Erfahrungen verfügende Architekt Semper.
Als ein weiteres sehr wichtiges stilbedingendes Element wirken dann noch auf ein Kunstwerk die „Werkzeuge und Prozeduren, die dabei in Anwendung kommen".[197]
Auch diesen, sich aus der Bearbeitungstechnik ergebenden Faktoren widmet Semper einen breiten Raum. Er verbindet sie eng mit der historischen Entwicklung der Kunstwerke und der Stilformen und betont in der Begründung des Aufbaues des „Stil", daß „namentlich die Arten der Bearbeitung der Stoffe im Laufe der Zeit (...) sich wesentlich ändern".[198]
Es sind dies die beweglichsten Faktoren in dem System der Stilbedingungen, und Semper erklärt immer wieder mit der Veränderung der Werkzeuge und der Bearbeitungsmethoden die Veränderungen in der Formensprache der technischen Künste. So betont er in seinem Abschnitt „Keramik" die große Rolle, die die Anwendung der Töpferscheibe für die Herausbildung des dorischen Stils spielte. Er

79

spricht hier von einer „Revolution, welche die Keramik durch die Verbreitung der Töpferscheibe erfuhr".[199] Sie verdrängte nach seiner Ansicht den älteren dekorativ-plastischen Flächenreichtum.

In seiner Gliederung der einzelnen Abschnitte ist die Darlegung des Einflusses der Werkzeuge und Prozeduren eng mit der Veränderung der Formensprache überhaupt verbunden, der Einfluß dieser Faktoren ist für Semper der, der am stärksten auf die Veränderungen der Kunstformen einwirkt, vor allem auch deshalb, weil sich diese Stilbedingungen in einem sehr schnellen Tempo verändern.

Neben diesen Einflüssen sieht Semper auch solche des Klimas und der geographischen Bedingungen, ferner Einflüsse der sozialen Zustände und die subjektiven Bedingungen, die an den betreffenden Künstler gebunden sind. Aber diese Faktoren stehen bei der Betrachtung in diesen beiden Bänden hinter den anderen. Sie sind für Semper vor allem in bezug auf das Kunstgewerbe bedeutungslos.

Die Entstehung der Kunstform ist für Semper vor allem durch die Erfordernisse des Zweckes, des Materials und der Technik bedingt.

Eine so außerordentlich starke Betonung der technischen Faktoren für die Entstehung der einzelnen Kunstformen war damals ein neuer Gedanke in der ästhetischen Literatur. Hermann Nohl spricht in seiner Schrift „Die ästhetische Wirklichkeit" davon, daß dieses „Zeigen, Sichtbarmachen der Gesetzlichkeit wie der Zweckeinheitlichkeit, ihr Hervorheben und Versinnlichen (...) der große positive Gegeneinsatz" gewesen sei, den „diese Ästhetik gegen die metaphysische zu geben vermochte".[200] Damit tritt hier auf Grund der Betonung des Zweckgedankens wie der anderen materiellen Bedingungen eine gleiche Frontstellung gegen die metaphysische Ästhetik zutage, wie wir sie schon in der strengen Betonung der Naturgesetzlichkeit durch Semper bei der Ableitung der Kategorien des formal Schönen feststellen konnten.

Aber dies ist nicht der alleinige Grund für die große Rolle dieser stilbedingenden Faktoren in Sempers Gedanken. Neben diesen, bisher von uns behandelten Ursachen, die sich aus den theoretischen Konsequenzen der Werke ergeben, gibt es wesentlichere äußere Gründe, die die stärksten Anregungen dazu gegeben haben. Wir hatten bereits darauf verwiesen, daß Semper mit der endgültigen Ausarbeitung seiner Gedanken über die Rolle von Zweck, Material und Technik in der Zeit seines Londoner Aufenthaltes begann. Die intensive Bearbeitung erfolgt zu der gleichen Zeit, in der auch Sempers Auseinandersetzung mit den Folgen der kapitalistischen Produktionsweise auf die Kunst in seinen Werken erfolgt. Dieser Zusammenhang ist durchaus nicht zufällig, er zeigt vielmehr, wie stark die neuen kapitalistischen Bedingungen, die ihm bei seiner Untersuchung der kapitalistischen Verhältnisse in England deutlich wurden, auf seine Kunsttheorie einwirken.

Gerade der Aufenthalt in London, in dem Land, das in seiner industriellen Entwicklung und auch in der damit zusammenhängenden Entfaltung der kapitalistischen Widersprüche der anderer europäischer Länder voraus war, mußte Semper auf die neuen Probleme hinweisen. Hier waren die Auswirkungen der neuen Verhältnisse deutlicher sichtbar als in den anderen kapitalistischen Ländern.

Durch den Kapitalismus werden die Produktionsinstrumente in der Mitte des 19. Jahrhundert rasch entwickelt. In der Industrie werden neue Maschinen angewandt, und neue Fertigungsprozesse und technische Verfahren setzen sich überall durch. Die kapitalistische Produktionsweise zerstört im Kunstgewerbe und in der Baukunst die noch vorhandenen handwerklichen Bedingungen. Diesen Zusammenhang hat Semper bereits sehr früh gesehen und seine Folgeerscheinungen weitgehend erkannt. Wenn Semper auch die Maschine und die Errungenschaften der Wissenschaft zuerst für die Auflösung des Stils verantwortlich macht, so weist er doch auch auf die verderbliche Rolle der Spekulation hin, die den Künstler zwingt, vor allem für den Gewinn des kapitalistischen Unternehmers zu arbeiten und seine künstlerischen Bestrebungen dessen Interessen unterzuordnen.

Aber für Semper, und hierin liegt die Ursache für so viele Widersprüche in seinen Ansichten, ist nicht die kapitalistische Produktionsweise — die dem Profit dienende spezielle Zielsetzung, für die die Maschine in Bewegung gesetzt wird — die Hauptursache, sondern es ist die ungenügende künstlerische Beherrschung der neuen Materialien. So wird für ihn der Akzent auf die von beiden Einflüssen weniger entscheidende, wenn auch nicht unwichtige, Seite gelegt. Es sind vor allem die besonderen sozialen Verhältnisse, die Unterordnung der Kunst unter die kapitalistischen Marktinteressen, die die Kunstindustrie zu einer künstlerisch minderwertigen Produktion führt. Gerade hieraus ergibt sich vor allem der schon zu Lebzeiten Sempers einsetzende Kampf gegen die minderwertigen Produkte, die die Industrie auf diesem Gebiet auf den Markt bringt.

Die Meisterung der Material- und Zweckgesetzlichkeit hat dagegen auch in der neuesten Geschichte des Kunstgewerbes zu sehr eindrucksvollen Erzeugnissen geführt, aber sie blieb noch Jahrzehnte nach Sempers Tod in der Regel immer eine vereinzelte Erscheinung und gewann kaum Einfluß auf die industrielle Produktion kunstgewerblicher Gegenstände.[201]

So wichtig die von Semper betonten Faktoren sind, in ihrer Wirksamkeit sind gerade sie die Elemente, die von den Künstlern selbst rascher überwunden werden können als die mit den gesellschaftlichen Zuständen zusammenhängenden Einflüsse auf ihr Schaffen. Gerade diese gesellschaftlichen Bedingungen aber sieht Semper als die vorübergehenden an, und sie sind aus diesem Grunde in seiner theoretischen Zielsetzung die weniger wichtigen. Entscheidend ist für Semper der damit zusammenhängende Einfluß der neuen Technik auf die Kunst. Die durch die maschinelle Produktion mögliche und auch tatsächlich erfolgende Nichtbeachtung der technisch-materiellen Bedingungen bei der Massenproduktion kunstgewerblicher Gegenstände ist für ihn die Hauptgefahr.

Die durch die Maschine geförderte Zerstörung der handwerklichen Grundlagen führt Semper aber nicht, wie Ruskin, zu einer Verneinung der Anwendung der Maschine in der Kunstindustrie. Während Ruskin in Verfolgung seines romantischen Ideals zur Herstellung von Kunstgegenständen in die Werkstatt des Handwerkers zurück will, bejaht Semper die mit der Maschine errungenen Fortschritte. Für ihn kommt es nur darauf an, den neuen künstlerisch-technischen Errungenschaften eine solide Grundlage zu geben und zu verhindern, daß sich die Kunst nicht mittels dieser neuen technischen Möglichkeiten über die durch die vorangegangene Geschichte erarbeiteten Stilbedingungen hinwegsetzt. Es ist wichtig, hierbei festzustellen, daß Semper noch nicht einen neuen, der Maschine entsprechenden Stil fordert. Er will zunächst nur erreichen, daß auch in der industriellen Produktion die bereits früher erarbeiteten, durch Zweck, Material und Technik bedingten Stilerfordernisse und die von ihm formulierten Gesetze der Bekleidungsweise bei der Anwendung einer neuen Technik und neuer Materialien berücksichtigt werden. In „Wissenschaft, Industrie und Kunst" spricht er zwar davon, daß die alten Formen auf Grund der neuen Bedingungen vernichtet werden und dann einer neuen Formensprache Platz machen könnten. Diesen Prozeß sieht er in der „Zersetzung der traditionellen Typen durch ihre ornamentale Behandlung".[202]

Semper rechnet noch nicht mit einer durch die neue Technik und die neuen Materialien notwendigen neuen Formensprache, sondern vielmehr mit einer, den neuen Bedingungen allerdings angepaßten Verwendung der aus der Vergangenheit überkommenen Formenelemente.

Er kann, am Anfang dieser Entwicklung stehend, noch nicht übersehen, wohin der Weg gehen wird, und so ist er nur bemüht, die allgemeinsten Stilgrundsätze aus der Vergangenheit abzuleiten, um dem Streben der Gegenwart eine wissenschaftliche Grundlage zu geben.

Diese Bindung an die Vergangenheit, das „Begnügen mit dem Alten", kann Semper in seinem Bestreben nach einem neuen Stil auf Grund seiner historischen Stellung nicht überwinden. Wie er auf Grund des Fehlens günstiger gesellschaftlicher Bedingungen resigniert und sich dem Alten vor allem zuwendet, so ergibt sich seine Hinwendung zu Vergangenem hier aus der vor ihm stehenden Unmöglichkeit, bereits Aussagen über eine zukünftige Entwicklung der Stilformen zu machen.

Um der Industrie trotzdem die vor ihr stehende Aufgabe zu erleichtern, denkt er neben der Darlegung seiner theoretischen Ansichten auch wieder an die Herausgabe von Musterbüchern für die Fabrikanten[203] und an eine Formenlehre für die einzelnen Gebiete.

Die Betonung von Zweck, Material und Technik in Sempers Anschauungen ist so eine direkte Widerspiegelung der neuen Bedingungen in Kunstgewerbe und Baukunst. Die bürgerliche Epoche stellt den Architekten und auch den im Kunstgewerbe tätigen Künstler in der Mitte des 19. Jahrhunderts vor neue Aufgaben. Neben den Museen, Theatern usw. tritt der Fabrik- und Eisenbahnbau in den Vordergrund, und im Kunstgewerbe tritt die repräsentative Forderung zugunsten einer stärkeren Zweckbezogenheit zurück. Der Ingenieurbau, der sich vor allem an technischen Zweckbauten usw. entwickelt, gewinnt im Bauen an Einfluß. Auf der Londoner Weltausstellung drückte der als Eisenkonstruktion erbaute „Kristallpalast" diese Entwicklung aus, und in Sempers „Kleinen Schriften" finden wir einen Aufsatz aus dem Jahre 1849 „Über Wintergärten". Diese neuen, auf einen bestimmten Zweck bezogenen Bauaufgaben und die damit verbundene Anwendung neuer Materialien, vor allem von Eisen und Glas, rücken die zweckbezogen-materiellen Bedingungen notwendig in den Vordergrund des Interesses. Zur Zeit der Weltausstellung prophezeit Theophile Gautier, daß man in dem Augenblick eine neue Architektur schaffen werde,

in dem man sich der neuen Mittel bedient, die die neue Industrie liefert. Die Anwendung des Gußeisens erzwingt viele Neuformen, wie man sie an Bahnhöfen, Hängebrücken und in den Gewölben der Wintergärten beobachten kann.[204]

Die damit auch der Architektur und dem Kunstgewerbe gestellten neuen Probleme finden ihren Niederschlag in der starken Betonung dieser Faktoren in Sempers theoretischem Schaffen. Nur sucht Semper nicht, wie schon wenige Jahre später viele Architekturtheoretiker, nach einem diesen neuen Aufgaben und Materialien entsprechenden Stil, obgleich er in dem kleinen Aufsatz „Über Wintergärten" die Frage nach einer künstlerisch befriedigenden Anwendung des Eisens an Bauwerken stellt. Ihm bleiben diese Faktoren zunächst noch die Grundlage für eine richtige Anwendung der dekorativ-ornamentalen Formen. Aus diesem Grunde kann man die Bekleidungstheorie Sempers auch nicht von den hier behandelten Stilbedingungen lösen.

Für Semper sollen die Maschine und die Industrie ihre Formensprache unter genauer Berücksichtigung dieser materiellen Stilerfordernisse ausbilden. Der Künstler hat zunächst bei den „Alten" in die Lehre zu gehen. Die Maschine darf sich über die vom Handwerk erarbeiteten Stilbedingungen nicht hinwegsetzen, sondern muß sie auch bei den ihr gegebenen neuen Möglichkeiten beachten. Nicht „Zurück zum Handwerk!" ist seine Forderung, sondern „Aufbauen auf der vom Handwerk erarbeiteten Grundlage".

Wie stark Semper hier auf die neuen Bestrebungen der Zeit reagiert, zeigt ein Vergleich mit ähnlichen Ansichten bei Schinkel. Auch für Schinkel war die „Zweckmäßigkeit das Grundprinzip allen Bauens"[205], das Ideal der Baukunst war für ihn erst dann völlig verwirklicht, wenn das Gebäude seinem

Zweck in allen Teilen und im ganzen in geistiger und in physischer Hinsicht vollkommen entspricht.[206]

Zugleich wandte sich Schinkel aber dabei gegen eine vereinfachende Zweckauffassung. In seinen Bemerkungen über seine eigenen Studien heißt es:

Sehr bald geriet ich in den Fehler der rein radikalen Abstraktion, wo ich die ganze Conception für ein bestimmtes Werk der Baukunst aus seinem nächsten trivialen Zweck allein und aus der Konstruktion entwickelte. In diesem Fall entstand etwas Trockenes, Starres, das der Freiheit ermangelte und zwei wesentliche Elemente, das Historische und Poetische ganz ausschloß.[207]

Sempers Zweckauffassung ist ganz im Sinne Schinkels, auch für ihn gibt es nicht nur einen trivialen, sondern auch einen höheren Zweck. Hier liegen, wie in manchen anderen Fragen zweifellos auch unmittelbare Anregungen von Schinkel und seinen Anschauungen vor. Aber Semper bringt doch schon ein weitergehendes Element hinein. Er betont viel stärker den im Schinkelschen Sinne „trivialen", sich aus den materiellen Bedingungen ergebenden Zweck. Das wird deutlich, wenn wir berücksichtigen, daß Semper auch den sogenannten höheren Zweck letztlich auf materielle Ursachen zurückführt und ihn nur noch in seiner symbolischen Geltung betrachtet. Von poetischen Zwecken, mit denen Schinkel noch in hohem Grade rechnet, ist bei einer solchen Ableitung durch Semper nicht mehr viel zu verspüren. Der Unterschied in der Zweckauffassung liegt also in einer Verlagerung des Akzentes auf die materiell-technischen Bedingungen des Zweckes. Damit wird schon in diesem Unterschied eine Entwicklung angedeutet, die dann bis zu Henry van de Velde in das beginnende 20. Jahrhundert hineinführt. Er zeigt, wie stark Semper bei aller gegenläufigen Tendenz in seiner Bekleidungstheorie hier bereits von einer Überbetonung dieser Faktoren beeinflußt wird.

Eine einseitige Sicht Sempers nur von diesen stilbedingten Faktoren her hat dann aus Semper in der Tat auch den Vater des Konstruktivismus werden lassen. Eine solche Einschätzung ist auch noch heute zuweilen zu finden.[208] Trotz aller Ansätze in seinen Anschauungen ist aber eine solche Gesamteinschätzung Sempers einfach unsinnig. Sie steht der ganzen Zielsetzung seiner Gedanken entgegen, und er selbst hat sich an verschiedenen Stellen sehr deutlich gegen eine solche Einschätzung gewandt. In der Einleitung zu „Stil" wendet er sich gegen eine solche Auffassung; seine Ablehnung der Gotik begründet er ausdrücklich damit, daß sich in ihren Bauten die Konstruktion wie das Knochengerüst des Krebses zeige, und besonders seine Bekleidungstheorie spricht gegen eine solche Annahme. Man kann aus diesem Grunde Semper nicht zu dem bewußten theoretischen Begründer dieser Konzeption stempeln, das verbietet auch seine noch bestehende enge Beziehung, vor allem in den theoretischen Ansichten, zu Schinkel.

Trotzdem müssen wir feststellen, daß er durch die starke Betonung der materielltechnischen Stilbedingungen für eine solche Konsequenz gewisse Vorarbeit geleistet hat.

Noch gegen eine andere Einschätzung Sempers müssen wir uns an dieser Stelle wenden. Semper ist auch kein Eklektizist, und man kann seine Lehre nicht als die theoretische Begründung des Eklektizismus in der Baukunst werten.

Auch das entspricht bei aller Betonung der historischen Komponente in Sempers Anschauungen nicht den Grundgedanken seiner Lehre. Gerade durch die strenge Betonung einer ausgeprägten Gesetzmäßigkeit in der Anwendung künstlerischer Formen liegt im Grunde eine Ablehnung des Elektizismus vor. Für Semper soll die Beachtung der Stilgesetze gerade der Willkür und Gesetzlosigkeit in der Anwendung historischer Stile entgegenwirken. Allerdings ist bei Semper auch in dieser Frage die Grenze nicht scharf zu ziehen. Noch in der Verteidigung seines Entwurfes für die Hamburger Nikolaikirche, in der Arbeit „Über den Bau evange-

lischer Kirchen" (1845) bleibt Semper in Gedanken von einer Nachahmung historischer Stile befangen. Im „Stil" wird eine schematische Übernahme historischer Stilelemente strikt abgelehnt. Dabei will Semper keinen Bruch mit der Tradition, sondern ein sinnvolles Verwerten der von der Geschichte überlieferten Formelemente und Gesetze. Stil ist ihm „die Übereinstimmung eines Werkes der Kunst mit der Geschichte seines Werdens".[209]
Aber die Besinnung auf die Geschichte des Werdens einer Form soll eine richtige Verwertung der in der Vergangenheit erarbeiteten Formelemente ermöglichen. Damit wird für keine Nachahmung der vergangenen Stile eingetreten. Die aus der Geschichte der Form abgeleiteten Formgesetze sollen entsprechend den Erfordernissen der Zeit und denen von Gebrauchszweck, Material und Technik verwendet werden. Die Verwendung dieser historischen Bedingungen wird also von Semper einer sehr rationalistischen Untersuchung unterworfen, um den Weg aus der schematischen Übernahme historischer Stile und Einzelformen zu weisen. Seine Lehre soll so gerade ein Mittel sein, um vom Eklektizismus wegzukommen. Wenn Semper trotzdem in vielem, vor allem auch in seiner praktischen Tätigkeit, historischen Stilformen, besonders auch der italienischen Renaissance, verbunden bleibt, dann muß man eine solche Haltung auch unter dem Gesichtswinkel seiner tiefen Resignation betrachten, die ihn dazu bringt, bei dem „Alten zu verweilen, solange sich keine neue weltgeschichtliche Idee kundgibt".
Diese Bindung an die Formensprache der Vergangenheit wird aber erst verständlich, wenn wir uns einem weiteren wesentlichen Element in Sempers kunsttheoretischen Anschauungen zuwenden, seiner Bekleidungstheorie. Sie stellt auch die bisher behandelten Probleme in die Gesamtauffassungen Sempers auf kunsttheoretischem Gebiet hinein.

# Die Bedeutung der Bekleidungstheorie in Sempers Anschauungen

Auf die große Bedeutung der Bekleidungstheorie für Sempers gesamtes Schaffen ist in der Literatur immer wieder hingewiesen worden. Stockmeyer sieht in der Stoffwechselthese, die eng mit der Bekleidungstheorie verbunden ist, das Zentrum der Lehre von Semper.[210] Bei Ettlinger spielt die Bekleidungstheorie in seinen Untersuchungen der Polychromieauffassung Sempers naturgemäß eine große Rolle.[211] Schumacher läßt in seinen Ausführungen dazu den Gedanken an einen Bruch zwischen der Betonung der zweckbezogenen Faktoren und der Bekleidungstheorie Sempers anklingen.[212] In den letzten Jahren hat J. Rykwert Sempers Stilauffassung eng mit dem Bekleidungsprinzip verbunden.[213] Auch W. Herrmann betont vor allem für Sempers Arbeit am „Stil" die zentrale Bedeutung der Bekleidungstheorie. Er bezeichnet in dem Zusammenhang „die Auswirkung des Bekleidungsprinzips auf die Monumentalarchitektur (...) als die Quintessenz seiner Theorie".[214] Auf der anderen Seite wird von verschiedenen Autoren gerade diese Seite in Sempers Schaffen fast völlig außer acht gelassen. Das zeigt sich vor allem bei Alois Riegl.[215] Diese widerstreitenden Meinungen lassen bereits die Kompliziertheit dieses Problems erkennen.

Die Bekleidungstheorie widerspricht einer konsequenten Zuendeführung der dominierenden Rolle von Zweck, Material und Technik, so wie sie von Semper als stilbestimmende Faktoren angegeben werden. Aber Semper hat niemals an eine solche Konsequenz seiner Lehre gedacht und sich vor allem gegen eine Reduzierung der Kunstform auf diese Elemente gewandt. Die Berücksichtigung der technisch-materiellen Stilerfordernisse verlangt für ihn keine reine, nur diesen Bedingungen verpflichtete Form, sondern ihre Erfordernisse sind die Grundlage für die Formgesetzlichkeit des Schmuckes und der dekorativen Elemente. Folgen wir auch hier zunächst den Anschauungen Sempers.

Die ersten Kunstgegenstände bildeten ihre Grundform direkt aus den materiell-zweckbezogenen Erfordernissen heraus; aber im Laufe der Geschichte ging diese ursprüngliche Zweckbindung weitgehend verloren. Es bildete sich eine Formensprache der Kunst, die zwar in diesen Erfordernissen ihre letzte Grundlage und Ursache besitzt, aber die direkte Bindung dazu immer mehr verliert und sie nur noch in symbolischer Ausdeutung weiter enthält. Das eigentlich künstlerische Element ist für Semper eng mit der im Schmuck sich ausdrückenden symbolischen Wiedergabe dieser ursprünglichen Erfordernisse verbunden.
Diese Weitergabe der ursprünglichen Formen erfolgt vor allem auf dem Wege des sogenannten Stoffwechsels. Er versteht darunter, daß bestimmte vorhandene

Formen von einem Material auf ein anderes und auch auf andere Bedürfnisse übertragen werden. An dieser symbolischen Umwandlung der Form sind alle Grundtechniken einschließlich der Metallotechnik beteiligt. So leiten sich die Formen des Steingutes aus den Metallgegenständen ab[216], so ist die Stereometrie eine sekundäre Technik, denn sie übernimmt ihre monumentalen Formen aus zweiter Hand, entlehnt sie der Bearbeitung anderer Stoffe.[217] Das Kapitell, der Echinus und andere Formen gehen aus der Keramik hervor.[218]
Auch dieser Gedanke von der Weitergabe der Form aus einem Material auf ein anderes ist nicht neu. Stockmeyer verweist hier u.a. auf gleiche Gedanken bei Goethe.[219]
Aber Semper legt diesem Gedanken jetzt ein festumrissenes System, eine feste Reihenfolge zugrunde.
Wie es die Urtypen gibt, so gibt es auch eine Urtechnik, ein Urmaterial, an dessen Behandlung sich die künstlerische Gestaltung in ihrer frühesten Form zeigt. Für Semper ist diese früheste Kunst die Textilkunst. Sie ist die allen Formen zugrunde liegende Urkunst und zugleich der Ausgangspunkt der Kunstsymbole, die „große Symbollieferantin" (Stockmeyer). Die Wahl dieser Kunst als der ersten in der Reihe der technischen Künste ist eng mit Sempers Gesamtanschauung verbunden. Auch hier haben wir es im Grunde mit keinem neuen Gedanken zu tun. Bereits bei Winckelmann finden wir die Annahme einer solchen historisch ersten Kunst und die Annahme eines bestimmten Materials, in dem zum ersten Mal Gegenstände der bildenden Kunst geschaffen werden. In der „Geschichte der Kunst des Altertums" schreibt Winckelmann:

Das zweite Kapitel dieses Buches, nämlich von der Materie, in welcher die Bildhauerei ihre Werke herausgearbeitet hat, zeiget deutlich die verschiedenen Stufen des Wachstums derselben, so daß die Kunst mit Ton anfing... Den Ton, als die erste Materie der Kunst, deuten selbst die alten Sprachen an;...[220]

Dieses Hervorheben des Tones als des ersten Materials der Kunst, insbesondere der Bildhauerkunst, ergibt sich bei Winckelmann aus der besonderen Stellung, die er der Plastik im System der Künste beimißt. Bei beiden (Winckelmann und Semper) hängt die Urkunst mit der Betonung einzelner Künste in ihren Gesamtanschauungen zusammen, und ihre Stellung ergibt sich vor allem aus dem Gesamtsystem dieser Anschauungen. Beide sind dabei bemüht, entsprechende Beweise für ihre These zu sammeln. Semper selbst kann für seine Annahme keine entsprechenden Beweise aus dem ihm zur Verfügung stehenden archäologischen Tatsachenmaterial angeben, und in der Einleitung zum „Stil" leitet er seine Annahme weniger an Hand der Tatsachen, sondern vor allem aus seinem gesamten System theoretisch ab.
Die textile Kunst als die Urkunst Sempers verweist nun direkt auf die Bekleidungstheorie.
Die Wurzeln für die Betonung der textilen Kunst sind tief in Sempers Gesamtanschauung zu finden. Sie ergeben sich nicht unmittelbar aus seiner Auffassung von der Bekleidungsweise, sondern viel stärker aus seinen frühen Untersuchun-

gen über die Polychromie, aus deren technisch-formeller Begründung und aus der theoretischen Ableitung dieser Erscheinung aus den antiken Bauwerken. Auf den engen Zusammenhang zwischen diesen Gedanken hat Ettlinger in seiner Dissertation in überzeugender Weise hingewiesen. Sie ist schon in den Grundgedanken in den „Vorläufigen Bemerkungen..." angedeutet, wobei hier vor allem die Beziehung zwischen Polychromie und Schmuck betont wird. Der Gedanke wird dann weiter ausgeführt in den „Vier Elementen...". Hier verbindet er die Polychromie mit einem der Grundelemente der Baukunst, der Umfriedung. Damit löst sich Semper von der These Vitruvs, nach welcher der Holzbau die Grundlage des Steinbaues sei.

Jetzt wird der „Teppich als Vertikalwand die Grundform der Baukunst".[221] Er ist die Urform, die Grundform der Raumtrennung, und wo die Mauer erscheint, wird sie durch ein solches „Gewand" bekleidet.[222] Semper führt jetzt eine Trennung von Wand und Mauer ein, wobei er die erstere aus dem Teppich, die letztere aus dem Terrassenbau herleitet. Als Begründung verweist er dabei vor allem auf die enge Verwandtschaft der Wörter Wand und Gewand. Als Teppich wird die aus der Umfriedung hervorgehobene Form damit zum ersten Schmuckelement, zu einem Faktor, der über das rein Zweckliche hinausgeht. Aber in der genannten Schrift bleibt der Gedanke noch auf die Baukunst und deren Grundelemente beschränkt und dient in der Ableitung Umfriedung – Wand – Teppich zur Ableitung und theoretischen Begründung der Polychromie. Erst in den folgenden Jahren, nachdem Semper auch das Kunstgewerbe mit in seine Betrachtungen einbezogen hat, wird die Betonung auf das eigentliche Material und auf die Textilkunst verlegt, und die einzelnen Zweige des Kunstgewerbes werden nach ihren Materialeigenschaften systematisiert. Im „Stil" fungiert dann die Textilkunst in der Weiterführung der früher entstandenen Gedanken als eigentliche Urkunst, und nicht nur die Stellung dieser Kunst, auch der Gedanke der Bekleidungsweise wird in der Polychromieauffassung Sempers bereits in seinem frühen Schaffen vorgebildet. So verbinden sich Grundgedanken der Polychromieauffassung mit seiner Ansicht über die Entwicklung in der Kunst und münden im „Stil" in eine Betonung der Textilkunst.

Neben der Keramik zeigt sich ihm in der Textilkunst zuerst neben der Zweckverfolgung das Streben des Verschönerns durch Formen und Zierat. Aber unter diesen beiden Künsten hat die textile den Vorrang, weil alle anderen Künste einschließlich der Keramik

ihre Typen und Symbole aus der textilen Kunst entlehnten, während sie selbst in dieser Beziehung ganz selbständig erscheint und ihre Typen aus sich heraus bildet oder unmittelbar der Natur abborgt.[223]

Die Typen der textilen Kunst bleiben ihrem Ursprung nach Resultate der bereits genannten Einflüsse des Gebrauchszweckes, des Materials und der Technik. Wenn sie daneben auch Formen der „Natur abborgt", dann sind es Formen, die für eine bestimmte (auch im symbolischen Sinne) zweckbezogene Aufgabe besonders

geeignet sind. Die Auswahl dieser Formen erfolgt vor allem unter dem Zweckgesichtspunkt, z.b. bei der Umwandlung von Naturprodukten zur Herstellung eines Geflechts und der sich daraus ergebenden Nachahmung dieses Vorgangs in der Gestaltung textiler Formen.[224]
Ihre Funktion als Symbollieferantin erfüllt die textile Kunst aber vor allem wegen des ihr innewohnenden Prinzips des Bekleidens und Schmückens. Das zeigt sich für Semper in ganz besonderem Maße in der Baukunst. Der Teppich z.b. umhüllt die Wand, umkleidet sie und legt sich so über die zugrunde liegende Struktur. Die Baukunst übernimmt in der Folgezeit dieses Prinzip sowie die Formensprache der textilen Kunst und setzt sie in ein anderes Material um. Dabei bleiben die formellen Bedingungen der Urkunst, aus der sich diese Formenwelt ableitet, bestehen. Die textile Kunst mit ihren Gesetzen wird zur Grundlage jeglichen Schmuckes in der Baukunst. Die Gesetze des Schmuckes muß man deshalb nach Sempers Theorie aus den Gesetzen der textilen Kunst herleiten und aus ihr heraus verstehen lernen.

Aber die Bekleidungsweise, und insbesondere der Schmuck, stehen nicht nur in enger Beziehung zur Urkunst, sondern in der Architektur und auch in den anderen technischen Künsten besteht ein enger Zusammenhang zwischen dem Schmuck und der ihr zugrunde liegenden Struktur (die Semper vor allem in einem technisch-konstruktiven Sinne sieht). Der Schmuck erhält in der Architektur eine „Bedeutung als Kunstsymbol".[225] Die Symbolbedeutung des Schmuckes verbindet diesen mit der jeweiligen technisch-materiellen Aufgabe, und daraus ergibt sich eine wesentlich gesetzmäßige Beziehung, die wieder in die bereits früher behandelten Gedanken Sempers hineinführt.

Semper hat dieses Problem zum ersten Mal in systematischer Form zusammenfassend in seiner Schrift „Über die formellen Gesetzmäßigkeiten des Schmuckes und seine Bedeutung als Kunstsymbol", in der der Titel schon die Grundgedanken anzeigt, dargestellt. H. Nohl hat die Bedeutung dieser kleinen Schrift gewürdigt und darauf verwiesen, daß sie ein Schlüssel zum Verständnis Sempers sein kann.[226] Für den Schmuck ist sie in der Tat die wesentlichste Arbeit Sempers zu dieser Frage.

Der Ausgangspunkt ist hier Sempers Gedanke über den Symbolcharakter des Schmuckes. Er schreibt dazu:

Wo der Mensch schmückt, hebt er mit mehr oder weniger bewußtem Thun eine Naturgesetzlichkeit an dem Gegenstand, den er ziert, deutlich hervor.[227]

Der Schmuck ist also die äußere Form einer Naturgesetzlichkeit, die der Mensch künstlerisch betont. Damit werden der Schmuck und die ihm zugrunde liegenden Gesetze mit den Naturgesetzen in Zusammenhang gebracht. Es ist dabei nicht zufällig, daß die Ableitung der Kategorien des Schönen aus den Naturgesetzen in dieser Arbeit bei Semper erstmalig einen schriftlichen Niederschlag findet. In der gleichen Schrift betont Semper, daß diese Kategorien ihre materielle Grundlage in den Gesetzen von Statik und Dynamik haben.[228] Wie der Schmuck in seiner formalen Gestaltung einerseits den Gesetzen des Schönen, also letzlich bestimmten Naturgesetzen unterliegt, so unterliegt er Gesetzen der gleichen Art auch in seiner Rolle als Symbol. Damit werden die Naturgesetze letzlich die Grundlage für die formale Behandlung des Schmuckes. Diese stark mechanische Komponente, die der Grundeinstellung Sempers zu der Rolle der Naturgesetzlichkeit entspricht, wird besonders deutlich, wenn wir sie wiederum mit Hegel konfrontieren.

Hegel verbindet das Bedürfnis nach Putz und Schmuck des menschlichen Körpers nicht mit dem Versuch, eine Naturgesetzlichkeit hervorzuheben, sondern mit der menschlichen Tätigkeit. Für ihn ist der Mensch bestrebt, durch praktische Tätigkeit, durch die Veränderung der Außendinge sich selbst zu erkennen. „Und nicht nur mit den Außendingen verfährt der Mensch in dieser Weise, sondern mit sich selbst, mit seiner eigenen Naturgestalt, die er nicht läßt, wie er sie findet, sondern die er absichtlich verändert."[229]

Für Hegel wird der Schmuck zu einem Mittel, durch das der Mensch sich die Außendinge zu eigen macht. Entscheidend ist, daß sich dies durch die praktische Tätigkeit der Menschen vollzieht. Durch diese Tätigkeit drückt er ihnen den „Siegel seines Innern" auf und findet in ihm „seine innere Bestimmung".[230] Das Kunstwerk wird Produkt menschlicher Tätigkeit und durch die Tätigkeit zugleich Mittel zur Erkenntnis der Welt.

Damit sagt Hegel zwar noch nichts über die spezielle Formgesetzlichkeit des Schmuckes — ein Problem, auf das es Semper vor allem ankommt — , aber er formuliert damit das wirkliche Bedürfnis, das der Kunst zugrunde liegt. Man kann auch bei Semper Ansätze zu einer solchen Antwort nachweisen, wenn er davon spricht, daß der Mensch, wenn er schmückt, eine Naturgesetzlichkeit an dem betreffenden Gegenstand hervorheben will. Das heißt in diesem Zusammenhang, daß der Mensch eine der äußeren Form des Gegenstandes wesentliche Seite betonen und sie damit sich und anderen bewußt machen will. Aber ein solches Problem, das sich mehr auf die Fragen der Erkenntnis bezieht, ist bei Semper nirgends bewußt vorhanden, und nicht für diese Seite der Darstellung sind seine Schriften berechnet. Die tätige Seite des Menschen und der Versuch des Menschen, durch die Kunst sich selbst und seine Umwelt zu erkennen, diese Seite der Kunsttheorie wird von Semper nicht behandelt. Vor allem die bei Hegel so stark vorhandene Betonung der tätigen, aktiven Seite bei der Gestaltung eines Kunstwerkes finden wir bei Semper nicht. Ihm ist der Schmuck durch die Naturgesetzlichkeit streng determiniert, und eine richtige Beachtung dieser Gesetze ermöglicht eine entsprechende künstlerische Gestaltung. Damit wird aber von vornherein der subjektiv-tätigen Seite kein Spielraum mehr gelassen. Bei einer so streng determinierten Ableitung der formalen Bedingungen des Schmuckes und darüber hinaus aller dekorativen Elemente können die Fragen des individuellen Stils, aber auch gewisser nationaler Eigenarten usw. keine Rolle spielen. Und wir finden in Sempers Schaffen neben einer Erwähnung solcher Faktoren keine gründlichen Untersuchungen zu diesen Einflüssen. Es ist kaum anzunehmen, daß hier der geplante dritte Band des „Stil" noch Neues hätte bringen können. Die gesamte Grundkonzeption Sempers läßt dafür keinen Platz. Für ihn hat man alles nach streng determinierten Beziehungen zu gestalten und vor allem die Naturgesetzlichkeit, die der Formensprache zugrunde liegt, zu beachten. Conrad Fiedlers Polemik gegen Semper deckt hier einen wesentlichen Mangel in Sempers Anschauungen auf, wenngleich sie das geistige Prinzip überbetont.[231]

Auch A. Riegl betont das subjektive Moment gegenüber Semper, wenn er das Kunstwollen über die Materialbedingungen stellt. Aber während er diese Seite verabsolutiert, findet sich bei Semper eine Überbetonung der materiell-technischen Seite. Semper kommt es nur auf die Darstellung der Naturgesetzlichkeit im Schmuck an. Für ihn ist die Ursache für den Schmuck nicht die tätige Veränderung einer Naturgestalt, um dadurch sein eigenes Selbst besser zu erkennen oder wiederzuerkennen[232], sondern das Bestreben, eine Naturgesetzlichkeit an dem Gegenstand hervorzuheben. Der Schmuck eines Gegenstandes ist somit nicht ein Mittel zur Erkenntnis desselben, sondern nur die symbolische Gestaltung einer an ihm vorhandenen Naturgesetzlichkeit. Nicht die Erkenntnisaufgabe der Kunst wird untersucht und damit vor allem auf die inhaltliche Seite verwiesen, sondern das formale Problem interessiert. So wird Sempers „praktische Ästhetik" letztlich eine Formuntersuchung unter weitgehender Zurückdrängung der inhaltlichen Seite. Er gibt die inhaltliche Seite nicht vollständig auf, vor allem wenn er die Form mit der gesellschaftlichen Seite und auch mit dem Zweck in Verbindung bringt. Aber zunächst steht die Formuntersuchung im Mittelpunkt der Darlegungen, und diese erfährt zudem noch eine naturwissenschaftlich-technische Ableitung. Diese naturwissenschaftlich-technische Ableitung führt ihn aber auch nicht auf den Weg von Fiedler und Riegl, für die die Form immer als Ausdruck des Subjekts oder des Kunstwollens besteht. Die Form wird ihm nicht durch diese weitgehend subjektiven Bedingungen bestimmt, sondern durch eine in den Gegenständen liegende, höchst materielle und zugleich mechanische Gesetzlichkeit. Von einer aktiven Gestaltung der Form durch subjektive Einflüsse kann deshalb bei Semper ebenfalls keine Rede sein. Neben kurzen Hinweisen finden wir deshalb bei ihm keine Berücksichtigung dieser Problematik.

Sempers Anschauungen auf diesem Gebiet sind somit eng mit seinem ganzen System verbunden. Vor allem seine starke Betonung der Naturgesetzlichkeit, die wir bereits feststellten, kehrt hier wieder. Entsprechend seiner Ableitung der Kategorien des Schönen müssen sich auch die Gesetze des Schmuckes Naturgesetzen unterordnen. Wie deren formeller Aufbau durch Gesetze zu fassen ist, so soll dies jetzt auch in bezug auf den Symbolcharakter geschehen.

Von seinen Anschauungen über den Schmuck können wir in analoger Weise auf die gesamte Bekleidungstheorie übergehen. Auch die Bekleidungsweise eines Bauwerkes symbolisiert in ihrer Gestaltung, in ihrer Form, eine innere Gesetzlichkeit, die sich entweder aus den Erfordernissen von Naturgesetzen oder den auf diesen aufbauenden Gesetzen des Zweckes ergibt. Das gilt sowohl für die Be-

kleidungsweise wie für jede Schmuckgesetzlichkeit. (Nicht jede Gesetzmäßigkeit des Schmuckes ist bei Semper mit der Bekleidungsweise verbunden; das ist z.b. für ihn bei der Keramik, deren Beziehungen zur textilen Kunst nicht immer nachweisbar sind, nicht in allen Einzelformen möglich.) Immer aber bleibt der Schmuck ein Kunstsymbol. Der Schmuck symbolisiert in der Regel eine sich aus der zweckbezogenen Aufgabe eines Gegenstandes oder eines Teils desselben ergebende Funktion. So ergibt sich der Schmuck eines Henkels an einem Gefäß, die Schmuckform am Bauch des Gefäßes oder am Ausguß aus der verschiedenartigen Aufgabe der einzelnen Teile. Die Bekleidung, und der Schmuck ist hierbei der wesentliche Bestandteil, symbolisiert somit immer eine Gesetzmäßigkeit, die sich aus der Struktur bzw. Funktion des zu schmückenden Kunstwerkes oder eines Teils desselben ergibt. Die formellen Gesetzmäßigkeiten des Schmuckes ergeben sich aus den zu Symbolen gewordenen Urtypen und aus den der Bekleidungsweise zugrunde liegenden Struktur und funktionellen Gesetzen, die von ihr symbolisch ausgedrückt werden. Diese Ableitung wird besonders bei der Behandlung der Architektur durch Semper deutlich. Hier erhält die Bekleidungsweise ihr eigentliches Tätigkeitsfeld. In den anderen technischen Künsten führt Semper diesen Gedanken nicht mit der Konsequenz und Ausführlichkeit durch wie hier. Die Schmuckformen in den anderen Künsten werden mehr als Vorstufen für die Schmuckformen und die Bekleidungsweise der Baukunst gesehen.
In zusammengedrängter Form hat Semper seine Gedanken über den Ursprung der Architektur und über die an ihr auftretende Bekleidungsweise, wie auch in anderen Fällen, bereits vor dem Erscheinen des „Stil" in einem Vortrag unter dem Titel „Über architektonische Symbole" dargelegt. Die Architektur erscheint als die letzte der technischen Künste. Für sie gibt es keine fertigen Vorbilder in der Natur, sie entwickelt sich aber auch nicht schlechthin aus dem reinen Nutzbau. Für Semper ist Architektur nicht mit dem Ingenieurbau und dem einfachen Hausbau identisch. Das zeigt er am Beispiel einer Karaibenhütte, die auf der Weltausstellung 1851 gezeigt wurde. Diese Hütte entspricht nach seiner Darlegung wohl den Gesetzen der Statik und denen der Proportion, aber die einzelnen Bauglieder wurden noch nicht für die Funktion, die sie erfüllen sollten, besonders formal gebildet, „das alles hat nichts mit der Architektur als Kunst gemein".[233]
Auf ein Bearbeiten der Materialien zu regelmäßigen Formen und das Zusammenfügen der einzelnen Teile zu einer Struktur, zu einem Konstruktionsstil, sind diese primitiven Völkerstämme noch nicht gekommen.[234]
Im „Stil" verweist er auf die Entwicklung in China, und auch hier wird betont, daß die Bauteile zunächst einen rein technischen Charakter tragen und noch nicht zur Kunstform fortgeschritten waren.[235]
Aber auf diesem reinen Konstruktionsstil sei das Bauen nirgends stehengeblieben (außer in der Gegenwart).

Von Alters her hatte man wahrscheinlich weniger praktische, aber gewiß mehr poetische Eigenschaften.[236]

Dieser Satz erinnert an Schinkel, der auch das Poetische als wesentliches Element der Baukunst und als Gegenpol gegen das rein konstruktive Bauen betonte.
Und gerade dieses poetische, oder wie aus Sempers Gedankengang hervorgeht, das künstlerische Element, wird nun bei ihm mit der Bekleidungsweise verbunden. Die „Alten" gaben den Bauteilen eine Art plastischen Lebens, sie ließen sie ihre Geschichte erzählen, ihre Tätigkeit, die Rolle, die sie in dem Werke zu spielen haben, und sie berichteten auch von dem Zweck, zu welchem das Gebäude errichtet wurde:

Diese Erzählungen geschahen durch eine Sprache charakteristischer, teils bloß gemalter, teils erst skulptierter, dann gemalter Formen, die auf den Oberflächen der nackten schematischen Teile der Konstruktion ausgeführt waren; und diese symbolische Sprache wurde für diesen Zweck schon fast vollständig durch die Kunstindustrie vorbereitet gefunden...[237]

So beginnt nach der Ansicht Sempers erst mit der Bekleidungsweise die eigentliche Baukunst. Erst durch sie kommt für ihn das eigentlich künstlerische Element in die Bauwerke, und zwar als die symbolische Darstellung der technisch-struktiv-zweckbezogenen Grundlagen.

Semper behandelt dann im weiteren in seiner Schrift diese überkommenen Symbole und ihre Herkunft. Sie können der Natur entlehnt sein, aber im wesentlichen sind sie traditionelle Formen, die sich aus den verschiedensten Gesellschaftsepochen und ihrer Kunstindustrie herleiten. Alle diese Symbolformen drücken die Funktion einzelner Teile des Bauwerkes, die zweckbezogene Aufgabe des Gebäudes usw. aus. Sie sind Symbole der strukturell-zweckbezogenen Funktion einzelner Teile oder des gesamten Baues.

Aber die Beziehung zwischen den Bauteilen und ihrer symbolischen Gestaltung führt nicht zu immer gleichen Formen. Es ändert sich bei aller inneren Beziehung der beiden Faktoren die Art und Weise der Bekleidung. Die Ursache dafür liegt darin, daß sich der Grundgedanke, der der jeweiligen Bekleidungsweise zugrunde liegt, in den einzelnen Epochen verändert.

In einer Epoche läßt dieses Grundprinzip in der Bekleidung die innere Struktur stärker hervortreten, in einer anderen drängt es diese ganz zurück. Zwischen diesen beiden Extremen entwickeln sich die einzelnen Stile. Die Veränderung in der Bekleidungsweise wird das entscheidende Merkmal, das die einzelnen Baustile nach ihrer stilistischen Seite voneinander unterscheidet.

Lipsius hat in seiner Schrift sehr eingehend auf die einzelnen Formen hingewiesen.[238] An dieser Stelle soll zur Illustration kurz auf folgende Beispiele verwiesen werden.

Das Prinzip des assyrischen Baustils ist für Semper die Hohlkörperkonstruktion, „indem in allmählichen Übergängen die statische Funktion von dem ursprünglichen Holzkerne auf die umgebende Hülle überging".[239]

„Das Gegenteil davon ist die Ordnung des pharaonischen Ägypten; absichtsvolles grundsätzliches Scheiden der umhüllenden Kunstform von der Struktur ist ihr Entstehungsprinzip."[240]
Der hellenische Stil überragt beide, er baut auf den vorangegangenen Prinzipien auf, aber bei ihm tritt keines der eben genannten Elemente als dominierendes hervor. „Der hellenische Tempel ist nach ägyptischem Prinzip gebaut, nur in mehr durchgebildeter Weise und ausgestattet nach dem in höherem struktursymbolischen Sinne aufgefaßten asiatischen Prinzip der Inkrustation, die eben durch diese Kombination von ihrem materiellen Dienste befreit wird und nur als Trägerin des formalen Gedankens auftritt, während sie diesen zugleich durch das Verstecken der Steinfugen, des Baustoffes überhaupt, von letzterem gleichsam emancipiert, so daß die Form sich allein aus sich selbst und der in ihr liegenden organischen Idee erklärt, wie die der belebten Geschöpfe..."[241]
Das Stoffliche tritt dabei in den Hintergrund, alles dient dazu, „die Tätigkeit und das Leben der organischen Glieder prägnant hervorzuheben, kurz, Emanzipation der Form von dem Stofflichen und dem nackten Bedürfnis, ist die Tendenz des neuen Stils".[242]
Somit wird für Semper im hellenischen Tempel die Einheit von Struktur und Bekleidung erreicht, indem zwischen beiden eine organische Verbindung entsteht, die alle Glieder in ihrer gleichsam lebendigen Tätigkeit am Bauwerk darstellt. Aber dieser Gedanke von der Emanzipation der Form vom Stoff darf nicht so ausgelegt werden, als wenn jetzt die Form unabhängig von diesem besteht. Semper weist schon in seiner Ableitung darauf hin, daß nur eine völlige Beherrschung des Materials durch die Form dieses vergessen mache. Semper will nicht das Material negieren, es bleibt immer die Voraussetzung der Form. Aber es hat sich der Form unterzuordnen, und das wird dann erreicht, wenn eine solche technische Beherrschung der Form auftritt, daß man „nicht fragt, woraus sie bestehen, obschon Qualität und Quantität des Stofflichen wichtigste Bedingung ihrer Existenz sind".[243] Wichtigstes Hilfsmittel dazu ist die Farbe, sie ist „das vollkommenste Mittel, die Realität zu beseitigen".[244]
Damit hat die Polychromie auch von dieser Seite her ihre Begründung erfahren. Aber nicht das ist in diesem Zusammenhang wesentlich, wichtig ist die Begründung, die hier die Anwendung der Farbe erfährt. Sie soll das Material verdecken, aber doch zugleich seine Gesetze so berücksichtigen, daß man von seiner Anwesenheit nichts verspürt. Der Stoff, das Material wird in der Antike der künstlerischen Idee untergeordnet. Die Antike verneint für Semper den Stoff, d.h. der Einfluß des Materials auf die Kunstform ist weitgehend überwunden, die dynamischen, organischen Formen sind so eng mit ihm verbunden, es ist eine solche Einheit hergestellt, daß das Material, aus dem sie gefertigt wurden, vollkommen seinen sichtbaren Einfluß verloren hat.
Das zeigt, daß Semper dem Material eine untergeordnete Rolle in der Baukunst beimißt. Die Stellung des Materials ist eine andere als in den anderen technischen Künsten, die in ihrer Entwicklung der Baukunst vorausgehen.

Anders ist es mit der zweckbezogen-funktionellen Seite. Sie bleibt weiterhin wesentlicher Faktor für die Gestaltung der Schmuckform und der Bekleidung. Hier bleibt die Form weiterhin der Ausdruck der inneren Erfordernisse des Bauwerkes. Diesen Gedanken betont Semper immer wieder. Damit hält Semper auch an dem Gedanken von einer inneren Wahrheit der Form fest. Nicht das Überflüssige ist schön; schön ist nur, was dem technischen und symbolischen Zweck entspricht. Ein Gedanke des Klassizismus findet sich somit in dieser Ableitung wieder. Es besteht weiterhin eine innere Wahrheit im Kunstwerk; Schmuck und Bekleidung bedeuten etwas, sie haben eine innere Beziehung zur Struktur und der Aufgabe des Bauwerkes oder eines seiner Teile. Diese gesetzmäßige Beziehung zwischen beiden Elementen hat Semper nicht nur theoretisch festgestellt, er hat auch in diesem Sinne gebaut. Am besten zeigt sich das in seinem Dresdener Opernhaus. Er sprengt hier die Prinzipien des bisher üblichen Theaterbaues. Das Oval des Zuschauerraumes wird in seinem Bau nicht mehr durch eine reine Schaufassade verdeckt, sondern es erscheint jetzt auch als ein nach außen hin sichtbarer Baukörper. Die innere Strukturform tritt deutlich im Außenbau hervor. Biermann weist in seiner Studie über den Theaterbau bei Schinkel und Semper darauf hin, daß bereits Goethe ähnliche Gedanken anläßlich des Wiederaufbaues des Weimarer Theaters geäußert hat. Sie sind ganz im Sinne Sempers und verweisen uns erneut auf Beziehungen zum deutschen klassizistischen Denken in Sempers theoretischen Anschauungen.[245]
Es zeigt, wie tief hier der Einfluß des Klassizismus bei Semper wirksam ist. Die sehr starke Betonung der zweckbezogen-funktionellen Grundlage der Bekleidungsweise und des Schmuckes verweist sehr nachdrücklich auf diesen Ursprung, denn auch der Schmuck hat keine andere Aufgabe, als die ihm zugrunde liegende Funktion auszudrücken. Die streng gesetzmäßigen Beziehungen, die Semper untersucht, sollen eine der Bedeutung gemäße Gestaltung ergeben. Nur so kann der Schmuck, die Bekleidung die in der Sache liegende innere Wahrheit verkörpern. Aber neu bleibt die strenge Beschränkung dieser Beziehung und ihre systematische Ableitung aus dem Zweck und den technischen Bedingungen. Hier sprengt Semper unter dem Einfluß neuer künstlerischer Verhältnisse die klassizistischen Gedanken und bringt die Probleme einer anderen Epoche in diese Anschauungen hinein.
Semper kann die Ableitung der Schmuckform aus den ihr zugrunde liegenden Erfordernissen allerdings nicht immer konsequent durchführen. Stockmeyer weist mit Recht darauf hin, daß Semper verschiedentlich die Schmucksymbole auf eine sehr spekulative Art ableitet[246] und zu sehr vagen und unklaren Deutungen in der Beurteilung der einzelnen Formen kommt. Aber Semper verwahrt sich trotz dieser Ausflüge in einen mystischen Bereich letztlich doch grundsätzlich gegen eine solche vom Gefühl her gegebene Auslegung der künstlerischen Formensprache.[247] Hier berührt er sich mit Rumohr, der sich schon früher gegen die Auslegung sinnlicher Eindrücke beim Künstler wandte. Für Semper bleibt

der Grundgedanke bei allen mißglückten Versuchen im einzelnen, daß die Schmuckform Symbol der struktiv-funktionellen Aufgabe ist. Diese innere Beziehung bleibt auch bei seiner Auffassung von der „Entstofflichung" in der hellenischen Kunst enthalten. Wie schon angeführt wurde, wird für ihn in der hellenischen Kunst die Einheit von Struktur und Bekleidung erreicht. Dieses Zurücktreten des Stoffes (Material) hinter der Form ergibt sich ihm aus der vollständigen technischen und formellen Beherrschung des Materials. Die vollkommenste und zugleich bewußteste Beherrschung der technischen Vorbedingungen der Form macht die Unvollkommenheit des Materials vergessen. Auf diese Tatsache hat ebenfalls schon Stockmeyer verwiesen.[248] Das heißt aber letztlich, daß in der hellenischen Kunst die von Semper gegebenen Erfordernisse für diese Periode am vollkommensten berücksichtigt wurden. Die Kunst dieser Zeit entspringt nicht einer Unkenntnis der Stilgesetze, sondern einer allseitigen Kenntnis und der künstlerischen Beherrschung der Stilbedingungen. Auf Grund dieser Kenntnisse wurden die zweckbezogenen, stofflichen und mechanischen Erfordernisse eins mit dem sie gestaltenden Schmuck. Die Bekleidungsweise wird zum verbindenden Glied der heterogenen Elemente, durch sie wird die künstlerische Einheit in der hellenischen Kunst hergestellt.

Es ist in der Literatur mehrfach auf einen Bruch in Sempers Anschauungen, auf widersprechende Elemente in seinen Gedanken verwiesen worden. Dieser Hinweis ist vor allem aus der Sicht des beginnenden 20. Jahrhunderts erfolgt, das sich mit einzelnen bei Semper vorgebildeten Problemen ernsthaft zu beschäftigen und zu ihnen zu bekennen begann. So weist Schumacher darauf hin, daß Semper eigentlich zum „Apostel der neuesten Bewegung" gemacht werden könnte, „wenn nicht die letzte Wendung dieser Gedankengänge bei Semper zur Vorstellung einer Bekleidung des architektonischen Körpers mit einem künstlichen Gewebe von Formen geführt hätte".[249]

Die nebeneinander erfolgende Betonung der einzelnen Faktoren, der zweckdienlich-technisch-materiellen Seite und der Bekleidungsweise ist in der Tat von einer solchen Sicht her sehr eigenartig, denn eine konsequente Weiterführung der ersten Seite ist nicht mit der Annahme einer Bekleidungsweise vereinbar.

Es ist von anderer Seite schon hervorgehoben worden, daß der Bekleidungsgedanke bei Semper seine letzte Wurzel nicht in seiner Architekturtheorie, sondern vielmehr in seinem Gedanken der Polychromie besitzt. Von hier aus erklärt sich gewiß in hohem Maße seine Vorliebe für einen solchen Gedanken, weil durch ihn seine Polychromieauffassung eine neue Begründung erfährt. Aber daraus allein kann man die Bekleidungstheorie und noch weniger die eigentümliche Verbindung zweier im Grundsätzlichen so heterogener Elemente nicht vollständig erklären. Eine Erklärung ist m. E. in der Literatur auch bisher nicht gegeben worden. Stockmeyer geht in seiner sonst sehr gründlichen Dissertation an diesem Problem vorbei, indem er einfach diese Frage als Faktum hinstellt und es bei einer Darlegung der Gedanken und ihren Beziehungen zu modernen Anschauungen bewenden läßt. Gerade in der Lösung dieses Problems liegt aber ein Schlüs-

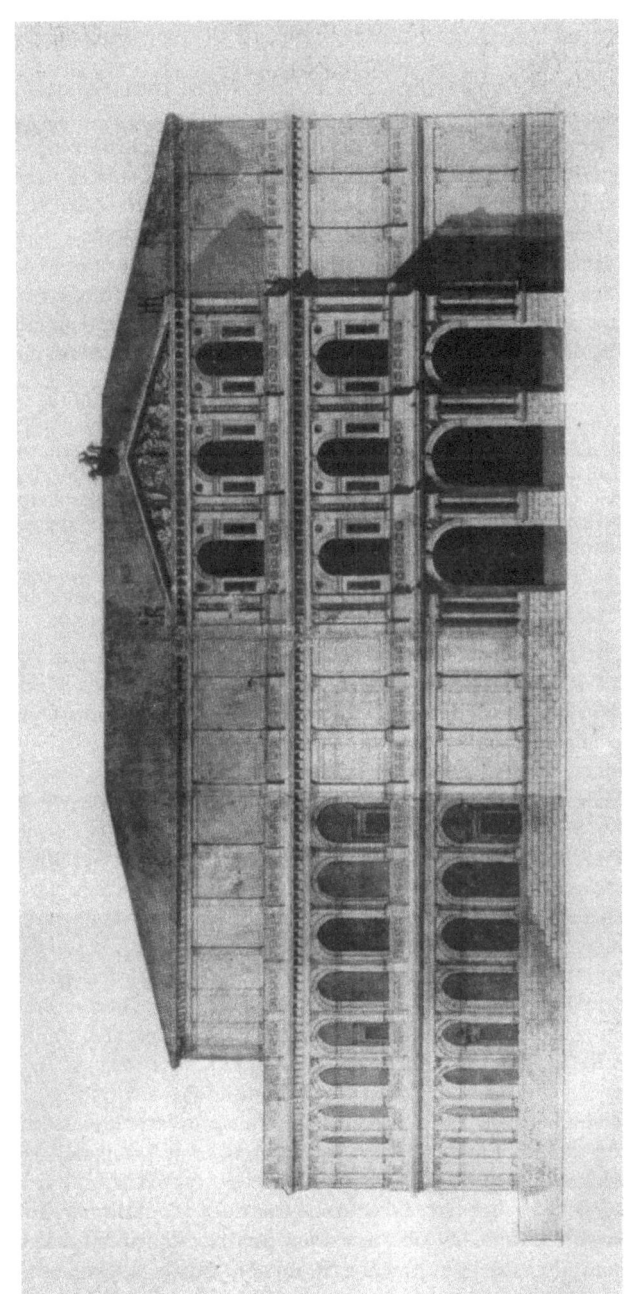

G. Semper, Erster Entwurf für das erste Opernhaus in Dresden, Seitenansicht (aquarellierte Zeichnung)

sel, der uns Semper und seine Stellung in der Geschichte der Kunsttheorie verständlich werden läßt.
Dem Gedanken Sempers liegt letzlich eine Trennung zwischen den technisch-zwecklichen Elementen der technischen Künste und den dekorativen Elementen zugrunde. Dabei berührt er sich eng mit Bötticher, dessen „Tektonik der Hellenen" in seiner ersten Auflage noch vor Sempers Hauptwerk erschien. Semper hat diese Schrift gekannt, und er bezieht sich auch im ersten Band des „Stil" auf sie. In einem entscheidenden Punkt aber wendet er sich gegen Bötticher.
Bötticher trennt schärfer als Semper zwischen den struktiven und den dekorativen Teilen eines Bauwerkes. Für ihn besteht jeder tektonische Körper der antiken Architektur aus zwei Elementen, einem materiell wirkenden und einem bildlich wirkenden. Beide sind ihm von ihrem Ursprung an Gegensätze (daran hält er auch in der zweiten Auflage fest).

Beide Elemente ... sind einander ... im Wesen ganz entgegengesetzt. Sie lassen sich ihrem Unterschiede gemäß, mit Werkform und Kunstform bezeichnen. Unter Werkform ist jenes werkliche Körperschema des Gliedes verstanden, dem ganz ausschließlich nur die materielle und statische Leistung zufällt: ... Unter Kunstform ist jede weitere Beigabe von Formen zu diesem Schema begriffen, die völlig außerhalb von dessen materieller Leistung stehen, auch nicht im mindesten zur Unterstützung mitwirken...[250]

Bötticher trennt in seinem Buch zwischen Kernschema und Kunstschema oder zwischen Werkform und Kunstform. Die Kunstform ist für ihn das rein allegorisch erklärende Element an jedem Baugliede, sie ist völlig unabhängig von der Beschaffenheit des Werkstoffes. In ihr geht die Erinnerung an den Werkstoff völlig unter. Die Hellenen erfanden nach Böttichers Ansicht die Kunstform, die zu der Werkform hinzutritt und sie als Kunstform vollendet.
Schmuck und Struktur fallen in einer solchen Theorie völlig auseinander.
In Sempers Darstellung klingt vieles an Bötticher an, und es liegen offensichtliche Einflüsse von dieser Seite in seinen Gedanken vor; es findet sich jedoch nicht die starre Trennung zwischen Werkform und Kunstform wie bei Bötticher. Beide Elemente stehen bei Semper nicht in einer solchen starren Beziehung nebeneinander. Auch bei ihm klingt die Trennung zwischen beiden Teilen an, denn die Bekleidungsweise setzt etwas voraus, was bekleidet wird, und dieses Grundgerüst des Baues ist struktiv bedingt. Aber bei Semper — und hier decken sich die Gedanken schon nicht mehr — spielt darüber hinaus die einfache und im höheren Sinne gesehene Zweckforderung — die letzlich ebenfalls struktiven Bindungen unterliegt — eine Rolle. Die Einführung des symbolischen Zweckes allein überdeckt jedoch nicht die Trennung zwischen Werkform und Kunstform.
Worin sich Semper jedoch von Bötticher grundsätzlich unterscheidet, ist die Art der Verbindung der beiden Elemente. Semper erkennt keine prinzipiell voneinander geschiedenen gegensätzlichen Beziehungen zwischen beiden an. Für ihn ist die Bekleidungsweise von der zweckbezogen-struktiven Grundlage abhängig, wenn sie auch dem Sinne nach eine ähnliche Funktion zu erfüllen hat, wie sie ihr Bötticher zuschreibt. Bei dem letzteren gibt es aber keine Möglichkeit einer

engen organischen Verbindung der beiden Elemente. Für Semper dagegen wird gerade diese organische Verbindung in der hellenischen Baukunst erreicht. Bei Bötticher tritt der Werkstoff in seiner äußeren Wirkung nie ganz zurück, der „aus dem Werkstoff folgerichtig gestaltete Körper wird in seiner Form nichts anderes sein als das materialisierte und verkörperte Urbild des Begriffes".[251] Abgesehen von den an Hegel anklingenden Gedanken von der Entwicklung des Begriffes zeigt diese Stelle die für ihn existierende enge Beziehung zum Werkstoff. Die hellenische Baukunst ist bei ihm immer auf den statischen Leistungen des Werkstoffes gegründet.[252] Das Material wirkt damit hemmend auf die Kunstform ein.

Für Semper dagegen tritt gerade an diesem Höhepunkt in der Entwicklung der Baukunst der Werkstoff hinter die Form zurück. Die vollkommene Beherrschung des Stoffes überwindet dessen sichtbaren Einfluß auf die Form, Form und Werkstoff werden zu einer organischen Einheit.

In dieser Erklärung des Grundprinzips hellenischer Kunst und der sich anschließenden Polemik Sempers gegen Bötticher wird nun mehr deutlich als nur eine veränderte Einstellung zur antiken Architektur. Sie charakterisiert in interessanter Weise Sempers historische Stellung. Die durch Bötticher herbeigeführte theoretische Trennung zwischen Werkform und Kunstform führt zur Trennung zwischen den zweckbezogen-struktiven Erfordernissen und dem dekorativen Element im Kunstwerk, wobei nur diesem Dekorativen die künstlerische Gestaltung zukommt. Beide Seiten bestehen mehr oder weniger nebeneinander, und die Kunstform verselbständigt sich. Zwei solche Elemente nimmt, wenn auch nur unklar ausgesprochen, bereits Schinkel an, wenn er in der Architektur neben den konstruktiven Bedingungen auch von den poetischen spricht.

Eine solche Unterscheidung von Werkform und Kunstform, einmal ausgesprochen, legt es nahe, beide Elemente getrennt und vereinzelt voneinander weiter zu verfolgen. Wo sich bei Schinkel, Bötticher und Semper diese Möglichkeit ankündigt, birgt sie die Tendenz in sich, diese Elemente auch praktisch voneinander zu lösen und einzeln zu verselbständigen. Bei Bötticher ist diese Trennung schon sehr weit durchgeführt. Beide Seiten stehen hier schon starr und ohne enge Beziehung gegenüber. In der Folgezeit bleibt diese Trennung zwischen Zweck und Materialform einerseits und der dekorativen Seite, dem Schmuck, der Bekleidung, der Kunstform andererseits erhalten, und beide Elemente werden immer stärker voneinander getrennt. Der Schmuck steht immer bedeutungs- und sinnlos neben der Grundstruktur und wird in der Folgezeit praktisch immer mehr verneint und auch theoretisch verworfen. Von hier aus läßt sich der Weg zu Henry van de Velde, Muthesius, zu Gropius und Le Corbusier, bei allen Unterschieden dieser Theoretiker im einzelnen, weiter verfolgen. Mit dem Jugendstil endet die Nachahmung und Betonung der historischen Formenwelt, und in der Folgezeit soll nur noch die reine Zweckmäßigkeit, innere Materiallogik und Funktion gestaltet werden. Es erfolgt eine völlige Absage an alles Dekorative. Nützlichkeit und Zweckmäßigkeit werden zum Grundgedanken der baulichen Gestaltung. Für

Henry van de Velde wird der Ingenieur zum eigentlichen Schöpfer des Baues. Für ihn wird der reine Konstruktionsgedanke, der nur auf Zweckmäßigkeitserwägungen beruht, zur sichtbaren Form. Diese Gedanken werden letztlich schon um die Mitte des 19. Jahrhunderts durch Bötticher vorgebildet und vorbereitet. Die einseitige Betonung des Zweckdienlich-Konstruktiven führt zu einer Abwehrstellung gegen alles Dekorative, und der Gedanke der Kunstwahrheit wird jetzt zur theoretischen Begründung dieser Schmuckfeindschaft.
Andererseits aber kommt es unter Loslösung des Dekorativen von Zweck und Struktur zu einer Überbetonung des Schmuckes. Wie wir einerseits die Entwicklungslinie bis zu Le Corbusier verfolgen können, so mündet die andere Tendenz in den Eklektizismus vor allem der Jahrhundertwende. Semper selbst hat diese eklektische Auswahl und Anwendung der traditionellen Formen an den Bauten noch zu seinen Lebzeiten verfolgen können. Ihre steinernen Zeugen sind noch heute die „Zierde" vieler Städte. Hierzu finden wir theoretische Ansatzpunkte sowohl bei Bötticher als auch bei Semper. Beide verlegen das eigentlich Künstlerische in die Kunstform bzw. in die Bekleidungsweise. Damit wird einer Lösung von der zweckbezogen-struktiven Grundlage bei aller Betonung dieser Seite vorgearbeitet. Das ist bei Bötticher noch stärker der Fall als bei Semper. Aber es wird bei diesem dadurch etwas in seiner Wirksamkeit gemildert, weil er es auf einen bestimmten historischen Stil anwendet und nicht so generalisiert und als allgemein wirkendes Gesetz begründet, wie das bei Semper der Fall ist. Semper wiederum wehrt sich gegen eine solche Konsequenz in verschiedener Hinsicht. Abgesehen von seiner Betonung des Zusammenhanges zwischen der zweckbezogen-struktiven Grundlage und dem Symbolcharakter des Schmuckes zeigt sich das in seiner Grundeinstellung zu den traditionellen Formen. Semper ist sich bewußt, daß das Zurückgreifen auf die Formensprache vergangener Epochen der Baukunst eine aus der Not seiner Zeit geborene Erscheinung ist. Er will einen neuen Stil und kämpft um ihn. Aber er resigniert und verwendet in Ermangelung neuer Gedanken die alten Formenelemente. Einer Baukunst gegenüber, die die Formenwelt einer vergangenen Epoche oder sogar mehrerer Epochen unkritisch verarbeitet, sie schematisch übernimmt und sich nicht der zeitlichen Bedingtheit einer solchen Maßnahme bewußt ist, bleibt er immer ablehnend. Das zeigt sich in seiner Kritik an den künstlerischen Ambitionen des Bayernkönigs Maximilian II. und ihrer Manifestation in München. In seinem Vortrag „Über Baukunst" spart er bei seiner Charakteristik nicht mit ironischen Bemerkungen über den neuen Schmuck der „Musenstadt an der Isar".[253]
Aber Semper führt den Kampf gegen eine Auffassung, die die Stilformen vergangener Epochen schematisch verwerten will, mit unzulänglichen Mitteln. Man kann nicht gegen eine Stilnachahmung kämpfen und gleichzeitig einen anderen historischen Stil als den der Zeit angemessensten darlegen und auch dementsprechend bauen, wie das sich bei seiner Betonung der Renaissance zeigt. Semper hat das selbst gespürt, und nicht umsonst beklagt er sich wenige Zeilen später über seine Zeit, die dem Architekten keine neuen Ideen gibt, nach denen er einen

neuen Stil gestalten kann. Der Widerspruch, in dem sich Semper befindet, kann von ihm nicht gelöst werden. Er selbst kann nicht anders bauen, er bleibt im Rahmen einer Epoche, obwohl er bestrebt ist, die ihm dadurch gezogenen Grenzen zu überwinden und er die Mängel, die sich für ihn selbst daraus ergeben, zumindest ahnt. Er kämpft gegen den aufkommenden Eklektizismus und die schematische Nachahmung und liefert gerade diesen Auffassungen zum Teil Möglichkeiten für ihre theoretische Begründung.
Trotzdem kann man Semper nicht zum Ahnherren einer solchen Auffassung machen. Das würde seiner ganzen theoretischen Zielsetzung und seinen gesamten praktischen Bemühungen zuwiderlaufen.[254]
Und auch bei einer Anwendung historischer Elemente in seinen eigenen Bauten ist das nicht bemerkbar, wenn wir von seinen frühesten Arbeiten, die aber kaum Schule gemacht haben, absehen wollen. Semper verwendet im Praktischen weitgehend die Formensprache der Renaissance. Sie ist ihm neben gewissen formalen Vorzügen eine Weiterführung antiken Bauens, die in formaler Hinsicht den Tendenzen seiner Gegenwart entspricht, aber das Zurückgreifen auf diese Formenwelt bleibt trotzdem eine aus der Not der Zeit resultierende Erscheinung. So entsteht noch kein eklektisches Prinzip, in dem sich wahllos alle Stile nebeneinander vereinigen lassen. Es gibt ein Auswahlprinzip, das er in der Entsprechung zu den Bedürfnissen seiner Epoche findet. Die Renaissance ist ihm in ihrem gesellschaftlichen Bezug Ausdruck bürgerlicher Verhältnisse, in denen sich auch seine Zeit bewegt. Daß diese Beziehung der Renaissance zur bürgerlichen Ordnung auch seinen Zeitgenossen bewußt war, zeigt die bereits angegebene Stelle bei Pecht, in der dieser darauf verwies, daß die liberale Partei in Dresden sich mit der Renaissance identifizierte.[255] Seine Vorliebe für die Renaissance deckt sich also mit den Bestrebungen des liberalen Bürgertums, genauso, wie er mit diesem die Ablehnung der romantischen Richtung teilte. Semper mag während seines Aufenthaltes in Zürich in den Gedanken Jacob Burckhardts eine erneute Bestätigung seiner Auffassung von einer anderen Warte her erfahren haben. So bewahren ihn seine eigenen Anschauungen und seine bürgerlich-demokratische Haltung vor einem theoretischen Abgleiten in den Eklektizismus. Als Künstler hat er sich von Anfang an gegen eine solche Methode verwahrt. Im Grundsätzlichen zeigt sich auch hier die enge Bindung Sempers an Schinkel. Die Berücksichtigung des Historischen und des Poetischen, die auch Schinkel verlangt[256], versucht Semper aber viel stärker als dieser mit den technischen Stilbedingungen zu verbinden. Gerade in dem Versuch, theoretisch die Beziehungen beider Faktoren zu begründen, liegt ein wesentlicher Schwerpunkt in Sempers Anschauungen. Nicht Werkform und Kunstform sollen nebeneinanderstehen, sondern die organische Einheit von zweckbezogen-struktiven Bedingungen und den Erfordernissen der Bekleidungsweise soll dargelegt werden. Diese Einheit zeigt die Baukunst in den Höhepunkten ihrer Entwicklung oder strebt sie an. In diesem Streben nach der Verbindung beider Elemente liegt der wesentliche Unterschied Sempers zu Bötticher.

Bötticher trennt und verselbständigt beide Seiten. Auch Semper geht von der Anerkennung dieser zwei Elemente aus. Aber im Gegensatz zu Bötticher vertieft er nicht die Kluft zwischen beiden, sondern ist bemüht, sie wieder zu einer organischen Einheit zu verbinden. Richard Wagners Theorie vom Gesamtkunstwerk und Sempers Anliegen weisen hier viele Gemeinsamkeiten auf. Wie Wagner will auch Semper die wichtigsten Bestandteile einer Kunstgattung wieder zusammenfügen und damit einen neuen Aufschwung der Baukunst einleiten.

Wenn wir ihn nur dannach beurteilen, für welche Stilformen er sich einsetzt, dann bleibt auch seine Vorliebe für die Renaissance noch im Rahmen des sich auflösenden Klassizismus. Aber nicht die Fragen der Form sind bestimmend für Sempers Anschauungen, sondern die neuen theoretischen Probleme, die den eigentlichen Inhalt seiner Schriften ausmachen. Und mit ihnen sprengt er die klassizistische Konzeption. In ihnen vollzieht sich der Übergang zur bürgerlichen Kunsttheorie des endenden 19. und des beginnenden 20. Jahrhunderts.

Dieses Anliegen Sempers wird in seiner vollen Bedeutung sichtbar, wenn wir es in Beziehung zu dem historischen Hintergrund setzen, auf dem es unternommen wird.

Die rasche kapitalistische Entwicklung, mit der Semper vor allem in England in Berührung kam, stellte neue Aufgaben. Die Forderung nach zweckbezogener und technischer Angemessenheit, die vor allem der Ingenieurbau verlangt, ist, wie an anderer Stelle vermerkt wurde, direkter Ausdruck dieser Epoche. Durch den wachsenden Einfluß des Ingenieurs im Bauwesen, durch die großen Aufgaben, die die Industrie ihm stellt, tritt der Ingenieur und sein Bestreben immer mehr hervor, und es macht sich eine Loslösung des Ingenieurs vom Architekten bemerkbar. Es beginnt sich nicht nur in der unterschiedlichen Zielsetzung, sondern auch in der Bauausführung eine Kluft zwischen beiden zu bilden. Der Architekt fertigt mehr oder weniger nur noch den Entwurf, und der Bauingenieur übernimmt die Ausführung. Mit dieser Trennung und den ihr zugrunde liegenden verschiedenen Bauaufgaben werden die zweckbezogen-konstruktiven Fragen immer mehr in den Mittelpunkt gerückt. Es setzt eine Bewegung ein, von der Gurlitt in seinem Buch „Die Deutsche Kunst seit 1800" sagt, daß man die Technik als gleichwertig mit der Kunst anzusehen begann.[257, 258]

Diese einsetzende praktische Trennung zwischen Kunst und Technik, durch die die reale Entwicklung des Bauens dieser Jahre gekennzeichnet ist, findet nun auch in den theoretischen Arbeiten ihren Niederschlag.

Die ersten Ansätze dazu stellten wir bei Schinkel fest; auch Böttichers Trennung zwischen Werkform und Kunstform wird man nicht ohne diesen Einfluß betrachten dürfen. Sie wird aber besonders deutlich bei Semper, der als Architekt auch über große praktische Erfahrungen in der Bautechnik verfügte. Er sieht in viel ausgereifterer Form als Schinkel und Bötticher die Gefahren dieser Trennung. Er wendet sich sowohl in seiner praktischen Tätigkeit als auch in seinem theoretischen Schaffen gegen die Trennung des Architekten vom Ingenieur. In den Prolegomena zum „Stil" kämpfte er entschieden gegen die Loslösung der Archi-

tektur als Kunst von der ausübenden Praxis, durch die der Architekt zum „unmaßgeblichen Geschmacksrat" herabgedrückt wird.²⁵⁹ Er soll aber nicht nur in künstlerischen Dingen etwas zu sagen haben, sondern auch bei der Ausführung mitreden können.
In den von Semper entworfenen Unterrichtsplänen für Kunstschulen fordert er demzufolge auch einen Unterricht in Konstruktion sowie Physik, Mechanik, Metallurgie usw.²⁶⁰ Er versucht also, auch in der Praxis die auseinandertreibenden Tendenzen wieder zusammenzuführen. In seinem eigenen praktischen Schaffen hat er das selbst weitgehend verwirklicht.
Dieser Haltung zu den Tendenzen in der Baukunst seiner Zeit entspricht seine Kunsttheorie. Auch hier versucht er, eine Verbindung zwischen den eng mit diesen Erscheinungen verbundenen Strömungen herzustellen.
Dem Widerspruch zwischen der Bekleidungstheorie und den technisch-materiellen Stilbedingungen liegt also ein realer Widerspruch in der praktischen Entwicklung der Baukunst seiner Zeit zugrunde. Durch die Theorie von der Bekleidung der Bauteile will Semper die Notwendigkeit einer dekorativen Behandlung der einzelnen Bauteile betonen und einer Richtung entgegentreten, die die Bauteile als „nacktes Erscheinen der funktionierenden Teile"²⁶¹ darstellt. Durch die Bekleidungstheorie soll der Künstler vor einer Gestaltung nach dem Prinzip der reinen Konstruktion usw. bewahrt werden. Sie soll die technischen Stilerfordernisse mit dem Dekorativen verbinden.
Aber das Festhalten an dieser Theorie, verbunden mit Sempers Gedanken von der Entwicklung der Kunstformen, zeigt noch etwas anderes. Semper kann die Formenwelt der Antike und die der Renaissance noch nicht aufgeben. Er ist viel zu sehr in der Welt des ausgehenden Klassizismus groß geworden, als daß er diese historische Epochen verneinen könnte. Sie bleibt ihm weiter das große Vorbild. Aber sie ist nicht mehr wie bei Winckelmann die absolute Norm. Es gilt schon lange nicht mehr das Wort, daß der einzige Weg, um groß und unnachahmlich zu werden, „die Nachahmung der Alten"²⁶² sei. Das Suchen nach einem neuen Stil ist Ausdruck für eine Abkehr von diesem Dogma des Klassizismus, es ist auch Ausdruck des Strebens, den Klassizismus überhaupt zu überwinden. Aber Semper bleibt doch noch in einer Bindung zu der Formenwelt der vorangegangenen Epoche, auch dann, wenn er als Ausdruck seiner Zeit nicht mehr die griechische Antike, sondern die Renaissance ansieht. Das Renaissanceideal bleibt noch mit der Antike verbunden, denn es ist auch für Semper nur eine Weiterbildung antiker Baugedanken.
So bleibt eine Bindung an den Klassizismus bei Semper immer erhalten. Seine starken archäologischen Interessen, die Betonung historischer Stilmomente und vieles andere deuten immer wieder darauf hin. Ettlinger hat deshalb Semper noch als einen Klassizisten bezeichnet, der am Ende dieser Epoche steht, aber ihr noch zugehört.
Aber so eindeutig kann man eine solche Zuordnung nicht vornehmen. Es sind so viele wesentliche Gedanken in seinen Anschauungen und auch in seinem prakti-

schen Schaffen, die dem widersprechen. Und Ettlinger selbst hat in seiner Arbeit viele Seiten Sempers nachgewiesen, wo er gerade durch seine Gedanken die alten Anschauungen des Klassizismus in Frage stellt und mit zu ihrer Überwindung beiträgt. Das beginnt mit seinen Untersuchungen über Polychromie, das zeigt sich in der Betonung der Renaissanceformen in seinen eigenen Bauten und das findet seinen Niederschlag in der Herausarbeitung der zweckbezogen-konstruktiven Stilbedingungen. Er ist schon zu sehr im Kampf um den neuen Stil begriffen, steht zu sehr auf dem Boden seiner neuen Epoche, als daß eine solche Zuordnung widerspruchslos angenommen werden könnte.

Andererseits ist es kaum möglich, Semper ohne eine Entstellung seiner Ansichten mit anderen modernen Richtungen zu verbinden, obwohl es hier auch verschiedene Ansätze dazu in seinem theoretischen Werk gibt. Weisen die in dem Abschnitt über Zweck, Material und Technik behandelten Probleme und auch die starke Betonung der Naturwissenschaft über den Rahmen klassizistischen Denkens hinaus, so verbinden ihn andererseits wesentliche Elemente seiner Bekleidungstheorie und auch seine Orientierung auf historische Bauelemente mit vielen Grundgedanken des Klassizismus. Der Kampf um einen neuen Stil, der bei ihm aus dem Überkommen herauswachsen soll, wird zum Ringen um eine neue architektonische Ausdrucksweise. Er will den neuen Bedingungen gerecht werden, zu denen er sich bekennt, aber er will auch die negativen Konsequenzen ausschalten, die eine zu starke Betonung dieser Faktoren mit sich bringt.

Eine solche Übergangsstellung erklärt die bei ihm vorhandenen tiefen Widersprüche. Hierin wurzelt das Problematische, das dieser bedeutenden Persönlichkeit in der Mitte des 19. Jahrhunderts eigen ist. Diese Widersprüche zeigen sich bei ihm besonders deutlich, weil er wie kaum ein anderer seiner Zeitgenossen als politischer Mensch, als Künstler und als Theoretiker einen Ausweg aus der unfruchtbaren künstlerischen Situation seiner Zeit sucht. Wie er aktiv um eine Veränderung der gesellschaftlichen Zustände gekämpft hat und dann angesichts der Ergebnisse dieses Kampfes und der Erscheinungsformen der kapitalistischen Gesellschaft, für deren Entstehen in Deutschland er sich einsetzte, zu resignieren begann, so resigniert er im Grunde auch auf künstlerischem Gebiet. Er kann sich mit den Konsequenzen der neuen Tendenzen in der Baukunst nicht einverstanden erklären und wendet sich lieber den traditionellen Formen zu, um einen Verfall durch deren künstlerischen Wert aufzuhalten. Aber auch bei ihrer Verwendung ist er sich bewußt, daß dies nur ein Notbehelf ist, dem er nichts Gleichwertiges an die Stelle setzen kann.

Er sieht eine Reihe neuer Elemente und Erfordernisse, die die sich entfaltende kapitalistische Technik auch für die technischen Künste mit sich bringt, und er versucht diese theoretisch zu verarbeiten — versucht aber zugleich in Ermangelung neuer Stilelemente diese neuen Erfordernisse für die Verwertung überkommener Formen zu verwenden und dem eine theoretische Begründung zu geben. Dieser Widerspruch in seinen Bestrebungen zeigt zugleich eine tiefe Tragik. Semper kann und will sich nicht von der überkommenen Vorzugsstellung der

antiken Formenwelt lösen und versucht diese Formenwelt und die, in denen sich ihre Weiterführung ausdrückt, mit den neuen Erfordernissen zu verbinden. Diese Verbindung des Traditionellen mit den Gedanken einer neuen Epoche ist charakteristisch für ihn.
Er verarbeitet viele neue Ideen und Einflüsse, die in seiner Zeit aufgeworfen und weitergeführt werden. Die führende Rolle der Naturwissenschaften kommt in seinem Entwicklungsgedanken und der Ableitung ästhetischer Kategorien aus naturwissenschaftlichen Gesetzen wie auch in seiner am Positivismus orientierten theoretischen Ausgangsposition und seiner Methode zum Ausdruck. Er verarbeitet die neuen Ideen der Sprachwissenschaft ebenfalls in seiner Auffassung von der Entwicklung der Kunstformen und in der genetisch-vergleichenden Methode.
Er berücksichtigt die durch die kapitalisitische Entwicklung sichtbar werdenden Einflüsse der Warenproduktion auf die Kunstindustrie ebenso wie den wachsenden Einfluß, den neue Materialien und eine neue Bearbeitungstechnik ausüben. Die Einflüsse des gesellschaftlichen Milieus auf die Kunst versucht er ebenfalls zu beachten, vor allem die der Politik und der Staatsverfassung auf die Baukunst.
Getragen von einer naturwissenschaftlichen Betrachtungsweise stellt er seine Kunsttheorie auf den Boden eines mechanischen Materialismus und bekämpft die spekulative Ästhetik von dieser Position aus.
So versucht er in seiner Kunsttheorie die verschiedensten Einflüsse zu verarbeiten. Er faßt verschiedene Tendenzen zusammen und beachtet sie. Dabei steht er mitten in seiner Zeit und bejaht im Grundsätzlichen ihre bürgerliche Entwicklung.
In seiner praktischen Tätigkeit bleibt er bei aller Verwendung traditioneller Formen der bedeutendste Architekt in der Mitte des 19. Jahrhunderts. Aber auch hier spiegelt sich Sempers widersprüchliche Haltung wider. Nicht alle seine Bauten reichen an die seiner Dresdener Zeit heran, und vor allem in den Entwürfen zu Eisenbahnbauten[263] zeigt sich auch bei ihm die Auseinandersetzung mit neuen Problemen.
So sind die Widersprüche in seinem Schaffen letzlich Ausdruck der Widersprüche der kapitalistischen Epoche, die ein bedeutendes baukünstlerisches Anliegen und eine große Begabung durch ihre unkünstlerischen, ja direkt kunstfeindlichen Verhältnisse in ihrer Entfaltung behindert.

## Anmerkungen

1. Gottfried Semper. Zeichnerischer Nachlaß an der ETH Zürich. Kritischer Katalog von Martin Fröhlich, Basel und Stuttgart 1974
   Gottfried Semper und die Mitte des 19. Jahrhunderts. Symposion vom 2. bis zum 6. Dezember 1974, veranstaltet durch das Institut für Geschichte und Theorie der Architektur der ETH Zürich, Basel und Stuttgart 1976
   Herrmann, Wolfgang, Gottfried Semper im Exil. Paris, London 1849 bis 1855. Zur Entwicklungsgeschichte des „Stil" 1840 bis 1877, Basel und Stuttgart 1978
   Gottfried Semper, Zum 100. Todestag. Ausstellung im Albertinum zu Dresden vom 15. Mai bis zum 29. August 1979 (Katalog), Dresden 1979
   Gottfried Semper 1803—1879. Sein Wirken als Architekt, Theoretiker und revolutionärer Demokrat und die schöpferische Aneignung seines Erbes. Schriftenreihe der Sektion Architektur — Technische Universität Dresden, Heft 13, Dresden 1980
2. W. Herrmann, Gottfried Semper im Exil, ...
3. Friedrich Pecht, Deutsche Künstler des neunzehnten Jahrhunderts, Erste Reihe, Nördlingen 1877, S. 155.
4. Hans Semper, Gottfried Semper, ein Bild seines Lebens und Wirkens, Berlin 1880, S. 5
5. Leopold Ettlinger, Gottfried Semper und die Antike (Diss.). Halle 1937, S. 54.
6. a.a.O., S. 55 f.
7. Ebenda, S. 55.
8. F. Pecht, a.a.O., S. 157 (Hervorhebungen von Pecht)
9. Gottfried Semper, Kleine Schriften, Hrsg. von Manfred und Hans Semper, Berlin und Stuttgart 1884, S. 220
10. a.a.O., S. 217
11. Ebenda
12. a.a.O., S. 221
13. a.a.O., S. 227f.
14. a.a.O., S. 220
15. a.a.O., S. 218
16. Ebenda
17. a.a.O., S. 220f.
18. a.a.O., S. 233
19. a.a.O., S. 217 (Hervorhebungen von G. Semper)
20. a.a.O., S. 218
21. Siehe auch bei Hans Mayer, Richard Wagners geistige Entwicklung, Studienmaterial f. künstl. Lehranstalten, Reihe Musik, Berlin, Heft 3/1954
22. Manfred Kobuch, Sempers Berufung nach Dresden, in: Gottfried Semper 1803—1879, S.100
23. Gottfried Semper. Zum 100. Todestag.... S. 29
24. F. Pecht, a.a.O., S. 160 f.
25. Hubert Georg Ermisch, Der Dresdener Zwinger, Dresden 1953, S. 70
26. Max Mütterlein, G. Semper und dessen Monumentalbauten am Dresdener Theaterplatz, in: Neues Archiv f. Sächs. Geschichte und Altertumskunde, Bd. 34, Dresden 1913
27. Gottfried Semper. Zum 100. Todestag.. ... S. 46

28 Manfred Heirler, Gottfried Semper, Künstler, Lehrer und Studenten Dresdens in der bürgerlich-demokratischen Revolution von 1848/49, in: Gottfried Semper 1803–1879, S. 146
29 W. Herrmann, a.a.O., S. 10 und: Gottfried Semper, Zum 100. Todestag. ... S. 59f.
30 Über die Haltung Sempers in diesen Jahren liegen leider wenig eindeutige Unterlagen vor. Wir sind hier vor allem auf die Zeugnisse R. Wagners angewiesen. Er erwähnt Semper zum erstenmal im Zusammenhang mit der Erstaufführung des „Tannhäuser" am 19.10.1848 in Dresden. Aus der Darstellung geht jedoch hervor, daß er mit Semper zu dieser Zeit schon enger bekannt war. Ihre erste Bekanntschaft kann so vor 1845, jedoch nicht früher als 1843, angenommen werden.
Wagner war vor seiner Übersiedlung nach Dresden in Paris mit den Lehren Proudhons bekannt geworden. Er hat diese Ideen, die auch ihren Niederschlag in seinen Werken finden, in dem Dresdener Künstlerkreis, zu dem auch Semper gehörte, offensichtlich dargelegt. (Siehe dazu H. Mayer, R. Wagners geistige Entwicklung, Berlin 1954, S. 33; L. Ettlinger, G. Semper und die Antike, Halle 1937. S. 72, Anm. 269, verweist auf eine Äußerung R. Wagners gegenüber H. Porges, die diese Vermutung bestätigt.)
Die engen Beziehungen zu Wagner in dieser Zeit legen auch die Annahme nahe, daß er dessen Opposition gegen die Bevormundung der Kunst durch den sächsischen Hof in diesen Jahren geteilt hat. (Siehe dazu R. Wagner, Mein Leben, München 1911, Bd. 1, S. 404 f.)
31 Zitiert bei W. Lippert, Richard Wagners Verbannung und Rückkehr, Dresden 1927, S. 18
32 W. Lippert, Richard Wagners Verbannung und Rückkehr, Dresden 1927, S. 19
33 M. Heirler. a.a.O., S. 147
34 Richard Wagner, Mein Leben, München 1911, Bd. 1, S. 468
35 Gottfried Semper. Zum 100. Todestag..., S. 70
36 Dresdener Geschichtsblätter, Hrsg. vom Verein für Geschichte Dresdens, XXXI. Jahrgang, 1922, Nr. 1/2, S. 64
37 Landeshauptarchiv Dresden; Amtsgericht Dresden NO 1491 (H.-St.-A. Rg. 1902; ha 1073) Fascial ... den Maler Kaufmann betreffend
38 Landeshauptarchiv Dresden; Akte; Ministerium des Innern Nr. 11038; Demokraten-Verzeichnis unter Dresden II No. 465
39 W. Herrmann, a.a.O., S. 13
40 Zitiert bei W. Herrmann, S. 14
41 a.a.O., S. 15 und: Gottfried Semper. Zum 100. Todestag..., S. 69
42 Landeshauptarchiv Dresden, Akte; Justizministerium 545[34] (H.-St.-A. Rg. 1904 Nr. 1151) den Aufruhr in Dresden betr. 1852
43 W. Herrmann, a.a.O., S. 16
44 Landeshauptarchiv Dresden, Akte; Justizministerium Nr. 545[47] (H.-St.-A. Rg. 1904), Aufruhr in Dresden p.p. betr., S. 26–34 (Zu Wagners Ansichten in diesen Jahren vgl. auch H. Mayer, a.a.O.)
45 Constantin Lipsius, Gottfried Semper und seine Bedeutung als Architekt, Berlin 1880, S. 5
46 W. Herrmann, a.a.O., S. 28 f.
47 Gottfried Semper und die Mitte des 19. Jahrhunderts. Symposion vom 2. bis 6. Dezember 1974 veranstaltet durch das Institut für Geschichte und Theorie der Architektur der ETH Zürich, Basel und Stuttgart 1976, S. 222.
48 Karl Marx/Friedrich Engels, Briefwechsel, Berlin 1949, Bd. 1, S. 309; bzw. MEW Bd. 27, S. 331
49 Reiner Groß, Gottfried Semper und seine Beziehungen zu Sachsen vom Juni 1849 bis Ende 1870, in: Gottfried Semper 1803–1879, S. 152
50 Ebenda

51  G. Semper, Wissenschaft, Industrie und Kunst, Vorschläge zur Anregung nationalen Kunstgefühls bei dem Schlusse der Londoner Industrie-Ausstellung, Braunschweig 1851, S. 46
52  G. Semper, Kleine Schriften, S. 474—483
53  R. Wagner, Briefe, Sammlung Burell, S. Fischer Verlag, Frankfurt a. Main, 1953, S. 783; ferner R. Wagner, Kunst und Revolution, in: R. Wagner, Sämtl. Schriften und Dichtungen, Leipzig 1913, Bd. 3/4, S. 30 f.
54  Gert Reising, Kunst, Industrie und Gesellschaft. Gottfried Semper in England, in: Gottfried Semper und die Mitte des 19. Jahrhunderts, S. 53
55  G. Semper, Wissenschaft, Industrie und Kunst, S. 10
56  Der Hinweis auf Georg Herwegh erscheint mir an dieser Stelle notwendig. Semper war, wie der in Anm. 43 wiedergegebene Brief beweist, mit ihm näher bekannt. Leider gibt es bis heute noch keine umfassende Untersuchung über die nach 1849 in die Schweiz emigrierte Gruppe deutscher Demokraten. Wahrscheinlich würde eine solche Arbeit auch neues Material über Sempers politische Haltung zutage bringen. Eine kürzlich veröffentlichte Arbeit (S. Turajew, ,,Das Spätschaffen Georg Herweghs", deutsch in: Kunst und Literatur, 1960, Heft 9) zeigt, wie fruchtbar eine solche Untersuchung ist. Der Verfasser kommt auf Seite 890 zu folgender Feststellung: ,,Doch in der schwierigen Lage der 60er und 70er Jahre vertrat von den deutschen Dichtern nur Georg Herwegh die Position der revolutionären Demokratie, nur er erhob kühn und kompromißlos seine Stimme gegen den Geist des Militarismus und des Preußentums."
Es ist sehr wahrscheinlich, daß Semper mit dem ebenfalls in Zürich lebenden Schriftsteller in enger Verbindung gestanden hat und in vielem dessen politische Ansichten teilte.
57  E. Ermatinger, G. Kellers Leben, Briefe und Tagebücher, Stuttgart/Berlin 1915
58  Franz Kugler, Kleine Schriften und Studien zur Kunstgeschichte, Stuttgart 1853, S. 354 f.
59  F. Pecht, Deutsche Künstler..., S. 190
60  G. Semper, Kleine Schriften, S. 425
61  Der Freiheit eine Gasse. Aus dem Leben und Werk Georg Herweghs. Hrsg. Bruno Kaiser, Berlin 1948, S. 441
62  Der Text des Briefentwurfes (in Klammern gesetzte Stellen sind im Original gestrichen.) lautet:
,,Sie sammeln feurige Kohlen auf mein Haupt (doch daß ich schwieg) aber mein bisheriges Schweigen (mußte zwar) so sehr es gegen mich spricht, es findet seine einzige Erklärung in dem Umstande, daß es mir bisher an (passenden) passenden Worten fehlt ein der (Anteilnahme des Verlustes ihres Mannes) der innigsten Anteilnahme an (dem Ungeheuren) Ihrem Schmerz Ausdruck zu geben oder gar (... zu wollen letzteren mit von ... Trostgründen zu begegnen noch Trostgründe zu suchen über einen Verlust oder gar) letzteren mit ohnmächtigen Trostgründen zu begegnen (zu wollen). Die Gemeinsamkeit des Elends, die allgemeine Wahrnehmung, (daß) wonach das Schöne und (große) Edle stets schnell ... während das Gewöhnliche und Häßliche gedeiht und (dominiert) wuchert, vermögen uns alleinig zwar nicht zu trösten, aber doch zum Ausharren zu veranlassen. (Ich für mich betrifft, so verkehre ich schon lange nicht mehr mit (unter) den Toten, d.. mit der Erinnerung an die vor uns Dahingeschiedenen Theuren als unter den Lebenden.)
Was mich betrifft, so verkehre ich eigentlich schon lange nur noch mit den Todten, d. h. in der Erinnerung der vor mir dahingeschiedenen Theuren, zu denen jetzt auch schon Georg gehört. Wüßten Sie wie oft in diesen letzten Jahren und besonders jetzt seit dem Tode ihres Gemahls meine Gedanken mit (Ihnen) ihm und mit Ihnen verkehrten, Sie würden mir mein Schweigen verzeihen. Der Tod lehrt Schweigen, aber auch das lange Leben lehrt es.

Ich komme auf den eigentlichen Inhalt Ihres Briefes zu sprechen, in dem ich Ihnen zunächst voller Beschämung dafür meinen Dank ausspreche, daß Sie wegen dieser Pietätsangelegenheit die Güte haben, mich um Rat anzugehen. Der rosarote Granit ist zwar ein schöner Stoff, aber er läßt sich nicht sehr gut anders als in einfachen glattpolierten Massen ohne Profil und dergleichen Schmuck (behandeln) verwenden. Auch (weiß ich nicht ob) ... ich, (daß) eine Marmorplatte mit dem Medaillon des Gefeierten, eingelassen in einen ungegliederten glatt polierten Würfel oder Pfeiler von Granit eine sehr gute Wirkung auf..." (Stadtarchiv, Dresden, Inv. Nr. 765 (5), Handschriften G. Sempers)

63 L. Ettlinger, G. Semper und die Antike
64 W. Herrmann, ... S. 96
65 a.a.O., S. 119
66 Auch W. Herrmann schreibt in seinen Untersuchungen, daß Semper in dem Vortrag „Über Baustile" von 1869 die „für den dritten Band geplante Übersicht der Baukunst bis zur Gegenwart ... skizziert" hatte. (a.a.O., S. 121)
67 Semper, Kleine Schriften, S. 269
68 a.a.O., S. 270
69 a.a.O., S. 271
70 Ebenda; W. Herrmann, S. 110
71 Hans Semper, G. Semper ..., S. 25
72 a.a.O., S. 22 (Eine ähnliche Stellungnahme befindet sich auch auf S. 11.)
73 Allgemeine Deutsche Biographie, Bd. XXXIII, Leipzig 1891, S. 711
74 H. Semper, G. Semper ..., S. 11
75 G. Semper, Kleine Schriften, S. 353
76 a.a.O., S. 351
77 a.a.O., S. 376 f.
78 G. Semper, Der Stil in den technischen und tektonischen Künsten oder Praktische Ästhetik, München 1863, Bd. 2, S. 270 (Hervorhebungen von Semper)
79 a.a.O., S. 405
80 a.a.O., S. 397 Anm.
81 J.J. Winckelmann, Sämtliche Werke (J. Eiselein), Donaueschingen 1825, Bde. 3 und Bd. 4; ferner J.G. Herder, Regierung und Wissenschaft in der Geschichte, in: J.G. Herder, Zur Philosophie der Geschichte, Berlin 1952, Bd. 1
82 G. Semper, Die vier Elemente der Baukunst, Braunschweig 1851, S. 73; im vorl. Bd. S. 119
83 Thieme/Becker, Allgem. Lexikon der bildenden Künstler, Bd. XXX, Leipzig 1936, S. 489 (vgl. Gottfried Semper und die Mitte des 19. Jahrhunderts, ..., S. 34 f.)
84 G. Semper, Wissenschaft, Industrie ..., S. 2
85 a.a.O., S. 4
86 a,a.O., S. 9
87 Ebenda
88 a.a.O., S. 19
89 a.a.O., S. 24
90 a.a.O., S. 20
91 a.a.O., S. 12
92 G. Semper, Der Stil ..., Bd. 1, siehe Prolegomena
93 Karl Marx, Theorien über den Mehrwert, Berlin 1956, Teil 1, S. 248
94 G. Semper, Wissenschaft, Industrie, S. 10
95 G. Semper, Der Stil ..., Bd. I, S. V
96 a.a.O., S. V/VI
97 G. Semper, Wissenschaft, Industrie ..., S. 24
98 a.a.O., S. 33

99 Marx schrieb: „Diese Ausstellung ist ein schlagender Beweis von der konzentrierten Gewalt, womit die moderne große Industrie überall die nationalen Schranken niederschlägt und die localen Besonderheiten in der Produktion, den gesellschaftlichen Verhältnissen, den Charakter jedes einzelnen Volkes mehr und mehr verwischt." (Neue Rheinische Zeitung, Politisch-ökonomische Revue, redigiert von Karl Marx, originalgetreuer Nachdruck, Berlin 1955, S. 311)
100 G. Semper, Die vier Elemente der Baukunst, Braunschweig 1851, S. 104; im vorl. Bd. S. 119
101 G. Semper, Kleine Schriften ..., S. 426
102 Karl Marx/Friedrich Engels, Ausgewählte Briefe, Berlin 1953, S. 50; bzw. MEW Bd. 27, S. 460
103 G. Semper, Wissenschaft, Industrie ..., S. 12
104 a.a.O., S. 54
105 a.a.O., S. 61 f.
106 a.a.O., S. 62 (Hervorhebungen von Semper)
107 Semper, Der Stil, Bd. I, S. VIII
108 G. Semper, Die vier Elemente ..., S. 8; im vorl. Bd. S. 119
109 H. Semper, G. Semper ..., S. 30
110 G. Semper, Kleine Schriften, S. 403 (Hervorhebungen von Semper)
111 a.a.O., S. 422
112 a.a.O., S. 424
113 a.a.O., S. 401 f.
114 a.a.O., S. 401
115 W. Herrmann, ..., S. 51 und 53
116 G. Semper, Der Stil ..., Bd. I, S. VIII
117 Wie stark diese zunehmende Resignation wirkt, zeigt auch eine Briefstelle, die in den Kleinen Schriften enthalten ist. Hier heißt es u.a.: „Sei unbesorgt, ich kenne mein Terrain und meine Waffen, und werde nur auf diesem und mit diesen mich in einen Kampf einlassen... Was kommt darauf an, was ein armer Verbannter aus seinem Exil heraus hervorbringt." (G. Semper, Kleine Schriften, S. 125 Anm.) Nach den Angaben der Herausgeber sind diese Zeilen im Dezemeber 1852 geschrieben.
118 Karl Marx, Grundrisse der Kritik der Politischen Ökonomie, Berlin 1953, S. 481 f.
119 Barbara Mundt, Das Verhältnis einiger kunsthandwerklicher Entwürfe Sempers zum historistischen Kunstgewerbe, in: Gottfried Semper und die Mitte des 19. Jahrhunderts, ..., S. 318
120 W. Herrmann, ..., S. 51
121 G. Semper, Der Stil, ..., Bd. I, S. VII
122 Ästhetik heute. Hrsg. E. Pracht, Berlin 1978, S. 428
123 a.a.O., S. 263
124 G. Semper, Wissenschaft, Industrie ..., S. 19
125 a.a.O., vgl. S. 107–118
126 Zit. bei W. Herrmann, S. 121
127 a.a.O., S. 111
128 G. Semper, Kleine Schriften, ..., S. 426
129 a.a.O., S. 244
130 G. Semper, Die vier Elemente der Baukunst, S. 55 f.; im vorliegenden Band S. 119
131 G. Semper, Kleine Schriften, S. 352
132 a.a.O., S. 297
133 G. Semper, Die vier Elemente ..., S. 69; im vorliegenden Band S. 119
134 G. Semper, Kleine Schriften, S. 261 und 263
135 G. Semper, Die vier Elemente ..., S. 69; im vorliegenden Band S. 119
136 G. Semper, Kleine Schriften, S. 271

137 F. Engels, Ausgewählte, Bd. II, Moskau 1950, S. 348
138 J.W. v. Goethe, Sämtliche Werke, Leipzig (Reclam) o.J. Bd. 6, 15. Teil, S. 175
139 Marietta Schaginjan, Goethe, Berlin 1952, S. 114—121; ferner Goethe, Sämtliche Werke, Leipzig o.J. (Reclam) Bd. 19, 36. Teil, die Einleitung von Rudolf Hunger
140 J.W. v. Goethe, Ebenda, Bd. 19, 36. Teil, S. 61 f.
141 Vgl. dazu G. Pätsch, Grundfragen der Sprachtheorie, Halle 1955, S. 2 f.
142 G. Semper, Der Stil ..., Bd. I, S. 1/2
143 W. Waetzold, Deutsche Kunsthistoriker, Leipzig 1924, Bd. II (Abschnitt Gottfried Semper)
144 Ein solcher Gedanke ist nicht nur eng mit den Auffassungen der Naturwissenschaft jener Zeit verwandt, er weist noch weiter zurück und findet sich im Grunde schon als wesentlicher Gedanke bei den Denkern des französischen Materialismus des 18. Jahrhunderts. Für sie war die Entwicklung lediglich eine Erweiterung und Entfaltung dessen, was vorher schon war.
145 G. Semper, Der Stil ..., Bd. I, S. XXIII
146 a.a.O., S. 91
147 Stockmeyer, G. Semper ... S. 13
148 C.F. von Rumohr, Italienische Forschungen, Berlin und Stettin 1827, Erster Theil, S. 44
149 a.a.O., S. 65
150 a.a.O., S. 63
151 G. Semper, Der Stil ..., Bd. I, S. XXIII
152 Ebenda
153 a.a.O., S. XXIV
154 a.a.O., S. XXIII
155 a.a.O., S. XXIV
156 Ebenda
157 a.a.O., S. XXVI
158 a.a.O., S. XXXIV
159 a.a.O., S. XXXV
160 a.a.O., S. XXXVII (Hervorhebungen von G. Semper)
161 a.a.O., S. XIX. Vgl. dazu Anm. 61
162 A. Zeißig, Ästhetische Forschungen, Frankfurt a. M. 1855, S. 166
163 G.W.F. Hegel, Ästhetik, Berlin 1955, S. 166
164 Ebenda
165 a.a.O., S. 261
166 In den Jahren 1899 und 1900 schreibt G.W. Plechanow in den Notizen zu seinen „Briefen ohne Adresse": „Die Symmetrie kommt von der Nachahmung der tierischen und menschlichen Gestalt." (G.W. Plechanow: Über Kunst und Literatur, Berlin 1955, S. 170) Das zeigt, wie Semper im Grunde von einer materialistischen Position aus an die Erklärung dieser Probleme herangeht, aber in der Zurückführung dieser Elemente auf mystische Naturkräfte zeigt sich zugleich seine Inkonsequenz.
167 Siehe Waetzold, Deutsche Kunsthistoriker, Bd. II, ferner die Dissertationen von Ettlinger und Stockmeyer, um hier nur einige Namen zu nennen.
168 T.K. Oesterreich, die Deutsche Philosophie des XIX. Jahrhunderts und der Gegenwart, Teil IV von F. Überweg, Grundriß der Geschichte der Philosophie, 13. Aufl., Tübingen 1951, S. 285
169 G. Semper, Über die bleiernen Schleudergeschosse der Alten und über die zweckmäßige Gestaltung der Wurfkörper im allgemeinen, Frankfurt a.M. 1859, S. 3
170 G. Semper, Der Stil ..., Bd. I, S. 7
171 G. Semper, Über die bleiernen Schleudergeschosse ..., S. 3
172 a.a.O., S. 4

173 G. Semper, Der Stil ..., Bd. I
174 G. Semper, Kleine Schriften, S. 267
175 G. Semper, Der Stil ..., Bd. I, S. 7
176 a.a.O., S. VIII
177 a.a.O., S. VII
178 G.W.F Hegel, Ästhetik, S. 529
179 N.G. Tschernyschewski, Ausgewählte philosophische Schriften, Moskau 1953, S. 437
180 G. Semper, Der Stil ..., Bd. I, S. 8
181 G. Semper, Kleine Schriften, S. 282
182 J.J. Winckelmann, Sämtl. Werke, Bd. 3, § 1
183 J.W. v. Goethe, Sämtl. Schriften, Bd. 18, 35. Teil, S. 66
184 Leo Adler bezieht sich in seinem Werk „Vom Wesen der Baukunst" (Leipzig 1826, Bd. I, S. 12) auf diese Lehre, aber auch bei ihm erscheint sie nur am Rande.
185 Alois Riegl, Gesammelte Aufsätze, Augsburg/Wien 1929, S. 60
186 Arnold Hauser, Sozialgeschichte der Kunst und Literatur, München 1953, Bd. 1, S. 512, Anm. 1
187 G. Semper, Der Stil ..., Bd. I, S. VI
188 G. Semper, Kleine Schriften, S. 261
189 G. Semper, Der Stil ..., Bd. I, S. 8
190 a.a.O., Bd. II, S. 91
191 M. Kagan, Wesen und Spezifik der angewandten Kunst, Zeitschrift Sowjetwissenschaft, Kunst und Literatur, Heft 6/1956
192 Siehe dazu die Arbeiten Sempers „Über den Ursprung einiger Architekturstile" und „Über architektonische Symbole" in den „Kleinen Schriften".
193 Leider ist dieses Problem noch nicht weiter untersucht, und es gibt m.E. keine Schriften, in denen die hier von Semper aufgezeigte Problematik weiter verfolgt und einer Klärung zugeführt wurde. Da eine eingehende Darstellung den Rahmen dieser Arbeit sprengen würde, muß ich mich auf die Andeutung dieser Problematik in Sempers Schaffen beschränken.
194 G. Semper, Der Stil ..., Bd. II, S. 248/249 und ferner in Bd. I, S. XIV der Abschnitt über die „Materiellen".
195 Diese Feststellungen decken sich mit denen E. Hempels, der dazu schreibt: „Semper bejaht also in vollem Umfange die Forderung nach einem zwecken tsprechenden Bauen, ... dagegen anerkennt er nur in sehr beschränktem Maße die nach Materialgerechtheit, die nach Strukturechtheit überhaupt nicht." (E. Hempel, Material- und Strukturechtheit in der Architektur, Abh. d. Sächs. Akademie d. Wiss. zu Leipzig, Phil.-Hist.-Klasse, Bd. 48, Heft 3, Berlin 1956, S. 15)
196 G. Semper, Der Stil ..., Bd. I, S. 95 f.
197 a.a.O., S. 8
198 Ebenda
199 a.a.O., Bd. II, S. 268
200 Hermann Nohl, Die ästhetische Wirklichkeit, Frankfurt a.M. 1935, S. 188
201 Dabei orientiert sich Semper vor allem an der Massenproduktion der entsprechenden Gegenstände und nicht so sehr an der Herstellung vereinzelter künstlerisch bedeutsamer Produkte. Deshalb denkt er auch ganz im Sinne Schinkels an die Anfertigung von Musterbüchern für die Industrie. (Siehe dazu Semper, Der Stil ..., Bd. I, S. 97, S. 100, S. 191)
202 G. Semper, Wissenschaft, Industrie ..., S. 27
203 H. Beenken, Das 19. Jahrhundert in der deutschen Kunst, München 1944, S. 38
204 Beenken stellt diesen Prozeß in seinem Buch sehr eindrucksvoll dar und spricht von einem neuen Zweckdenken, das in dieser Epoche immer mehr an Boden gewinnt. (a.a.O., S. 39)

205 Aus Schinkels Nachlaß, Herausgegeben von Frhr. v. Wolzogen, Berlin 1862/63, Bd. II, S. 209
206 a.a.O., S. 333
207 a.a.O., S. 211
208 Siehe Große Sowjetenzyklopädie, Moskau 1953, Bd. 22, S. 437 (russ.) Literatur Enzyklopädie Moskau 1931, Bd. 5, S. 453 (russ.)
209 G. Semper, Kleine Schriften, S. 402
210 E. Stockmeyer, G. Sempers Kunsttheorie, S. 39
211 L. Ettlinger, G. Semper und die Antike, S. 69 f.
212 Fritz Schumacher, Strömungen in der deutschen Baukunst seit 1800, Leipzig 1935, S. 46
213 Joseph Rykwert, Semper and the Conception of Style, in: Gottfried Semper und die Mitte des 19. Jahrhunderts, ... S. 68 f.
214 W. Herrmann, ..., S. 121
215 Alois Riegl, Spätrömische Kunstindustrie, Wien 1927, S. 8 f.
216 G. Semper, Der Stil ..., Bd. II, S. 167
217 a.a.O., S. 352
218 Dieses und noch andere Beispiele führt auch Stockmeyer (S. 40) an.
219 Stockmeyer, G. Semper ..., S. 39
220 J.J. Winckelmann, Sämtl. Werke, Bd. 3, Kap. 2 § 1
221 Siehe dazu L. Ettlinger, S. 59 f. und S. 72 f.
222 G. Semper, Die Vier Elemente ..., S. 57 — S. 69; im vorl. Bd. S. 119
223 G. Semper, Der Stil ..., Bd. I, S. 13
224 a.a.O., S. 177
225 G. Semper, Kleine Schriften. Siehe den Titel seines Aufsatzes „Über die formellen Gesetzmäßigkeiten des Schmuckes und seine Bedeutung als Kunstsymbol".
226 H. Nohl, Ästhetische Wirklichkeit, S. 184
227 G. Semper, Kleine Schriften, S. 305
228 a.a.O., S. 326
229 G.W.F. Hegel, Ästhetik, S. 75
230 Ebenda
231 Konrad Fiedler, Schriften über Kunst, herausgeg. von H. Konnerth, München 1914, S. 439 f.
232 G.W.F. Hegel, Ästhetik, S. 76
233 G. Semper, Kleine Schriften, S. 294
234 a.a.O., S. 295
235 G. Semper, Der Stil ..., Bd. I, S. 254
236 G. Semper, Kleine Schriften, S. 295
237 Ebenda
238 G. Lipsius, G. Semper als Architekt, S. 13 f.
239 G. Semper, Der Stil ..., Bd. I, S. 417
240 Ebenda
241 a.a.O., S. 443 f.
242 a.a.O., S. 445
243 a.a.O., S. 444
244 a.a.O., S. 445
245 Biermann zitiert eine Äußerung des Oberbaudirektors C.W. Condray, in der dieser die Gedanken Goethes wie folgt wiedergegeben hat:
„Einfach, aber fest. Die äußere Form das Resultat der inneren zweckmäßigen Einrichtung und so die Bestimmung des Gebäudes aussprechend. Erinnerung an die Theater der Alten."
(Zit. bei F.B.Biermann, Die Pläne für Reformen des Theaterbaues bei K.F. Schinkel und G. Semper, Berlin 1928, S. 43 f.

246 Stockmeyer, S. 37 f.
247 G. Semper, Der Stil ..., Bd. I, S. XX
248 Stockmeyer, G. Semper ..., S. 47
249 Fritz Schumacher, Strömungen ..., S. 46
250 Karl Boetticher, Die Tektonik der Hellenen, 2. Aufl., Berlin 1874, S. 20
251 a.a.O., S. 19
252 Ebenda
253 G. Semper, Kleine Schriften, S. 399 f.
254 Siehe dazu Beenken, Das 19. Jahrhundert ..., S. 71 und Abschnitt „Historismus"
255 F. Pecht, Deutsche Künstler des 19. Jahrhunderts, S. 166 f.
256 Aus Schinkels Nachlaß, hrsg. v. Wolzogen, Bd. II, S. 209
257 C. Gurlitt, Die deutsche Kunst seit 1800
258 Vgl. dazu u.a. F. Schumacher, Strömungen in der deutschen Baukunst seit 1800, Leipzig 1935; H. Beenken, Das neunzehnte Jahrhundert in der deutschen Kunst, hier vor allem dessen Abschnitt „Das neue Zweckdenken"
259 G. Semper, Der Stil ..., Bd. I, S. XIII
260 G. Semper, Kleine Schriften, S. 101 und 104
261 G. Semper, Der Stil ..., Bd. II. Siehe hierzu vor allem die Abschnitte „Tektonik" und „Stereotomie".
262 J.J. Winckelmann, Gedanken über die Nachahmung der griechischen Werke in der Natur und Bildhauerkunst, Heilbronn 1855, S. 8
263 Siehe dazu die Entwurfszeichnungen, die sich im Archiv des Instituts für Denkmalpflege in Dresden befinden.

# Literaturnachweis

Adler, L., Vom Wesen der Baukunst, Leipzig 1926, Bd. I
Allgemeine Deutsche Biographie, Leipzig 1891, Bd. XXXIII
Beenken, H., Das 19. Jahrhundert in der deutschen Kunst, München 1944
ders., Schöpferische Bauideen der deutschen Romantik, Mainz 1952
Behrend, W.C., Der Kampf um den Stil im Kunstgewerbe und in der Architektur, Stuttgart/Berlin 1920
Biermann, F.B., Die Pläne zur Reform des Theaterbaues bei K.F. Schinkel und G. Semper, Berlin 1928
Boetticher, K., Die Tektonik der Hellenen, Berlin 1874, 2. Auflage
Däubler, Th., Sempers Fresken im Japanischen Palais zu Dresden, in: „Die Antike", Zeitschrift für Kunst und Kultur des Altertums, Bd. 8/1932, Berlin/Leipzig 1932
Durm, J., Die Baukunst der Griechen, Leipzig 1910. 3. Aufl.
Eggers, F., Festrede zum Schinkelfest am 13. 3. 1966; in Zeitschrift für Bauwesen, Jahrgang XVI, Berlin 1866
Ermatinger, E.; J. Baechtold, Gottfried Kellers Leben, Briefe und Tagebücher, Stuttgart/Berlin 1915
Ermisch, H.G., Der Zwinger, Berlin 1952
ders., Der Dresdener Zwinger, Dresden 1953
Ettlinger, L., Gottfried Semper und die Antike. Beiträge zur Kunstauffassung des deutschen Klassizismus, (Diss.) Halle-Wittenberg 1937
Fiedler, K., Schriften über Kunst, hrsg. von H. Konnerth, München 1914
Gantner, J., Revision der Kunstgeschichte, mit Anhang: Semper und Le Corbusier, Wien 1932
Giedion, S., Spätbarocker und romantischer Klassizismus, München 1922
Goethe, J.W. v., Sämtliche Werke, Leipzig o.J. (Reclam)
Griesebach, A., Die Baukunst des 19. und 20. Jahrhunderts (Handbuch der Kunstwiss.)
Gurlitt, C., Die deutsche Kunst seit 1800, Berlin 1924
Hartmann, K.O., Die Baukunst in ihrer Entwicklung von der Urzeit bis zur Gegenwart, Bd. III. Leipzig 1911
Hauser, A., Sozialgeschichte der Kunst und Literatur, München 1953
Hegel, G.W.F., Ästhetik, Berlin 1955
Hempel, E., Geschichte der deutschen Baukunst, Deutsche Kunstgeschichte, Bd. I, München o.J.
ders., Material- und Strukturechtheit in der Architektur, Abh. d. Sächs. Akademie der Wiss. zu Leipzig, Phil.-Hist. Klasse, Bd. 48, Heft 3, Berlin 1955
Herrmann, W., Gottfried Semper im Exil. Paris, London 1849 bis 1855. Zur Entwicklungsgeschichte des „Stil" 1840 bis 1877, Basel und Stuttgart 1978
Hettner, H., Kleine Schriften, Braunschweig 1884
Hildebrandt, H., Die Kunst des 19. u. 20. Jahrhunderts, Handbuch der Kunstwissenschaft, Potsdam 1925
Jenny, H., Kunstführer der Schweiz, Küßnacht 1934
Kagan, M., Wesen und Spezifik der angewandten Kunst in: Sowjetwissenschaft, Kunst und Literatur, Heft 6/1956
Kugler, F., Antike Polychromie in: Deutsches Kunstblatt III/1852, Heft 15 u. 16, Leipzig 1852

ders., Kleine Schriften und Studien zur Kunstgeschichte, Stuttgart 1833
Klopfer, P., Von Palladio bis Schinkel, Eßlingen 1911
Koch, H., Studien zum Theseustempel in Athen, Abh. d. Sächs. Akademie d. Wiss. zu Leipzig, Phil.-Hist. Klasse, Bd. 47, Heft 2, Berlin 1955
Lichtwark, A., Ausgewählte Schriften in zwei Bänden, Bd. II, Berlin 1917
Lippert, W., Richard Wagners Verbannung und Rückkehr, Dresden 1927
Lipsius, G. Semper in seiner Bedeutung als Architekt, Berlin 1880
Mackowski, H. K., F. Schinkel, Tagebücher, Briefe, Aphorismen, Berlin 1922
Mayer, H., Studien zur deutschen Literaturgeschichte, Berlin 1954
Marx, K., Das Elend der Philosophie, Berlin 1947
Marx, K./Engels, F., Briefwechsel, Berlin 1949
ders., Neue Rheinische Zeitung, Berlin 1955 (Photomechanischer Nachdruck)
Muthesius, Kunstgewerbe und Architektur, Jena 1907
ders., Wo stehen wir?, in: Werkbund Jahrbuch 1912, Jena 1912
Mütterlein, G. Semper und dessen Monumentalbauten am Dresdener Theaterplatz (Neues Archiv f. Sächs. Geschichte und Altertumskunde, Bd. 34, Dresden 1913)
Meyer, P., Europäische Kunstgeschichte, Zürich 1948
Nohl, H., Die ästhetische Wirklichkeit, Frankfurt a.M. 1935
Pecht, F., Deutsche Künstler des XIX. Jahrhunderts, Studien und Erinnerungen, Nördlingen 1877
Prinzhorn, H., Gottfried Sempers ästhetische Grundauffassung, (Diss.) München 1908
Plechanow, G.W., Über Kunst und Literatur, Berlin 1955
Riegl, A., Spätrömische Kunstindustrie, Wien 1927
ders., Stilfragen, Grundlegung zu einer Geschichte der Ornamentik, Berlin 1893–1923
Rumohr, C.F. v., Italienische Forschungen, Berlin/Stettin 1827 und 1831
Schinkel, K.F., Aus Schinkels Nachlaß, hrsg. von A. Frhr. v. Wolzogen, Berlin 1862
Schmarsow, A., Grundbegriffe der Kunstwissenschaft, Leipzig/Berlin1905
ders., Zur Frage nach dem Malerischen, Leipzig 1896
Schnaase, K., Geschichte der bildenden Künste bei den Alten, Düsseldorf 1843
ders., Geschichte der bildenden Künste im Mittelalter, Düsseldorf 1844
Schumacher, F., Strömungen in der deutschen Baukunst seit 1800, Leipzig 1935
Semper, G., Das kgl. Hoftheater zu Dresden, Braunschweig 1849
ders., Die vier Elemente der Baukunst, ein Beitrag zur vergleichenden Baukunde, Braunschweig 1851
ders., Wissenschaft, Industrie und Kunst, Vorschläge zur Anregung nationalen Kunstgefühls, Braunschweig 1852
ders., Über die bleiernen Schleudergeschosse der Alten und über die zweckmäßige Gestaltung der Wurfkörper im allgemeinen, Frankfurt a.M. 1859
ders., Der Stil in den technischen und tektonischen Künsten oder praktische Ästhetik, Bd. I, Frankfurt a.M. 1860; Bd. II, München 1863; 2. Aufl. München 1878
ders., Kleine Schriften, hrsg. von Hans und Manfred Semper, Berlin/Stuttgart 1884
ders., Schmuck als Kunstsymbol, besorgt v. H. Nohl, Berlin 1945
Gottfried Semper. Zeichnerischer Nachlaß an der ETH Zürich. Kritischer Katalog von Martin Fröhlich, Basel und Stuttgart 1974
Semper und die Mitte des 19. Jahrhunderts. Symposion vom 2. bis 6. Dezember 1974 veranstaltet durch das Institut für Geschichte und Theorie der Architektur der ETH Zürich, Basel und Stuttgart 1976
Gottfried Semper. Zum 100. Todestag. Ausstellung im Albertinum zu Dresden vom 15. Mai bis 29. August 1979 (Katalog), Dresden 1979
Gottfried Semper 1803–1879. Sein Wirken als Architekt, Theoretiker und revolutionärer Demokrat und die schöpferische Aneignung seines Erbes. Schriftenreihe der Sektion Architektur – Technische Universität Dresden, Heft 13, Dresden 1980

Semper, H., Gottfried Semper, ein Bild seines Lebens und Wirkens, Berlin 1880
Sommer, O., G. Semper, Zeitschrift für Bauwesen, Berlin 1886
Stockmeyer, E., Gottfried Sempers Kunsttheorie, (Diss.) Zürich 1939
Tschernyschewski, N.G., Ausgewählte philosophische Schriften, Moskau 1953
Waetzold, W., Deutsche Kunsthistoriker, Bd. I, Leipzig 1924
Wagner, R., Mein Leben, München 1911
Wagner, R., Sämtliche Schriften und Dichtungen, Volksausgabe Bd. 3 und 4, Leipzig 1913
Wagner, R., Briefe, Die Sammlung Burell, hrsg. u. dokumentiert von John N. Buck, S. Fischer-Verlag, Frankfurt a.M. 1953
Winckelmann, J.J., Gedanken über die Nachahmung der griechischen Werke in der Malerei und Bildhauerkunst, Heilbronn 1895
Winckelmann, J.J., Sämtl. Werke (J. Eiselein), Donaueschingen 1825
Zeißig, A., Ästhetische Forschungen, Frankfurt a.M. 1855

Bolschaja Sovetskaja Encyklopedija, Bd. 22, Moskau 1953, Bd. 38, Moskau 1955
Literaturnaja Encyklopedija, Bd. 5, Moskau 1931
Gottfried Semper, in: Deutsche Architektur, Berlin, Heft 6/1953

(Ein umfangreiches Literaturverzeichnis befindet sich in: Gottfried Semper. Zum 100. Todestag. Ausstellung im Albertinum in Dresden; Dresden 1979, S. 340−346.)

# DIE VIER ELEMENTE DER BAUKUNST.

EIN

BEITRAG ZUR VERGLEICHENDEN BAUKUNDE

VON

GOTTFRIED SEMPER,
EHEMALIGEM DIRECTOR DER BAUSCHULE ZU DRESDEN.

BRAUNSCHWEIG,
DRUCK UND VERLAG VON FRIEDRICH VIEWEG UND SOHN.

1851.

# DIE
# VIER ELEMENTE
## DER
# BAUKUNST.

EIN

BEITRAG ZUR VERGLEICHENDEN BAUKUNDE

VON

GOTTFRIED SEMPER,
EHEMALIGEM DIRECTOR DER BAUSCHULE ZU DRESDEN.

---

BRAUNSCHWEIG,
DRUCK UND VERLAG VON FRIEDRICH VIEWEG UND SOHN.

1851.

SEINEM EDLEN FREUNDE

HERRN SCHUL-DIRECTOR

# FRIEDRICH KRAUSE

IN DRESDEN

EHRERBIETIGST GEWIDMET

VOM

VERFASSER.

# Inhalt.

|     |                         | Seite |
|-----|-------------------------|-------|
| I.  | Ueberschau              | 1     |
| II. | Die Phytie              | 13    |
| III.| Der chemische Beweis    | 30    |
| IV. | Mehr als Vermuthungen   | 46    |
| V.  | Die vier Elemente       | 52    |
| VI. | Nutzanwendungen         | 99    |

# I.
# Ueberschau.

Die berühmte Schrift über den olympischen Jupiter von Quatremère de Quincy war eine der wichtigsten Erscheinungen der Kunstlitteratur und ein Triumph unseres Jahrhunderts. In dieser Schrift wird zum ersten Male hauptsächlich aus dem Wesen der griechischen Kunst heraus der Beweis geführt, dass an den Monumenten der Griechen, und zwar an den Meisterwerken ihrer besten Zeit, die drei bildenden Künste, unterstützt von den mehr technischen Künsten, in so inniger Verbindung zusammen wirkten, dass ihre Grenzen vollständig verschmolzen waren und sie in einander aufgingen.

So wurde der Standpunkt für die richtigere Anschauung griechischer Kunst zwar bedeutend vorgerückt, aber auch die Uebersicht und das Verständniss derselben in gleichem Maaſse erschwert, für welches wir in unseren Vorstellungen ein bequemes Schema ausgebildet hatten, das durch die wichtigen darauf begründeten neueren Kunsterzeugnisse eine Art von unabhängiger Lebensberechtigung erlangt hatte.

Unter dem mächtigen Einflusse dieser verjährten Vorstellungen, denen durch die ehrwürdige „vergine" der antiken Bildwerke und das Genie der Renaissance der Stempel der Aechtheit aufgedrückt schien, blieb die Mehrzahl der Gelehrten und Künstler der Frage lange Zeit hindurch gänzlich fremd, oder räumte dem Autor nur Weniges und dieses Wenige unter allen ersinnlichen Bedingungen und Beschränkungen ein. Nur unter den jugendlicheren Gemüthern fand die Sache Anklang.

So stand die Frage, als mit der Erhebung der Neugriechen gegen das fremde Joch eine Art von schnell vorübergehender Begeisterung für das Griechenthum die Völker ergriff. Dieser philhellenische Rausch gab sich vorzüglich in Deutschland kund, wo hohe und höchste Kunstbeschützer ihn theilten. Aber auch in England und Frankreich war er verbreitet. Er war, wie jede ideelle Erhebung des Volksgeistes, von heilsamen Folgen, besonders für das Studium und die Pflege der Künste, und für die Verbreitung der neuen polychromen Auffassungsweise griechischer Kunst kam er gerade rechtzeitig.

Es war in dieser Zeit, als Hittorf's polychrome Wiederherstellung eines Selinuntischen Heroum die ganze antiquarische Gelehrtenwelt in Alarm setzte und einen denkwürdigen Federkampf veranlasste, der, wenn er auch alle Hauptfragen unentschieden liefs, dennoch durch die Zusammenstellung und vielseitige kritische Prüfung der in den Schriften der Alten zerstreuten, den fraglichen Gegenstand berührenden Stellen der Wissenschaft bedeutenden Gewinn brachte\*).

---

\*) Die meisten der Ausdrücke, die in diesen Citaten vorkommen und sich auf bildliche Darstellungen beziehen, sind so unentschieden, dass es dem Scharfsinne selbst eines Hermann unmöglich war, herauszubringen, ob von gemalten oder von plastischen, oder von gestickten oder von solchen

Inzwischen wurden in Griechenland und Italien die Forschungen über diesen Gegenstand mit Eifer verfolgt und es erschienen zahlreiche Publicationen mit interessanten Beiträgen zur antiken Polychromie. Dennoch blieb die Tempelrestauration des Herrn Hittorf, wegen des Gesammt-Ueberblickes, welchen sie gewährte, für die allgemeinere Verbreitung der neuen Anschauungsweise der griechischen Kunst das Wichtigste. Zu dieser Zeit war auch der Verfasser dieses Aufsatzes von seinen Studienreisen durch Italien, Sicilien und Griechenland zurückgekehrt, und hatte eine Anzahl von colorirten Zeichnungen über hetruskische, griechische und römische Polychromie, worunter auch die polychrome Restauration der Akropolis von Athen war, in mehreren Kreisen von Künstlern und Gelehrten vorgezeigt. Sie waren das Resultat von Untersuchungen, die der Verfasser, zum Theil in Gemeinschaft mit seinem unvergesslichen Reisegefährten und Freunde, dem den Seinigen, der Welt und der Kunst durch frühen Tod geraubten Jules Goury, an den antiken Ueberresten angestellt hatte*).

---

Werken die Rede sei, an welchen die Plastik und Malerei gemeinschaftlichen Theil hatte. Man hat sie für neutral und keiner von beiden Ansichten das Wort sprechend erklärt. Sollte aber die sonst so klare und reiche griechische Sprache der Ausdrücke für die Nüancirung von Begriffen ermangelt haben, die nach unserer Anschauungsweise weit von einander liegen, wenn diese Begriffe selbst, bei den Griechen, nicht in einander geflossen wären? Sollten daher nicht gerade diese undeutlichen Stellen für dasjenige, was wir uns jetzt von dem Zusammengehen der Künste bei ihren Werken dunkel vorstellen, den klarsten, unzweideutigsten Beweis geben?

*) Nachdem wir uns in Athen getrennt hatten, setzte Goury gemeinschaftlich mit Herrn Oven Jones, dem späteren Herausgeber des bekannten

Wir waren während unserer Arbeiten dem damals über die Frage sich entwickelnden Processe der Gelehrten und überhaupt allen äufseren Einflüssen fremd geblieben, weshalb die Notizen über das allgemeine Resultat unserer Untersuchungen, welche ich bald nach meiner Rückkehr im Jahre 1834 in einer kleinen Druckschrift bekannt machte, in diesen Kampf eine Art von unerwarteter Diversion brachten.

Dennoch sollte diese rasch hingeworfene Schrift nur als Ankündigung eines Werkes über polychrome Architektur dienen, welches, in drei Heften bestehend, griechische, etruskisch-römische und mittelalterliche Kunst umfassen sollte.

Die Veröffentlichung dieses Werkes ist niemals erfolgt, obgleich das erste Heft zur Herausgabe vollständig fertig war und in einzelnen Exemplaren in öffentlichen und Privatbibliotheken sich befindet. Verschiedene sich einander begegnende äufsere Ursachen und innere Beweggründe verleideten mir die Fortsetzung meiner Arbeit.

Die Anführung der ersteren würde kein allgemeines Interesse haben; von den letzteren mit wenig Worten zu reden, sei zu meiner Entschuldigung gestattet, da dies ohne Abschweifung von dem Gegenstande geschehen kann.

---

Prachtwerkes über die Alhambra, seine Forschungen in Aegypten und Syrien fort, wo er im Jahre 1834 an der Cholera starb. Die Mappe dieses ausgezeichneten, an Geist und Körper kräftigen Künstlers, dessen Energie und Thätigkeit seinem Talente gleich kam, muss die vollständigste und zuverlässigste Sammlung über Polychromie enthalten, die existirt, und Goury's Ordnungsliebe, einer seiner Vorzüge, lässt mit Bestimmtheit annehmen, dass sich Alles zur Publication vorbereitet in ihr vorfindet. Wo ist sie nach seinem Tode hingekommen?

Zuerst war der Plan des angekündigten Werkes nicht glücklich angelegt. Er musste entweder allgemeiner gefasst sein, so dass er die Polychromie aller Zeiten und Länder umfasste, oder sich in noch beschränkteren Grenzen bewegen.

Zu dem Angriff einer Arbeit nach einem weiteren Plane schien theils der nöthige Stoff noch überhaupt zu fehlen, theils war ich von der Unzulänglichkeit meiner Kräfte, meiner Zeit und meiner Mittel überzeugt, ohne Beistand, wie ich war, nur den vorhandenen Stoff auf eine befriedigende Weise zu bewältigen.

Gern hätte ich mich daher auf die Mittheilung meiner Zeichnungen über Athens Alterthümer und einige andere Beiträge zur Polychromie der Alten beschränkt. Aber nur in ihrem geschichtlichen Zusammenhange mit Werken anderer Zeiten und anderer Völker konnte die in ihnen niedergelegte, so wenig selbst den bisherigen polychromen Auffassungen entsprechende Anschauung der Antike als etwas mehr als ein blofses Hirngespinnst erscheinen.

Mehr aber als die Kritik der Gelehrten und Kenner scheute ich den Unverstand der Enthusiasten. Wahrlich die ersten polychromen Versuche in Deutschland waren keine Ermunterung zu der Verfolgung eines Unternehmens, an dessen Zeitgemäfsheit ich zu zweifeln begann. Sie erregten in mir ein solches Entsetzen *), dass ich seitdem auf jeden Versuch verzichtete, antike Polychromie anzuwenden, und in der Decoration lieber die Traditionen der

---

*) Die verschiedenen Systeme der antiken Polychromie fanden ihre praktische Anwendung. Während sich hier ein zierlich verblasener Marzipanstyl als Griechisch gerirte, ging dort ein blutrother Fleischerstyl auf, und gab ebenfalls vor, Griechisch zu sein.

älteren Italiener, verbunden mit der Anwendung des farbigen Materiales, wo es die Umstände erlaubten, als mit dem Standpunkte der modernen Malerei am meisten übereinstimmend, befolgte.

Zum Glück war es nun schon mit dem philhellenischen Enthusiasmus vorüber, und die Polychromie der Griechen musste der mittelalterlichen Polychromie Platz machen. In Deutschland wurde diese Richtung, glaube ich, zuerst durch die Restauration des Bamberger Domes veranlasst, bei der man wieder die alten romanischen Ornamente und viele Spuren von Malerei an den Statuen und Basreliefs vorfand. Für diese Periode der Kunst fehlte es an Anhaltepunkten nicht, vornehmlich in Italien, und die Versuche in diesem Style, die nun erfolgten, fielen daher nicht ganz so schlecht aus, wie die griechischen, obgleich auch hier keine Zukunft zu erwarten war, da man das Specifische dieses Styles, seine Rohheiten und Steifheiten statt der grofsen allgemein gültigen Principien, die darin liegen, auffasste.

Die gothische Polychromie fand hierauf ihre Historiker vornehmlich in Frankreich, wo sich in jüngster Zeit, seitdem für die Restauration der gothischen Kirchen Vieles geschieht, eine romantische Schule von Architekten gebildet hat. Mit dem diesem Volke eigenen Geschicke wurden polychrome Restaurationen verschiedener romanischer und gothischer Kirchen ausgeführt, unter denen die *sainte chapelle* sich durch die Vollständigkeit und den Reichthum ihres durch vorgefundene Spuren documentirten polychromen Systems auszeichnet.

So war der passende Zeitpunkt für das Erscheinen des Werkes vorübergegangen, und muthlose Betrachtungen waren an die Stelle des jugendlichen Eifers getreten.

Die zur Bildsäule wiedererstarrte Schöpfung des Prometheus sollte ihm damals, durch den Ruf einer begeisterten Gegenwart erweckt, von farbigem Glanze umduftet, von ihrem Piedestale herab in unsere Mitte treten. Aber das herrliche Gebilde zerfliefst in abscheuliche Fratzen! Der Kluge, aus dem glücklichen Reiche der Mitte, verschliefst davor den Blick und leugnet die Erscheinung. Er kehrt in sein Antikencabinet zurück zu seiner weifsen Statue, die sich begreifen und befühlen lässt, deren Schönheit er anatomisch zergliedern und ästhetisch motiviren kann; er beweist daran, vor Damen und vor Herren, dass und warum die Griechen ein plastisches Volk waren, und giebt gelegentlich zu, dass Helena einen bunten Saum am Kleide hatte.

Der Redliche harrt vergeblich, dass das Bunte sich zu harmonischer Schöne gestalte. Er vermag es nicht, zu jenen alten Vorstellungen zurückzukehren, die durch die Trennung des Lebens von der Kunst, letzterer in unserer unharmonischen und unkünstlerischen Zeit, wenigstens eine Art von Sonderleben gestatteten.

Andererseits muss er verzichten, das Räthsel jemals gelöst zu sehen, wie das Ineinanderfliefsen aller bildenden Künste bei den Griechen auf eine Weise bewerkstelligt wurde, die der hohen Vollkommenheit entsprach, die wir an den nackten, vereinzelten und ihrer schwesterlichen Ausstattung beraubten Bruchstücken wahrnehmen, und wie dabei das Einzelne die Geltung behalten konnte, wozu es, vermöge seiner selbständigen Schöne, Berechtigung hatte.

Bei barbarischen Monumenten ist ihm Alles begreiflich; dort wird die Harmonie durch das Aufgehen der unselbständigen Einzelheiten in die Gesammtidee erreicht.

Sie sind uns in ihrer polychromen Erscheinung noch jetzt verständlich. Bei den Griechen aber konnte diese Harmonie nur durch ein freies und doch gebundenes Zusammenwirken gleichberechtigter Elemente geschehen, durch eine Demokratie in den Künsten. Wer giebt dazu den Schlüssel?\*)

Doch selbst, wenn er ihn hätte, ihm bliebe hellenische Kunst immer noch fremd! Kann er den Chorus wieder aus dem Orcus zusammenrufen, dem sich das Drama entwand, bei welchem alle Künste, und die hellenische Erde und das Meer und der Himmel und das ganze Volk selbst zu gemeinsamer Verherrlichung zusammenwirkten?

Und Alles bleibt doch nur eine unheimliche Phantasmagorie, ehe sich unser Volksleben nicht zu harmonischem Kunstwerke, analog dem Griechischen in seiner kurzen Blüthezeit, nur reicher noch, gestaltet.

Wenn dies geschieht, dann lösen sich alle Räthsel! Wo sind sie, die an die Möglichkeit dachten! — —

Während auf dem Continente die Frage über monumentale Polychromie nicht nur in zahlreichen Schriften debattirt wurde, sondern auch zu praktischen Resultaten führte, blieb sie in England fast ganz unberücksichtigt, welches um so mehr auffällt, da von englischen Reisenden die ersten wichtigen Notizen darüber gegeben wurden und da selbst die Thatsache des farbigen Ueberziehens der ganzen Oberfläche weißer Marmortempel bei den Griechen schon vor nunmehr 30 Jahren von englischen Architekten constatirt war. Dass trotz des romantischen Aufschwunges

---

\*) Hätten wir ihn, wir wüssten auf einmal, was die Griechen waren, die unsere Gelehrten jetzt ein vorzugsweise plastisches Volk nennen.

der letzten Zeit, welchem in England durch das Entstehen von Hunderten von verzwickten gothischen Kirchen entsprochen wurde, die romanisch-gothische Polychromie keine Anwendung fand, lässt sich wohl aus vorwaltenden Cultusverhältnissen erklären.

Erst durch das schöne Werk des Herrn Owen Jones über die Alhambra scheint die Polychromie bei dem englischen Publicum Anklang gefunden zu haben, und es hat allen Anschein, dass bei der die Briten auszeichnenden Bravour in der Verfolgung einer einmal eingeschlagenen Direction, dieselbe hier nächstens in grofsartiger Weise in Anwendung kommen, und auch, wie sehr zu befürchten steht, zu colossalen Uebertreibungen führen wird.

Die angedeutete Richtung findet ihre braven Führer in einer Schule von jungen Architekten, die erst von ihren Kunstreisen zurückgekehrt sind und deren Cartons die wichtigsten Beiträge zur Geschichte der Polychromie enthalten. Es ist ein Zeichen richtigen Tactes und judiciöser Beurtheilung des Standpunktes, auf dem sich die Frage zur Zeit befindet, dass sie den polychromen Werken und den Miniaturen der ersten christlichen Jahrhunderte in den Ländern, die ehemals die Sitze der classischen Bildung waren, ihre besondere Aufmerksamkeit zuwandten *).

Hier, an der Grenze zwischen alter und neuer Geschichte, wo aus den zwar todten, aber noch unzerstörten Formen des Alten ein neuer Phönix der Kunst sich entwand, muss ein Schluss von dem, was sich traditionell als

---

*) Besonders interessant zu werden verspricht ein hier im Entstehen begriffenes Werk über die Mosaiken der H. Sophienkirche in Constantinopel, nach Zeichnungen von Fossati, dem Wiederhersteller dieses ehemaligen Haupttempels der griechischen Christen.

Mumie erhielt, auf das einst Lebendige zu begründeten Resultaten führen. Zugleich lässt sich dort vielleicht das Ende des Fadens zur Wiederanknüpfung an eine seit Jahrhunderten unterbrochene Kunstpraktik für die Folgezeit finden. Mit grofsen Erwartungen sieht daher die gelehrte und künstlerische Welt der baldigen Veröffentlichung dieser schönen Sammlungen entgegen, und, wie die Sachen jetzt stehen, lässt sich auch erwarten, dass das grofse Publicum sich mehr, als früher der Fall war, dabei betheilige.

Nicht minder wichtig für unser Interesse sind die bekannten assyrischen Entdeckungen, deren Resultate jetzt in zwei schönen Werken dem Publicum vorliegen und in den beiden Hauptstädten Europas sogar zum Theil in Wirklichkeit vor Augen gestellt sind.

Eben so trugen die genauere Kenntniss der persischen Denkmäler durch das wichtige Werk der Herren Flandin und Coste nebst den Reiseberichten des Herrn Texier, besonders aber auch die neuesten Entdeckungen in Kleinasien, Vieles zur Erweiterung und Berichtigung unserer bisherigen Vorstellungen über antike Kunst und ihre Geschichte im Allgemeinen und in Beziehung auf Polychromie im Besondern bei.

Auch die ägyptischen Monumente, diese unerschöpflichen Fundgruben der antiquarischen Forschung, sind uns erst seit Kurzem um Vieles verständlicher geworden, und stehen nicht mehr so isolirt da, wie früher.

Sogar die viel durchsuchten Monumente Athens wurden Gegenstand neuer Forschungen, die zu sehr wichtigen Entdeckungen und zu Berichtigungen früherer Angaben über sie führten. Die sorgfältigen Untersuchungen über die an ihnen neulichst entdeckten Abweichungen von der senkrechten und horizontalen Richtung in den architektonischen Hauptlinien nebst neuen polychromen Details und einer farbigen Wiederherstellung der Akropolis durch Herrn Penrose sehen ihrer Veröffentlichung entgegen*).

Die wichtigste Erscheinung in der Litteratur der Polychromie wird aber ohne Zweifel das angekündigte neue Werk des Herrn Hittorf sein, das in schönen lithochromen Darstellungen eine Uebersicht der Geschichte der Poly-

---

*) Je mehr es gelingt, den Einzelheiten in der hohen Vollendung dieser Schöpfungen auf die Spur zu kommen, desto mehr verlieren wir den Standpunkt ihres Verständnisses.

Wir werden für die angeführte Eigenthümlichkeit an den attisch-dorischen Tempeln, die übrigens für die senkrechten Axenrichtungen der Säulen schon früher bekannt war, für jetzt uns mit der Erklärung begnügen müssen, dass hier ein Hinüberwirken des malerischen Elementes in das Gebiet des architektonischen Elementes stattfand; in so weit nämlich das malerische Element in Augentäuschung besteht. Die Täuschung musste der Wirklichkeit behülflich sein, damit letztere durch Augentäuschung nicht anders scheine, als sie wirklich ist. Doch ging die Absicht wohl noch weiter hinaus. Es wurden durch das Senken der Endpunkte horizontaler Linien letztere scheinbar verlängert, wenn man vor der Mitte stand. Die sphärische Perspective erklärt diese Erscheinung. Dass die Convergenz verticaler Linien sie, von der Nähe und von Unten betrachtet, höher erscheinen macht, und ausserdem die sichtliche Festigkeit dabei gewinnt, ist auch verständlich.

Es ist übrigens dies keine isolirt stehende Erscheinung. An vielen alten Kirchen, besonders an den romanischen Basiliken Mittelitaliens (Toscanella) bemerkt man eine Convergenz der horizontalen Linien nach einem imaginären Verschwindungspunkte zu, und oft sogar ein Steigen des Bodens und ein Sinken der Decke nach dem Altare hin. Dasselbe Princip findet sich in der schönen Kirche dell' Annunziata in Genua angewendet. Der Palast Medici in Florenz hat eine leichte Ausbauchung der Façade, die sie breiter erscheinen macht, als sie ist. An der Architektur der Altarnischen findet sich die Anwendung der scenischen Architektur am häufigsten. Bramante und seine Schüler bedienten sich ihrer mit Glück. Spätere Uebertreibungen brachten dieses sehr wirksame Mittel in Misscredit.

chromie und eine neue Bearbeitung seiner Tempelrestauration, mit sorgfältiger Angabe der ihr zu Grunde gelegten Motive, enthalten wird.

Der dieses Werk begleitende Text verspricht besonders interessant zu werden, und wird den Gegenstand auf eine dem bekannten Talente, der Erfahrung und der Gelehrsamkeit des Autors entsprechende Weise behandeln.

So ist nach vierzig Jahren seit ihrer Anregung durch Quatremère de Quincy diese Frage in ein neues Stadium getreten.

Griechische Polychromie steht nicht mehr da als isolirte Erscheinung, sie ist kein Hirngespinnst mehr, sondern entspricht dem Gefühle der Masse, dem allgemein angeregten Verlangen nach Farbe in der Kunst, und mitten in der neuen Bewegung macht sie sich rechtzeitig durch gewichtige Stimmen geltend, die sich dafür erheben.

Wenn ich in dem Momente, wo so wichtige Publicationen über diesen Gegenstand bevorstehen, mit dieser kleinen Schrift hervortrete (die übrigens auch an andere Fragen anknüpft), so beruhigt mich der Gedanke, dass, wenn sie auch der Wissenschaft und Kunst nichts nützen wird, sie höchstens mir selber etwas schaden kann. Das Hauptziel der Schrift ist darauf gerichtet, gegen die entgegengesetzte Ansicht nachzuweisen, dass die Sitte des Bemalens weifser Marmortempel aus der besten griechischen Zeit in vollester Ausdehnung ihre Anwendung fand. Vielleicht lässt sich dabei dem Stoffe diese oder jene neue Seite abgewinnen, und damit die elementarische Unbescheidenheit des Titels, wo nicht rechtfertigen, doch wenigstens motiviren.

## II.

## Die Pythia.

Die kleine im Jahre 1834 erschienene Schrift: „Vorläu-
„fige Bemerkungen über die Anwendung der Farben an
„den Werken der Architektur und Sculptur bei den Alten,"
hat wenigstens das Verdienst, die nächste Anregung zu
dem Kugler'schen Buche über Polychromie der Alten und
ihre Grenzen, ja selbst ein wesentliches Object ihres In-
haltes gegeben zu haben.

Auf fast jeder Seite werde ich als Repräsentant einer
angeblich extremen Ansicht hingestellt, die zu bekämpfen
das Interesse des reinen Geschmackes und des richtigen
Verständnisses der Antike dringend anmahne; sehr häufig
werden meine Worte und meine Zeichnungen citirt.

Man war daher sehr auf das Erscheinen des von mir
angekündigten Werkes und gleichzeitiger Erwiderung der
Kugler'schen Schrift gespannt, die niemals erfolgten.

Man hat bereits die Gründe erfahren, die mir die ganze
Sache verleidet hatten. —

Seitdem sind Jahre verstrichen, innerhalb welcher die
Frage Zeit hatte, sich praktischer zu gestalten. Sie ist im
Begriffe, neues Interesse zu bieten.

So möge denn hier, zwar etwas spät, aber für die Sache noch immer früh genug, eine kurze Vertheidigung meiner Anschauungsweise gegen diese Angriffe, mit einer Kritik der Kugler'schen Anschauungsweise und ihrer Motivirung, erfolgen.

In der Einleitung stellt Herr Kugler die beiden extremen Parteien einander entgegen, zwischen denen (wie immer) die Wahrheit in der Mitte liegen müsse, und sie schliefst mit einer bittersüfsen Missbilligung des Beifalles, den meine Zeichnungen damals bei jüngeren Künstlern gefunden hätten:

„Freilich mochte man bei dem ersten flüchtigen Ein„druck nicht wohl gesondert haben, wie sich althellenische „Gefühlsweise, Sitte und Natur zu dem modernen form„und farblosen Norden verhalten, welcher letztere eben zu „seiner Belebung gröfsere Mittel in Anspruch nimmt."

Was Herr Kugler damit sagen zu wollen scheint, dass lebhaftes Farbenspiel wohl für den modernen Norden, aber nicht für den antiken Süden passe, widerspricht Allem, was sich in der Natur, und in den Costümen, den Zierrathen, den Bauwerken u. s. w. der verschiedenen Völker dieser Erde der Beobachtung darbietet.

Im Süden überzieht ein ungeschwächtes Sonnenlicht Alles mit blendendem safrangelben Glanze und hebt selbst die Schattenpartien und das Dunkelgefärbte hell von dem tiefen fast schwarzen Himmel ab.

Es vereinigt alle ganzen gesättigten Töne der Farbenscala unter dieser goldenen Lasur. Aber es steigert das Weifs und alle hellen Töne auf eine das Auge beunruhigende Weise, weshalb (im Süden) das Weifs nur in der Wüste, d. h. in dem Reiche der Todten, herrscht. Wie bei uns das Schwarz, so ist dort das Weifs oder Gelb die Farbe der Trauer. — Ueberall, wo Leben ist, dort ist auch lebendige Farbe. Nirgend erscheint das Weifs in den Hauptpartien des Naturbildes, und die Menschen sind genöthigt, in ihren Werken ihr hierin zu folgen. Anders im Norden und in Ländern wie England, wo der Nebel das ganze Jahr waltet, Himmel und Erde in sein graues Gewand hüllt, auf dem alle Gegenstände dunkel erscheinen, und ein seltenes Streiflicht der Sonne nur die nächsten Gegenstände (aber sehr effectvoll) beleuchtet. Dass hier ein ganz anderes System der Polychromie zu beobachten sei, ein mäfsigeres und helleres, scheint einleuchtend. Belehrend dürfte dabei der Vergleich sein zwischen den Werken der berühmten Coloristen aus der niederländischen Schule mit den Italienern.

Doch dies nur beiläufig zur Widerlegung jener Kugler'schen Behauptung und zur Rechtfertigung des scheinbaren Ungeschmacks, die weifsen Marmorwände unschön zu finden. Ich muss, und sollte ich deshalb von den Aesthetikern als Irrlehrer mit doppeltem Banne belegt werden, das Geständniss wiederholen, grofse weifse Gebäudemassen weder im Norden noch im Süden schön finden zu können.

Herr Kugler legt ein grofses Gewicht auf die Gewährsstellen der Alten für die Entscheidung der streitigen Frage, so dass es dabei zu verwundern ist, wie seine Citatenliste so dürftig ausfiel. Mich dünkt, es liefse sich schon noch manche andere hierher gehörige Passage anführen. Doch desto besser: es geht mit ihnen meistens wie mit den Bibelversen, ein Jeder legt sie nach seinem Glauben aus.

Zuerst lässt Herr Kugler vier oder fünf Stellen, die für die Polychromie Zeugniss ablegen, schnell passiren;

sie geben, nach ihm, nur Nachricht entweder von zu alten (archäistischen und provinciellen) oder von zu neuen Werken; was von denen gültig sei, habe deshalb noch keine Anwendung auf attische Marmortempel. Doch macht er das wichtige Zugeständniss, dass, mit Ausschluss der Tempel des eigentlichen Griechenlands aus der besten Zeit, sie bei den Griechen auch in ihren constructiven Haupttheilen bemalt waren und dass selbst bei jenen das Innere der Zelle farbig war *).

Jetzt werden die Zeugnisse gegen die Polychromie mit grofsem Pompe angekündigt; aber man sieht sich in seinen Erwartungen Anfangs getäuscht, und selbst der Autor scheint die Schwäche der auf einer Menge von Stellen des Pausanias fufsenden Argumente zu fühlen, indem sein Styl auf einmal sich verwickelt und es schwer wird, seinem Ideengange zu folgen. Auch glaubt er deshalb, nach endlicher Vorführung des entscheidenden Citates, das den vorher nur zur Unterhaltung etwas gehetzten Feind auf einen Stofs tödten soll, sich mit folgenden Worten entschuldigen zu müssen:

„Wir haben die früheren, nicht auf solche Weise ent-
„scheidenden Zeugnisse nur deshalb mitgetheilt, damit die
„Stelle aus dem Herodot nicht zu vereinzelt dastehe,

---

*) Es würde nicht hinreichendes Interesse darbieten, wollte ich dasjenige, welches Herr Kugler zur Abschwächung dieser Stellen geltend macht, einzeln verfolgen. Unter andern gewagten Folgerungen, die Herr Kugler seinen Stellen entnimmt, fiel mir am meisten auf, dass, da nach Plutarch die gelbe Safranfarbe einer Stuckmauer beim Reiben derselben mit dem nassen Finger zum Vorschein kam, diese vor dem Reiben weiss erscheinen musste. Warum nicht auch schwarz oder grau vom Alter und vom Lampen- und Weihrauchruss? Warum nicht grün oder roth?

„und vielleicht gar ihre Aechtheit angefochten werden „möchte."

In der That, Herr Kugler hat die entscheidende Autorität dieser Stelle richtig erkannt, und es ist natürlich, dass er alles vorher Vorgebrachte neben ihr für nichts, für eitles Blendwerk achtet. Er dürfte aber sich nicht wundern, wenn seine Leser desgleichen thäten, und jene unnützen Ausstaffirungen der Hauptsache überschlügen. Doch verfolgen wir ein wenig die Gänge, auf denen er, „mit süfsem Irren," uns dem delphischen Dreifufse zuführt.

Zuerst beklagt sich Herr Kugler über Pausanias, dass er, wenn er von Tempelgebäuden spreche, fast gar nichts über ihre Beschaffenheit mittheile, und in Bezug auf unser Interesse (Polychromie) sei nichts als zuweilen die Angabe des Materiales, woraus sie beständen, zu finden.

Hierauf erwähnt er der Stellen, wo dieser Schriftsteller von Ziegelgebäuden oder von anderen aus Porosstein spricht, und fügt hinzu: „Ziegel und der rauhe Poros machten „bekanntlich, um die vollkommene Glätte der Mauern und „die Schärfe der Gliederungen hervorzubringen, einen „Stucküberzug nothwendig."

Hier muss schon Einspruch geschehen, so leid es mir thut, die Argumentationen des Autors zu unterbrechen.

Es ist zwar bekannt (oder sollte es sein), dass alle Monumente des höheren Alterthumes aus Ziegeln, Porossteinen, Sandsteinen, grauem oder weifsem Marmor oder was immer sonst für anderem Steine, mit Stuck überzogen, oder wenigstens mit einem den Stuck ersetzenden Farbenemail bedeckt waren; aber diese allgemeine Erscheinung erklärt sich bei Ziegeln und Porossteinen keinesweges so natürlich aus der Beschaffenheit des Materiales und dem

Wunsche, damit die Glätte der Marmorwerke und die Feinheit und Schärfe ihrer Gliederungen hervorzubringen, wie es der Autor glaubt.

Wir bewundern vielmehr sowohl an den Werken der ältesten Zeit, als an den späteren römischen, den hohen Grad der Schärfe und Accuratesse, den sie mit eben diesen Stoffen erreichten, so dass die Bemalung weifser Marmorwände kaum mehr auffällt, als das Ueberziehen der feinsten und natürlich schönfarbigen Terracotten mit Stuck.

Ich werde über den Ursprung und wahrscheinlichen Schlüssel zur Erklärung dieser Erscheinung später meine Ansichten mittheilen.

Doch hören wir weiter: „.... und es liegt in der Natur „einer allgemeinen Kunstentwickelung, dass die mit einem „Stucküberzuge versehenen griechischen Monumente wie „in der Form, so auch in der Farbe ein gewisses Verhält„niss zu den aus weifsem Marmor errichteten Prachtbauten „beobachtet haben werden. Was an letzteren zu beweisen „ist, dürfte somit mehr oder weniger auch die Farbe jener „erklären."

Obgleich man sich gefahrlos den Folgerungen dieser Argumentation unterziehen darf, wie sich zeigen wird, kann ich doch nicht umhin, auf ihre Schwächen aufmerksam zu machen. Ich glaube kaum, dass es noch irgend Jemand bezweifelt, dass der Gebrauch des weifsen Marmors zu Monumenten der Benutzung anderer künstlicher oder natürlicher Steinarten nicht voranging, sondern folgte, und kann daher nicht einsehen, wie das Spätere als maafsgebend für das Frühere betrachtet werden kann.

Die Stellen des Pausanias und Anderer, die von Constructionen aus Ziegeln, Poros u. s. w. Kunde geben, beziehen sich zum gröfsten Theile auf sehr alte Monumente. Wie sollten diese in der Farbe den späteren Werken aus Marmor nachgebildet oder angepasst sein?

Aber selbst dieses zugegeben, sie wären etwa durch einen neuen Anstrich, den man ihnen gab, letzteren angepasst worden, so hat Herr Kugler schon eingeräumt, und bestätigt dies im dem Laufe seiner Schrift wiederholt, dass an den nicht in Marmor ausgeführten, sondern mit Stuck überzogenen griechischen Tempeln die Polychromie in sehr ausgedehntem Maafse in Anwendung kam. „Was „von letzteren bewiesen ist, dürfte somit mehr oder minder „auch die Farbe der Marmortempel (ihrer angeblichen Vor- „bilder) erklären."

Nach der Erwähnung vieler Monumente Griechenlands und Kleinasiens, von denen Pausanias anführt, dass sie aus weifsem Marmor (unter der allgemeinen Benennung des „weifsen Steines") erbaut waren, schaltet Herr Kugler nun die Bemerkung ein, dass die griechische Benennung des Marmors ($\lambda\varepsilon\upsilon\varkappa\grave{o}\varsigma$ $\lambda\acute{\iota}\vartheta o\varsigma$) doppelsinnig sei; sie könne von dem Steine, der im Bruche weifs erscheint, oder, wenn von ausgeführten Gebäuden die Rede ist, überhaupt von deren äufserer (weifser) Erscheinung verstanden werden, und vindicirt seiner Sache natürlich die ihr günstigste Auslegung dieses Ausdruckes, wo er unter vielen anderen Materialbezeichnungen hie und da bei den von ihm citirten ältern Schriftstellern vorkommt.

Nur Schade, dass Herr Kugler sich das Recht dazu selbst genommen hat, wenigstens für Pausanias. Da dieser Schriftsteller, nach dem eigenen Geständniss des Herrn Kugler, sich so wenig um das äufsere Erscheinen der Tempel bekümmert, so ist es logisch, anzunehmen, dass er den

Ausdruck $\lambda i\vartheta o\varsigma$ $\lambda \varepsilon v\varkappa \acute{o} \varsigma$ in seinem mineralogisch-technischen Sinne nahm, gleich den anderen Namen der Steinsorten, deren äufseres Erscheinen durch eine Stuckbildung verhindert wurde. Es musste wahrlich auffallen, wenn er blofs bei Marmortempeln eine Ausnahme machte, und bei Erwähnung ihres Stoffes mehr sagen wollte, als sonst dabei seine Absicht ist.

Eben so wenig kann Kugler verlangen, dass man seiner weiteren Argumentation unbedingt beipflichte.

„Ueberdies," sagt er, „konnte bei den ebengenannten „Theatern und Stadien der Marmor nur seiner eigenthüm„lichen Pracht wegen angebracht sein, und an eine Bema„lung dieser Monumente ist auf keine Weise zu denken!"

Warum nicht? Wir werden gleich sehen, dass daran zu denken ist, wenn wir zu dem berühmten Orakelspruche kommen.

Uebergehen wir die weiteren Anführungen von Marmorgebäuden, verschieben wir die Beantwortung der daran geknüpften wiederholten Frage über das Warum der Uebermalung eines so kostbaren Materials, das oft in weiter Entfernung von seinem Bruche an Bauwerken verwendet ward, und verweilen wir nur noch einen Augenblick bei „dem kleinen Tempel von Anticyra, von dem Pausanias „sagt, dass er in dem von den Römern sogenannten opus „incertum ($\lambda o \gamma \acute{\alpha} \sigma \iota v$ $\lambda \acute{\iota} \vartheta o \iota \varsigma$)\*), wahrscheinlich also in der „ausgebildeten cyklopischen Bauweise, wie der bekannte „kleine Tempel in Rhamnus aufgeführt und sein Inneres

---

\*) Der Ausdruck heisst wörtlich übersetzt: aus zusammengelesenen Steinen, also aus Feldsteinen, im Gegensatz von Quadern. Cyklopische Steine lassen sich nicht wohl zusammenlesen.

„mit einem Stucküberzuge versehen war. — Das Innere „mochte also mit Farbe geschmückt sein, das Aeufsere „aber musste, wie es aus dem einfachen Gegensatze her„vorgeht, die natürliche Farbe der Steine zeigen." Es ist mir interessant, alles von Kugler aus dieser Stelle des Pausanias Gedeutete für voll anzunehmen, um daran, jedoch erst später, eine Bemerkung zu knüpfen. — Die Subtilitäten des Satzes, der nun den Autor zu der Erwähnung zweier Stellen aus dem Plinius hinüberleitet, sind schwer zu erfassen, und noch weniger will die Art und Weise einleuchten, wie er diese Stellen zu Unterstützung seiner Ansichten geltend macht. Ein Gebrauch, die Farbennüancen und Adern des Marmors durch Malerei nachzuahmen und den bunten Marmor durch künstlich eingelegte Adern und Flecken zu variiren, war dem Plinius neu, und deshalb soll er nichts von der Polychromie der Griechen gewusst haben!

Gerade dasjenige, was Herr Kugler verficht, das Auftreten des Marmors in seinen Eigenheiten der Farbe und Politur (allerdings nur in der äufsersten Ueberfeinerung dieses Princips), erschien dem römischen Schriftsteller als schädliche Neuerung! Wenn die ungeschickt angeführten Stellen nicht geradezu der Polychromie das Wort sprechen, so sind sie wenigstens als ganz und gar nicht hieher gehörig zu betrachten\*). Dasselbe gilt von der Stelle des Seneca, die der Autor citirt\*\*).

---

\*) Seneca Epist. 86.

\*\*) Als Beweis des à plomp, womit Herr Kugler die Alten citirt, möge hier die bezügliche Stelle aus dem Plinius beifolgen:
Pictura... nunc vero in totum a marmoribus pulsa, jam quidem

Mitten unter diesen Citaten nun fällt er auf einmal auf die Vasengemälde „des vollendetsten Styles, auf denen die „dargestellten Tempelarchitekturen von weifser Farbe ge„halten sind, während die Figuren sich bekanntlich roth „vom schwarzen Grunde ablösen." Diese Sache ist ernsthaft genug und verdient mehr Berücksichtigung, als alle vorangeschickten Citate. Allerdings erinnere ich mich vieler Vasengemälde mit Andeutungen weifser Architekturtheile, aber auch anderer, wo diese der Hauptsache nach schwarz sind, oder in schwarzen Contouren die Farben des Topfes zeigen *).

et auro, nec tantum ut parietes toti operiantur verum et interrasso marmore vermiculatisque ad effigies rerum et animalium crustis. Non placent jam abaci nec spatia montis in cubiculo dilatantia, coepimus et lapidem p i n g e r e. Hoc Claudi principatu inventum, Neronis vero, maculas quae non essent, in crustis inserendo unitatem variare etc. Plin. 35, 1.

Später spricht Plinius noch sein Bedauern darüber aus, dass der alterthümliche Gebrauch, die farbigen Bildnisse der Ahnen in den Atrien aufzustellen, einer neuen Mode habe weichen müssen, diese Bilder ganz ohne Rücksicht auf Aehnlichkeit in edlen Metallen auszuführen. Obgleich hier blos von einer alt-römischen Sitte die Rede ist, so verdient eben diese doch als Beispiel des Vorkommens polychromer Sculptur bei den Alten Berücksichtigung.

*) Die Vasensammlung im britischen Museum bestätigt keinesweges die Behauptung Kugler's, dass auf den Vasengemälden d e s v o l l e n d e t s t e n S t y l e s die Tempelarchitekturen von weisser Farbe gehalten seien. Nur auf den Vasen aus der Basilicata, und zwar aus der spätesten und schlechtesten Zeit, zeigt sich der weisse Kreidegrund auf den Säulen u. s. w. einiger Tempel. An anderen ist der weisse Grund gelb überdeckt. — Aber an allen ächt attischen und alt-hetrurischen Vasen aus der schönsten Zeit sind die Gebäude nicht weiss, sondern farbig oder schwarz, wie die Figuren. In dem Bronze room (Schrank 35) befinden sich mehrere attische Lekythi aus der schönsten Zeit mit schwarzem Fuss und Hals und

Uebrigens ist es schwierig, aus Vasengemälden ein Argument über antike Farbenanwendung zu entnehmen, da bei den engen Grenzen, die der Benutzung von Farben in der Töpferkunst der Alten gestellt waren, Alles auf Convention ankam.

Wir kommen nun endlich zu dem entscheidenden Orakelspruch, der alle Zweifel auf einmal lösen soll:

Ajo Aeacida te Romam vincere posse!

Es ist wahrlich unbegreiflich, dass Herr Kugler, der mit Recht ein grofses Gewicht auf die von ihm angezogene

---

das Uebrige weiss mit zartgezeichneten rothen Umrissen, zumeist Orestes Elektra an dem Grabe Agamemnons vorstellend. Nur eins von diesen Gefässen hat Reste von dicken Emailfarben aufzuweisen, womit wahrscheinlich früher das Ganze bedeckt gewesen war. Dort, wo die Farben abgefallen sind, zeigt sich der weisse Grund mit den zarten Umrissen der Figuren gerade so wie bei den anderen Vasen, und es ist für mich kein Zweifel, dass alle diese weissgegründeten Vasen einst mit wahrscheinlich enkaustischer Malerei bedeckt waren. Auf der einzigen nun, die Reste ihrer Farben behielt, ist das Grab von Agamemnon mit einem grünblauen Akanthusornament und mit blauen Oven am Simms verziert. Die Grundfarbe des Steines ist nicht mehr kenntlich, da dort die Farbendecke abgefallen ist. — In dem folgenden Etruscan room zeichnen sich zwei Vasen aus der schönsten Zeit aus; die Brunnenhäuser zeigen unter deren Säulenporticus etruskische Frauen ihre Wasserkrüge füllend. Auf der einen Vase (Schrank 12 Nr. 280) ist ein Porticus dargestellt mit zwei ionischen Säulen zwischen zwei Pilastern. Der Simms ist Dorisch mit Triglyphen und oben ist ein Fronton. Alles ist schwarz, mit alleiniger Ausnahme der Metopen und des Giebelfeldes, die weiss sind, obschon das Weiss sonst nirgend auf der Vase vorkommt.

Dasselbe gilt von der auf der nächsten Vase befindlichen noch weit schöneren Darstellung eines viersäuligen dorischen Porticus in Antis, mit fünf reichverzierten Brunnenmündungen zwischen den Säulen und seitwärts an den Anten. Auch hier sind die Metopen weiss, alles Uebrige schwarzbraun, wie die Figuren. — Alle zahlreichen Darstellungen von Säulen auf anderen Vasen der älteren Zeit sind dunkelfarbig, oder haben die Farbe des Grundes.

Stelle aus dem Herodot legt (so dass er sogar die Befürchtung äufsert, ihre Aechtheit möchte von den durch sie vernichteten Anhängern der entschiedenen Polychromie angegriffen werden), sich begnügt, nur zwei unzusammenhängende Sätze aus einer Erzählung herauszuheben, deren wichtige Beziehung zu unserem Interesse nur erst durch ihren vollen Zusammenhang klar wird. Fast möchte man eine pia fraus vermuthen.

Da die Geschichte an und für sich interessant genug ist, so mag sie hier, nach der Lange'schen Uebersetzung, in ihrer Vollständigkeit Platz finden:

„Aber die Samier, die wider den Polykrates gestritten, als die Lakedämonier sie verlassen wollten, fuhren sie selber auch ab nach Sifnos. Denn sie hatten kein Geld. Die von Sifnos aber waren im blühendsten Zustande zu der Zeit, und die reichsten von allen Inselbewohnern. Denn sie hatten auf ihrer Insel Gold- und Silberbergwerke, also, dass sie von dem Zehnten ihres daselbst gewonnenen Goldes einen Schatz in Delphi geweiht, der sich mit den reichsten messen konnte. Sie selber aber theilten unter sich alle Jahr dies gewonnene Geld. Da sie nun ihren Schatz errichteten, befragten sie die Weissagung, ob ihr gegenwärtiges Glück noch lange würde bestehen können. Pythia gab ihnen folgenden Spruch:

> Wenn einst weiss in Sifnos das Prytaneion erscheint,
> Weiss der Markt aussieht: dann thut ein verständiger Mann noth,
> Der vor dem hölzernen Feind euch warnt und dem röthlichen Herold.

Der Sifnier Markt und das Prytaneion aber war dazumal*) mit parischem Steine ausgestattet.

---

*) D. h. zur Zeit der Ankunft der Samier.

Diesen Spruch waren die Sifnier gar nicht im Stande zu verstehen, weder gleich, noch als die Samier ankamen. Denn alsbald die Samier bei Sifnos angelangt, schickten sie ihrer Schiffe eins mit Abgesandten in die Stadt. Vor Alters aber waren alle Schiffe mit Mennig bestrichen, und das war es, was die Pythia den Sifniern geweissagt und gesagt, sie sollten sich in Acht nehmen vor dem hölzernen Feind und dem röthlichen Herold.

Die Boten also kamen an und baten die Sifnier, sie möchten ihnen 10 Talente leihen, und als die Sifnier sagten, sie könnten ihnen nichts leihen, so plünderten die Samier ihre Felder. Als die Sifnier das erfuhren, fielen sie gleich heraus und trafen mit ihnen zusammen und wurden überwunden. Und viele von ihnen wurden von der Stadt abgeschnitten durch die Samier, und diese erpressten nunmehr von ihnen 100 Talente."

Hier ist also von einem Orakelspruch die Rede, dessen Erfüllung so lange wie möglich ferne zu halten, den Sifniern gelegen sein musste.

Das Orakel, seiner Gewohnheit gemäſs, drückte sich in dunklen Gegensätzen aus, deren Zusammentreffen unerhört und unmöglich schien.

Rothe Herolde waren bei den Griechen unerhört, denn die Tracht der Boten war weiſs. Es lieſs sich nach griechischen Vorstellungen ein rother Herold eben so schwer zusammenreimen, wie ein hölzerner Feind oder ein hölzernes Fuſsheer ($\lambda \acute{o} \chi o \varsigma$).

Sollte es nun nicht schon das poetische Gleichgewicht des Orakelverses erheischen, dass als Gegensatz des rothen Heroldes der weiſse Markt und das Prytaneion eine gleiche Ungereimtheit nach griechischen Begriffen enthalte?

Sollte die Erfüllung des Orakels gerade in der ersten und wichtigsten Bedingung an das Eintreffen einer ganz gewöhnlichen Erscheinung geknüpft gewesen sein? Unmöglich! Es ist nicht zu bezweifeln, dass der weifse Markt u. s. w., wenigstens zur Zeit der Orakelertheilung, den Gewohnheiten und dem Herkommen des Volkes nicht entsprach.

Ja die Symmetrie des alten Spruches gestattet noch weitere Folgerungen: Es liegt nichts zu sehr Gewagtes in dem Schlusse, dass, da an dem rothen Herold das stets weifs Erscheinende die ungewöhnliche röthliche Mennigfarbe führt, der räthselhafte weifse Markt auch wieder das Gegenstück zu dem stets röthlich Erscheinenden bildet.

So weit wären wir, dass zur Zeit des Orakelspruches der weifse Markt und das weifse Prytaneion als Ungereimtheiten erscheinen mussten.

Bleibt noch die Beantwortung der wichtigen Frage übrig, ob mit der Gewohnheit, Gebäude aus weifsem Marmor zu bauen, eine gänzliche Umwälzung in den Sitten der Griechen erfolgte, so dass der alterthümliche Gebrauch des Bemalens der Werke auf einmal aufhörte, oder ob es nur ein zufälliges Zusammentreffen war, dass die Agora und das Prytaneion gerade zu der Zeit, wie die Samier mit ihren Schiffen eintrafen, sich weifs präsentirten.

Sollten die Sifnier des ihnen verkündigten Verhängnisses und der daran geknüpften Erscheinungen so uneingedenk gewesen sein, als sie den Vorsatz fassten, den Markt in parischem Marmor auszubauen, dass sie hätten damit die Absicht verbinden können, ihn, der Pythia zum Trotz, wirklich weifs zu lassen?

Dieses lässt sich, besonders in so früher Zeit, wie es scheint, bald nach der Orakelbefragung kaum annehmen. Auch spricht dagegen die Ausdrucksweise des Herodot: Τοῖσι δὲ Σιφνίοισι ἦν τότε ἡ ἀγορὰ καὶ τὸ πρυτανήϊον παρίῳ λίθῳ ἠσκημένα *). Herodot lebte blofs zwei Menschenalter nach dem erzählten Ereignisse (er kannte die Enkel der Zeitgenossen), und die Stadt der Sifnier war nicht zerstört, sondern blofs gebrandschatzt worden. Also bestanden die angeführten Gebäude der Sifnier noch, als Herodot seine Geschichte las. Unter solchen Verhältnissen scheint die Ausdrucksweise des Herodot auf einen seit dem Ereignisse veränderten Zustand der Gebäude hinzudeuten.

Was aber am meisten gegen eine solche Annahme spricht, ist der Umstand, dass eine so merkwürdige und plötzliche Umwandlung der Sitten, ein solcher Umsturz des Herkömmlichen nicht ein einziges geschichtliches Zeugniss für sich hat.

Es bleibt daher nichts übrig, als anzunehmen, dass der Markt nebst dem Prytaneion gerade im Baue fertig, aber noch nicht durch Malerei decorirt war, als das Ereigniss eintraf, dass die Sifnier, als sie an den Bau gingen, nichts weniger als eine weifse Agora im Sinne hatten, und, während sie wirklich weifs war, das trügerische Orakel erfüllten.

Mich dünkt, es liegt eine gewisse dramatische Nothwendigkeit in dieser Auslegung; eine jede andere würde matt und des grofsen Geschichtsschreibers unwürdig sein.

Herr Kugler war gleich den Sifniern von der Pythia

---

*) ἄσκειν, ornare, ausrüsten, erst später schmücken, und am mehrsten von plastischen und architektonischen Ausschmückungen.

übel berathen und er triumphirt zu früh, wenn er ausruft:

„Die entschiedene Schlussfolgerung, welche diese An-
„gabe uns gewährt, lautet demnach: Was in der Blüthe-
„zeit der griechischen Kunst von parischem Marmor
„und, wir dürfen ohne Bedenken hinzufügen, von jedem
„edlen weifsen Marmor, namentlich dem pentelischen, zu
„Athen erbaut war, erschien im Aeufseren wesentlich als
„weifs."

Die Richtigkeit dieser Schlussfolgerung ist so wenig entschieden, dass, nach der Deutung des Verfassers (die er übrigens nicht so ganz entschieden dem Leser als die allein richtige vorzustellen wagt), das Orakel aussagt: dass nicht blos weifse Tempel, sondern auch weifse Märkte und weifse Prytanäen, also wahrscheinlich überhaupt weifse Monumente bei den ionischen Griechen etwas Unerhörtes waren und sogar, dass sie in den Hauptmassen „wesentlich" als roth erscheinen mochten.

Von allen Zeugnissen der Alten, die er anführt, ist nur ein einziges, das ihm übrig bleibt; das ist die Nachricht von dem Delubrum zu Anticyra. Es mag ihm für eine Weile eingeräumt bleiben.

Noch giebt Herr Kugler in demselben dem Zeugnisse der Alten gewidmeten Abschnitte seiner Schrift einige Bemerkungen über die an dem Tempel befindlichen metallischen Zierden, deren Beziehung zu der streitigen Frage wohl darin besteht, dass gezeigt werden soll, die griechischen Tempel aus weifsem Marmor seien, der Conception des Architekten nach, unabhängig von solchen metallenen Beiwerken gewesen, als z. B. Schilde, Votivgeschenke, Gitter\*), deren späteres Hinzukommen nicht wohl hätte vorher berechnet und symmetrisch verarbeitet werden können.

Ohne einen regelmäfsigen Angriff auf diese Behauptung des Autors zu unternehmen, der durch den Gegenstand dieser Schrift nicht hinreichend motivirt wäre, frage ich nur: Wozu dieses stete Trennen und Unterscheiden, welches unsere jetzige Kunstlehre bezeichnet? Wäre es nicht besser und nützlicher, das ascendente und descendente Verwachsensein eines Kunstwerkes mit seiner Umgebung und mit seinen Beiwerken hervorzuheben, als immer nur zu distinguiren und zu scheiden?

Wir sind schon nicht mehr im Stande, den griechischen Tempel als Theil eines gröfseren Ganzen zu sehen, zu dem er den Mittelpunkt der Beziehungen bildete, wie er selbst wieder das Heiligthum umschloss, dem er der Bedeutung nach untergeordnet war. Damit nicht zufrieden, müssen wir ihn noch seines nothwendigen Beiwerkes berauben.

---

\*) Was die Gitter betrifft, so muss ich meine Ansicht bestimmt dahin aussprechen, dass sie in dem ursprünglichen Plane des Architekten lagen. In vielen Fällen waren die Zwischenräume der griechischen Tempelsäulen sogar mit Brüstungen versehen, wovon sich selbst an den athenischen Tempeln noch die Spuren zeigen.

## III.

## Der chemische Beweis.

Das zweite Hauptstück der Kugler'schen Schrift ist der Prüfung der Berichte über noch in unseren Tagen vorgefundene Farbenspuren an den Monumenten der Alten gewidmet.

Dem Vorwurfe dieses Aufsatzes nach muss uns hauptsächlich nur dasjenige daraus beschäftigen, was sich auf die von Reisenden bemerkten Spuren antiker Anstriche solcher Haupttheile der Gebäude bezieht, von denen Herr Kugler annimmt, dass sie bei Marmortempeln weifs, d. h. unbedeckt blieben.

Zuerst gehört dahin die Erwähnung einer Stelle aus meiner Schrift: „Vorläufige Bemerkungen u. s. w.," worin es heifst: „Ueber dem Halse der Ante der Hinterhalle dieses Tempels (des Theseustempels), rechts für den Beschauer, an der Seite derselben, die den Säulen in antis zugewendet ist, erhielt sich ein Stück des blauen Anstrichs, womit die ganze Cella bedeckt gewesen zu sein scheint, von der Gröfse einer Hand. In den Constructionen der Nische, die in christlicher Zeit zwischen den Anten der Vorhalle aus Bruchstücken der Tempeldecke errichtet wurde, trifft man auf Stücke, die noch ganz oder zum Theil mit dem ursprünglichen glasigen Farbenemail bedeckt sind. Der Verfasser hat ein solches zum Beweise ad oculos für die Zweifler mitgebracht. In dem Inneren der Cella des Tempels aber ist derselbe, vom hohen Sockel angerechnet bis auf die Höhe von sechs Steinschichten, mit einem dickeren Stucke überdeckt gewesen, wie dieses die mit regelmäfsigen Meifselschlägen rauh gehauene Oberfläche des Steines und die darin befindliche Stuckmasse zu beweisen scheint u. s. w."

Es möge diesem Citate ein anderes beigesellt sein, welches noch nicht allgemein bekannt ist. —

Der bekannte englische Architekt und Kenner des Alterthumes, Herr T. L. Donaldson, berichtet Folgendes von seinen bereits im Jahre 1820 an demselben Tempel angestellten Beobachtungen*):

„Stuarts Zeichnungen von diesem Tempel sind die vollständigsten in seinem Werke, und nur sehr wenige Bemerkungen können zu ihrer Vervollständigung gegeben werden. Der Grund der Cassetten der Decke war blau mit einem goldenen Stern. Alle Glieder und schmalen Bänder innerhalb der Colonnaden waren mit gemalten Ornamenten verziert. Die Soffite des äufseren Cornis an der Nordwest-Ecke hatte ebenfalls ein gemaltes Ornament, wahrscheinlich eine Geisblattverzierung, wovon die Umrisse zum Theil noch vorhanden sind, obgleich es unmöglich ist, die Form genauer zu bestimmen. Ein dünner materieller Ueberzug (a thin coating of some substance) ist an den Säulen und an den Flächen aller inneren Architrave und

---

*) Transactions of the institute of British Architects of London. Sept. 1835—36. Vol. I. p. 1.

Friese zu bemerken, und ich bin geneigt, anzunehmen, dass das ganze Gebäude einst entweder mit Stuck oder mit einer dünnen Farbenkruste bedeckt war. Die Soffiten oder Sparrenköpfe waren blau und ich habe etwas von der Farbe mitgebracht. Alle Bänder des äufseren Architraves und der Unterlager des Cornisses waren verziert, aber das Wetter hat in solchem Grade darauf gewirkt, dass der Ueberzug gröfstentheils verschwunden ist. Jedoch ist er noch zu erkennen, aber keine Form lässt sich feststellen. **Die inneren und äufseren Seiten der Mauern der Cella sind mit einem Spitzeisen bearbeitet, offenbar in der Absicht, eine Decke von Stuck oder Malerei darauf zu legen.** Die Vertiefungen für das Gitter, welches das Opisthodom vom Porticus trennte, ist an den Säulen und an den Anten sichtbar, so wie ebenfalls ein Lager, welches in die Basen derselben Säulen und Anten geschnitten ist, um eine Plinthe aufzunehmen, wie am Parthenon *).

Um den Faden der Verhandlung nicht unnöthig zu unterbrechen, möge sogleich noch Einiges über die von Goury und mir im Jahre 1832 an den Monumenten Athens angestellten Beobachtungen folgen:

Wir fanden, wie Donaldson, dass die äufsere Fläche des Theseustempels nicht glatt geschliffen, sondern, obschon mit äufserster Sorgfalt, doch in gewisser Weise körnig bearbeitet war; dasselbe Korn zeigt sich in allen Theilen der antiken Marmortempel, so dass es uns an dieser Stelle nicht mehr auffiel, als wo anders. Nur die Lagerfugenflächen waren an den Rändern glatt an einander

---

*) Am Parthenon sind solche Spuren von Gittern auch zwischen den Säulen der äusseren Colonnade an der Westseite sichtbar.

geschliffen; so auch die Stofsfugenflächen. An manchen Stellen war die Fuge kaum sichtbar. — Was die innere Oberfläche des Theseustempels betrifft, so war die Weise ihrer Bearbeitung eine ganz andere. Die Vertiefungen waren gröber und enthielten noch Reste von Stuck. Das Stück des blauen Farbenemail, von dem oben die Rede war, fand ich ganz zufällig beim Untersuchen des Anten - Capitäles. Von einer Täuschung kann gar nicht die Rede sein. Herr Schaubert war gar nicht gegenwärtig, als ich mit einer Leiter die Stelle untersuchte. Er hatte überhaupt bis zu unserer Zeit und während derselben keine ernsteren Untersuchungen an dem Tempel angestellt, und die Zeichnungen über Polychromie, die er bei seinem Besuche in Berlin (vor meiner Rückkehr) vorzeigte, waren Durchzeichnungen und Copieen nach Goury und mir. Dasselbe gilt von verschiedenen anderen Zeichnungen, die er dem Herrn v. Quast mittheilte, der sie zu seiner bekannten Publication benutzte.

Wenn Herr Schaubert an der Zellenwand gelbe Spuren gesehen haben will, so muss dies an einer anderen Stelle gewesen sein, nicht an den Anten, wo ich blau fand. Ich vermuthe aber, dass er das allerdings gelbe todte Residuum, oder vielmehr den Hauch, der von der alten Decke noch erscheint, für die eigentliche Farbe hielt.

Aber niemals darf Herr Kugler diese beiden Aussagen so zusammenstellen, als ob sie einander widersprächen, denn, wie gesagt, unsere Beobachtungen wurden an verschiedenen Stellen gemacht, und ich drücke mich nur vermuthend darüber aus, dass die Zellenwand, an der ich keine lebendige Farbe vorfand, gleich den Anten blau war. Wer kann aber wissen, wie und mit welchem Farbenreichthum sie bemalt gewesen ist? Vielleicht mit historischen Bildern.

Noch muss ich die Versicherung geben, an den Architraven innerhalb des Porticus des Theseustempels an mehreren Stellen die lebendige rothe\*) Farbe entdeckt zu haben, jedoch immer nur in sehr kleinen Theilen an Stellen, nahe den Fugen und in Winkeln. Sie waren glänzend wie Siegellack und von der Farbe der rothen Terracotten, dabei etwas durchscheinend. Vielleicht waren sie neu von hellerer Farbe als sie nun sind.

Noch schwieriger war es, die Spuren der Farben an den Säulen zu finden. Auch dort fand ich bei langem Suchen mit dem Federmesser glänzende rothe Punkte.

An den Triglyphen des Theseustempels, so wie an denen des Parthenon waren meine Forschungen vergeblich. Auch über die Farbe des Grundes der Metopen herrschte Meinungsverschiedenheit zwischen uns. Ich habe bei meinen Restaurations-Versuchen mich nach Vitruv, den Sicilischen Metopen und dem bekannten, von mir in den Annalen des Arch. Institutes zu Rom herausgegebenen römisch-hetrurischen Grabmale von Corneto gerichtet.

An verschiedenen Stellen war das gemalte Ornament in seinen Contouren noch dadurch sichtbar geblieben, dass das Umgebende weifs und verwittert erschien, während das Blatt oder dergleichen eine goldgelbe wohlerhaltene

---

\*) Es ist nothwendig, hier die schon in meiner früheren Schrift enthaltene Notiz zu wiederholen, dass das Roth der grofsen Flächen ein ganz anderes ist, als dasjenige, welches in den Verzierungen vorkommt. Das Roth oder Gelbroth an den Flächen ist gesättigt, aber transparent, wie etwa unser Drachenblut; das Roth an den Gliederungen dagegen ist ein feuriges Zinnoberroth.

Oberfläche zeigte. Dasselbe oder ein ähnliches Ornament hatte sich an beschützteren Stellen noch wohlerhalten, und zeigte einen vollständigen Ueberzug von Grundfarben, die mosaikartig neben einander gestellt waren und zwischen denen feine Näthe oder Ränder sich zeigten. Ich vermuthe, dass diese Ränder auf den mosaikartigen Grund aufgesetzt waren, um die Fugen zu bedecken. Die Spuren eines dünnen zweiten Ueberzuges auf dem stärkeren Emaillegrunde finden sich noch deutlich, besonders an den Blättern des Antencapitäles und an den Herzblatt- und Eierverzierungen. An dem Parthenon ist alles sehr verwischt und sind meistens nur noch die Contouren übrig, während es am Theseustempel gelang, für die Gliederverzierungen die Farben im Einzelnen genau zu bestimmen.

Die zweite Schicht ist doppelter Art. Eine dünnere Decke bildet breitere Flächen, mit denen man gewisse conventionelle Abrundungen hervorbrachte. An den grünen Einfassungen des Perlenstabes, der die Cassettenvertiefungen des Plafonds umzieht, zeigt sich ein doppelter Streifen dieses dünneren Ueberzuges, der nur in der Mitte den grünen Grund unbedeckt liefs. Aehnliches zeigt sich in den Augen der Labyrinthe, womit der gröfste Theil der Fasciae geschmückt ist.

Die zweite Art besteht in einem dickeren Auftrag, der stets nur in feinen Linien die Säume der Formen bildet. Der Emaillegrund besteht aus einer glasigen Kruste von der Dicke eines starken Nagels (am Finger). Die einzelnen Farbenstoffe mussten nicht gleichmäfsig witterungsbeständig sein, auch ist er bei einigen Farben spröder als bei anderen. Daher findet es sich, dass entweder die inneren Formen, oder die umgrenzenden andersfarbigen

Flächen länger stehen geblieben sind als das Uebrige. Wo nun diese Emaillekruste früher verschwand, dort wurde der Stein mehr von dem Wetter angegriffen, und daher scheinen die früher gemalten Ornamente an dem Aeufsern der Tempel oftmals wie flach erhaben. Das mehrfach angeführte Bruchstück einer Plafondplatte vom Theseustempel giebt, obschon seitdem auf Reisen und durch Betasten sehr beschädigt, deutliche Belege zu verschiedenen in dem Vorhergehenden angeführten Einzelnheiten.

Wenn die ursprüngliche Farbe der Unterlagen sich an vielen Stellen wiederfindet, so ist es schwieriger, von den aufgetragenen Farben genau anzugeben, wie sie beschaffen waren. Ich habe die feinen Linien zwischen den Mosaikstücken des Grundes für Vergoldungen genommen und mich dabei von der Idee leiten lassen, dass eine Affinität zwischen diesem Wachsfarben-Emaille*) und den bekannten alt-ägyptischen Emaillen obgewaltet habe, deren einzelne Details durch Goldränder oder vielmehr durch Erhabenheiten des Metallgrundes getrennt und filigranartig umzogen sind. Von anderen wird angenommen, dass sie weifs waren. Zuweilen wird man versucht, anzunehmen, sie hätten ursprünglich dieselbe schwarze Farbe gehabt, wie jetzt. Diese Annahme wäre motivirt durch die Analogie der schwarzen Umrisse, welche die Assyrischen und Aegyptischen Bilder umziehen. Wegen der Tiefe der anderen Farben wollte jedoch diese Annahme mir nicht einleuchten.

---

*) Siehe unten.

Was die aufgesetzten Flächen betrifft, so unterliegt es keinem Zweifel, dass sie an einigen Stellen Vergoldungen waren, an anderen aus dunkleren Nüancirungen der Grundfläche bestanden, auf denen sie vorkommen. An dem Erechtheum habe ich wenig bestimmte Farbenspuren aufgefunden. Es ging schon gegen das Ende meines Aufenthaltes in Athen, als ich mich an das Studium dieses kostbaren Reliquienkästchens machte. Sein Formenreichthum und das Verständniss seines Planes gab mir bis zu Ende hinreichend zu thun.

Diese Tempelgruppe scheint innerlich, wenigstens zum Theil, mit buntem Marmor ausgestattet gewesen zu sein; denn bei einer Ausgrabung (ich stellte deren zwei bei diesem Gebäude an) fand ich, aufser dem schon früher*) erwähnten grünen Säulenschafte, Stücke von blass gelben und grünen sehr dünnen Marmorplatten und von einem durchsichtigen braunen Steine (wahrscheinlich Alabaster) vor. Ich glaube, er hiefs bei den Alten Σφεγγίτης. Ich vermuthe, dass er die Stellen der Fensterscheiben in der Façade mit den Halbsäulen vertrat. Ich zweifle nicht, dass diese Stücke dem Alterthume angehören. Ueber die Farbenspuren an diesem Tempel folgt eine ausführliche Notiz weiter unten. An dem Tempel der Winde sah ich von unten deutlich die Ueberreste gemalter Ornamente an allen inneren Gliederungen und Simmsen. Dieses Gebäude wurde jedoch nicht genauer von mir untersucht.

An dem choragischen Monumente des Lysikrates fand ich die Akanthusblätter des Knopfes grün, den Grund blau, und die Wasserblätter der reichen Kehlen unterhalb

---

*) In der Schrift: „Vorläufige Bemerkungen etc."

der Akanthusbekrönung abwechselnd roth und blau. Doch gestehe ich, dass nur leichte Spuren antiker Farbengebung letztere mehr ahnen als bestimmen lassen.

Der Dreifufs oberhalb des Monumentes war, nach den vorhandenen Vertiefungen für die Aufnahme der ehemaligen Befestigungszapfen zu schliefsen, nicht auf den

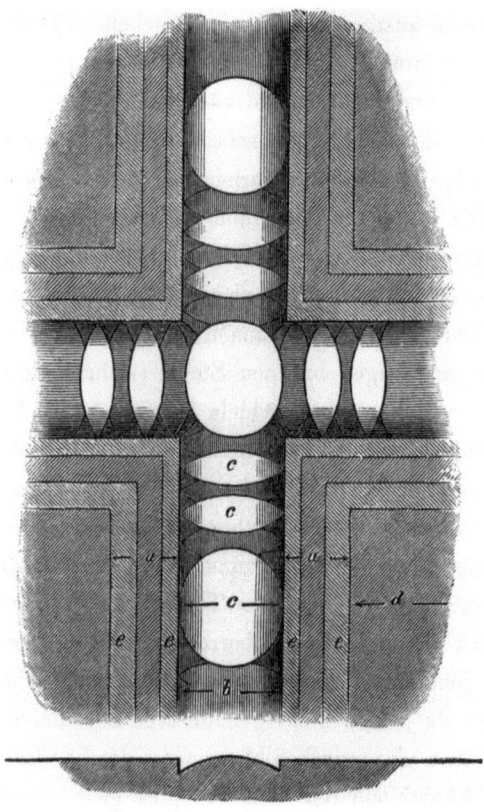

$a$. Moosgrüne Emailfarbe. — $b$. Hellblaue dito. — $c$. Abgefallen und unbestimmt. — $e\,e\,e$. Feiner Farbenüberzug oder Gold auf der Email-Unterlage. — $d$. Terra-Cotta farbiger Grund.

bekannten reichen Knopf gestellt gewesen, sondern umgab ihn mit seinen drei Füfsen so, dass die Schale auf der oberen Fläche des Knopfes stand, und dieser die mittlere Stütze des Dreifufses bildete, ähnlich, wie es noch erhaltene marmorne Dreifüfse zeigen. Die drei Füfse ruheten auf den drei Akanthuswindungen, die von dem Knopfe ausgehen und am Dache herablaufen. Dieses (nach Abzug der Farbenangabe aller einzelnen Details, die zu weit führen würde*) das Wesentlichste, was ich (freilich fern von meinen Zeichnungen und Tagebüchern) über unseren Gegenstand aus eigener Anschauung nachträglich noch berichten konnte.

Uns war es hinreichend, um die Ueberzeugung zu gewinnen, die noch heute fest wie damals bei mir steht, und die selbst neuere abweichende Angaben nicht erschüttern können, dass die Marmortempel nicht weifs oder blassgelb waren, sondern in gesättigter farbiger Fülle prangten, so dass sie in der Hauptwirkung ungefähr den Ton zeigten, der sie noch jetzt auszeichnet, nur brillanter und zugleich luftiger, wegen des röthlichen glasartigen Ueberzuges, unter dem die Weifse und das Krystall des Steines durchschimmerte, wegen des damit abwechselnden Blau, das einen leisen Stich ins Grünliche hatte und durch Zuthun von Schwarz gemildert war, und wegen des goldenen Anfluges, der das Ganze in feinen Fäden

---

*) Welcher ungeahnte Reichthum in den Details vorwaltete, davon mag beistehender Holzschnitt ein Beispiel geben. Der dargestellte Perlenstab hatte zwischen den Disken noch zwei andere dergleichen, die die Zwischenräume der ersteren ausfüllten. Ich beobachtete dies an einzelnen Theilen der Decke des Theseustempels, und habe die Originalzeichnung auf dem Steine kalkirt.

umspann, und an den Hauptstellen\*) sich in Glanzpunkten verdichtete. Warum sollte denn diese Farbentonart an den Tempeln so unerhört sein, da sie doch an allen antiken Terracotten vorwaltet?

So ging die Masse des Baues in den Ton über, in welchem in südlichen Gegenden der untere Theil des Himmels bei hohem Mittag leuchtet, und dessen luftigem Glanze unsere Maler nur durch Mennig nahe zn kommen vermögen. —

Ehe wir noch weitere und neuere Daten den schon gegebenen hinzufügen, möge ein Blick in die Schrift des Herrn Kugler erlaubt sein. Er widerspricht der Annahme, dass die goldene Farbe des Parthenon etc. eine Spur der vormaligen Farbendecke sei. Dodwells Angabe, dass die Südseite weifser sei als die übrigen Seiten des Tempels, erklärt sich aus dem Einflusse des Seewindes, der täglich wiederkehrend diese Seite bestreicht und scharfe Reagentien mit sich führt. (Siehe weiter unten.) Wegen der Schilde nehme ich Kugler's Voraussetzung nicht als ausgemacht an, dass sie nicht ursprünglich zum Baue gehört hätten. Auch ist es möglich, dass die Farbe hinter den Schilden durch Einflüsse des Metalls eben so schnell verging, wie aufserhalb. Drittens ist mir der ganze Unterschied gar nicht aufgefallen. Ich bemerkte blofs bei guter Seitenbeleuchtung einen dunkeln Ring um die Diebellöcher herum.

Meiner Bemerkung, dass die Dicke und Sprödigkeit der vorhandenen Reste der Farbenkruste voraussetzen

---

\*) Nämlich in den goldenen Ausschmückungen (Schilde, Akroterien, Gitter etc.).

lasse, dass das ganze Monument damit überzogen war, weil sonst an den Absätzen leicht eine Abblätterung erfolgt wäre, stellt dann Herr Kugler ein Factum entgegen, was eher für, als gegen mich spricht: nämlich das reliefartige Erscheinen früherer gemalter Ornamente. Man sehe, was oben darüber mitgetheilt wurde. Was Ottfried Müller über das Poliren des Tempels der Minerva Polias sagt, kann sich unmöglich auf ein Poliren im eigentlichen Sinne des Wortes beziehen. Der Ausdruck ist, glaube ich, $ἀκατέξεστον$, nicht geglättet, und erklärt sich hinreichend an dem noch jetzt in Frankreich allgemeinen uralten und sehr löblichen Gebrauche, die Bauwerke aus Stein zwar in dem Lager und der Stofsfläche sehr genau und sorgfältig, aber in allen äufseren Flächen roh aufzuführen, und diese erst zuletzt an Ort und Stelle zu vollenden.

Eben so wenig kann das Fries des Erechtheum hier ein Argument abgeben (er ist nämlich nicht aus Marmor, sondern aus Eleusinischem Steine), denn er wurde mit Bronzerelieftafeln bedeckt. Auffallender Weise hat man bisher stets angenommen, dass die vergoldeten Figuren dieses Frieses einzeln angeheftet waren und der Stuckgrund zwischen ihnen durchsah. Dieses wäre den Begriffen der Alten entgegen gewesen, deren Flächenverzierung aus dem Motive der Täfelung oder Wandbekleidung hervorging (siehe unten). Sie waren ohne Zweifel in Friesplatten verbunden, die im Ganzen auf den Eleusinischen Stein geheftet wurden und diesen versteckten. Warum die Leute gerade diesen Stein wählten, ob aus Sparsamkeit oder aus anderen Gründen, gehört nicht hierher.

„So lange also kein förmliches Gutachten von Tech-

nikern die Goldfarbe der Athenischen Monumente als Rest eines wirklichen Farbenüberzuges anerkannt hat (und wir bezweifeln, dass ein solches erfolgen wird), können wir der erwähnten Theorie nicht beipflichten."
So endigt Herr Kugler seine Beweisführung gegen das angebliche Vorhandensein eines allgemeinen Farbenüberzuges.

Sein Begehren soll erfüllt werden:

**Protocoll einer Sitzung des zur Prüfung der Elgin-marbles in Beziehung auf daran befindliche Farbenspuren ernannten Ausschusses, gehalten im britischen Museum, London, am 1. Juni 1837\*).**

Herr Bracebridge hat die Ehre, ein Memorandum über gemalte Verzierungen und Farbenspuren an dem Erechtheum mitzutheilen; sie sind vom nördlichen Porticus entnommen. Diese Seite des Tempels ist so wohl geschützt vor der Seeluft, dass sich alle ihre skulptirten Ornamente so frisch und scharf erhalten haben, als wären sie eben fertig geworden, und die cannelirten Säulen dieses Porticus mit ihren reichen wohlerhaltenen Capitälen zeigen Ueberreste von Farben. An dem obersten Theile der Cannelirungen hauptsächlich hat sich eine dünne Bekleidung von schieferfarbiger Malerei gezeigt, an anderen Stellen spürt man gelb und rothe Farbe, aber die übriggebliebenen Stücke sind so klein und die Farben so verblichen, dass sie die Beschaffenheit derselben in

---

\*) Bei dieser Sitzung waren gegenwärtig die Herren Hittorf, Hamilton, Westmacott, Angell und Donaldson. Das Protocoll derselben ist in mehr als einer Beziehung für unsern Gegenstand wichtig.

Frage stellen. Nur ist gewiss, dass ehemals dort Farbe befindlich war (auf jeden Fall in den vertieften Stellen des Reliefs und in den Aushöhlungen der Capitäler etc.) und dass diese Farben verschieden waren. An den vorspringenden Theilen des Werkes sind keine Farben mehr sichtbar. Die Wahrscheinlichkeit, dass blau, roth und gelb benutzt wurde, ist sehr grofs. Eine chemische Untersuchung einiger Farbentheilchen würde alle noch etwa aufkommenden Zweifel über ihr Vorhandensein aufheben.

Herr Bracebridge hat das Capitäl des Theseustempels nicht geprüft, das Farbenspuren zeigen soll. Doch glaubt er, dass es mit diesem Tempel derselbe Fall sei wie mit dem Erechtheum.

In einem Briefe des Herrn Bracebridge an Herrn Wordsworth, veröffentlicht in „Athen und Attika," wird berichtet, dass im Jahre 1835 — 36 eine Ausgrabung in der Tiefe von 25 Fufs an der südlichen Ecke des Parthenon gemacht wurde, wo man gewaltige, wie frisch vom Bruche gekommene Marmorblöcke, Bruchstücke etc. etc., und unterhalb dieser Fragmente von Töpfen und verbranntes Holz fand. Niemand der Anwesenden zweifelte daran, dass man auf das Niveau des alten Hekatompedon angelangt war. Man fand dort verschiedene Marmorstücke und unter diesen Fragmenten Theile von Triglyphen, cannelirten Säulen und Statuen. Diese drei letztgenannten Gegenstände waren mit dem brillantesten Roth, Blau und Gelb, oder vielmehr Vermillon, Ultramarin und Strohfarbe bemalt, welche letztere in der Erde geblichen sein mochte.

Diese merkwürdigen Stücke sind sorgfältig in der Akropolis aufbewahrt worden, aber es ist zu befürchten, dass sie bald den Glanz ihrer schneidend contrastirenden Farben verlieren werden. Die Farben sind in dicken Krusten aufgelegt. Der weibliche Kopf hat gemalte Augen und Augenbrauen.

Wenn wir die blendende Weifse des Pentelischen Marmors in seiner Frische in Betracht ziehen, so scheint dies allein schon die Anwendung der Farben zu erklären, namentlich deshalb, weil die Einzelnheiten des Werkes inmitten des allgemeinen Schimmers für das Auge verloren gegangen sein würden; aufserdem waren sie eine Ueberlieferung der früheren Zeiten.

Hierauf wird das Resultat chemischer Untersuchungen mitgetheilt, die Herr Faraday mit verschiedenen Stükken von Farben angestellt hatte. In allen hat sich Wachs und wohlriechendes Harz (a fragrant gum) gefunden, doch nur an den blauen Stücken liefs sich der färbende Stoff (Kupfer) constatiren\*).

Dann wurden Glasperlen vorgezeigt, die von dem Torus zwischen den Voluten der Ionischen Säulen des viersäuligen Porticus am Erechtheum herrührten. Sie waren gelb, roth, violet und blau.

Schliefslich wird erklärt, **dass kein Grund vorliege zu zweifeln, dass Farben in Anwendung**

---

\*) Das Gutachten Faraday's lautet wie folgt:
A. Stücke des Ueberzuges, genommen von den Anten der Propyläen:
    Das Blau, hervorgebracht durch kohlensaures Kupfer, Wachs ist der Farbe beigemischt.
B. Stück des Ueberzuges, genommen von den Suffiten der Sparrenköpfe des Theseum.
    Das Blau ist eine Fritte, gefärbt durch Kupfer, Wachs ist vorhanden.

kamen, und dass durch die Analysis der Farben-Fragmente, die Herr Donaldson vom Theseustempel mitgebracht habe, sich ergebe, dass die Oberfläche der Schäfte der Säulen des Theseustempels und anderer Theile des Gebäudes, von welchen diese Proben genommen wären, mit einer farbigen Decke überzogen waren.

Hier hat nun also Herr Kugler das „entscheidende formelle Gutachten" der Chemiker, und es bleibt ihm nichts übrig, als die Segel zu streichen.

---

C. Theil des Ueberzuges, genommen von den Säulen des Theseum.

Ich bin zweifelhaft über diese Oberfläche. Ich finde kein Wachs oder Mineralfarbe, es sei denn ein wenig Eisen. Ein wohlriechendes Harz scheint in einigen Stücken vorhanden zu sein, und ein verbrennlicher Stoff in allen. Vielleicht kam ein vegetabilischer Stoff in Anwendung.

D. Theile der Bekleidung des Caissons des Theseum.

Das Blau ist eine Kupferfritte mit Weifs.

E. Theile der Bekleidung vom nördlichen Flügel der Propyläen.

Die Farbe ein Kupferoxyd, Wachs ist vorhanden.

F. dito     dito     wie E.

London, 21. April 1837.

M. Faraday.

## IV.

## Mehr als Vermuthungen.

Es will Herrn Kugler gar nicht einleuchten, warum die Alten zu ihren Prachtbauten oft mit grofsen Kosten und aus weiter Entfernung den weifsen Marmor herbeigeführt hätten, wenn es nicht eben wegen seiner weifsen Farbe geschehen wäre. Da es sich kaum kürzer thun lässt, sei es gestattet, als Antwort hierauf mit geringen Zusätzen eine Stelle aus der mehrcitirten Brochüre „vorläufige Bemerkungen" etc. zu wiederholen:

Vor Allem hält es schwer, die Leute zu überzeugen, dass die Alten so herrlichen Stoff, ihren Marmor, mit Farben bedeckt haben. Aber abgesehen von den ältesten Monumenten aus Holz oder Ziegeln, bestanden die meisten (und alle älteren) Tempel Griechenlands aus grauem, dort sehr gewöhnlichem marmorartigen Kalkstein, oder aus porösem Muschelstein und wurden mit Stuck überzogen, ehe man die Oberfläche malte; den weifsen Marmor wählte man erst später und nur dort, wo er ganz zur Hand lag, oder an aufserordentlichen Prachtgebäuden, und zwar aus folgenden Gründen:

Erstens, weil er wegen seiner milden Härte, Feinheit und Gleichmäfsigkeit in der Textur der vollkommensten Bearbeitung günstig und zugleich sehr dauerhaft war.

Zweitens, weil er die Stuckbekleidung überflüssig

machte. An Marmortempeln konnte die Farbe unmittelbar aufgetragen werden. Eine neue Technik in der Malerei war erste Folge der Einführung und Hauptveranlassung der allgemeinen Verbreitung und Vorliebe für weifsen Marmor. Die enkaustische Malerei nämlich war nur auf Marmor oder Elfenbein wohl ausführbar. Erst später wurde eine bequemere Methode erfunden, mit heifsem, geschmolzenem Wachs sogar auf Holz zu malen. Nach den älteren Methoden wurde die Wachsfarbe wahrscheinlich teigartig aufgetragen, so dass eine Art von Email entstand. Die Stücke wurden dann mit heifsem Eisen zusammengelöthet und die Näthe noch besonders überdeckt.

Diese Conjecturen stützen sich hauptsächlich auf die Aussage des Plinius\*). Er nennt drei Parische Künstler als die frühesten, von denen er weifs, dass sie enkaustisch malten. Bekanntlich waren aber auf Paros die ältesten und berühmtesten Marmorbrüche.

Ferner sagt Plinius, dass es vor Zeiten zwei Arten, enkaustisch zu malen, gegeben habe, die eine (auf Marmor?) mit Wachs, die andere auf Elfenbein mit wohlriechendem Harze oder mit einem Griffel, bis dann später eine dritte, Art hinzugekommen sei, wo man das am Feuer aufgelöste Wachs mit dem Pinsel aufgetragen habe, welche Malerei

---

\*) Plin. N. H. 35. 39. Ceris pingere ac picturam inurere quis primus excogitaverit non constat. Quidam Aristidis inventum putant, postea consummatum a Praxitele. Sed aliquanto vetustiores encausticae picturae extitere ,ut Polygnoti et Nicanoris et Archesilai Pariorum.

Ein weifser, kreidiger und zugleich doch fester Grund mochte die nothwendige Unterlage der alten enkaustischen Manier gewesen sein.

weder an der Sonne, noch im Salzwasser, noch im Wetter leide*).

Die oben mitgetheilten Beobachtungen an den Ueberresten Griechischer Malerei bestärkten mich in den so eben aufgestellten Muthmaſsungen.

Drittens, weil der Glanz und die Klarheit des blendend weiſsen krystallinischen Grundes sich unter der mehr oder weniger transparenten glasigen Wachsdecke vortheilhaft geltend machte.

Viertens, weil man auf innere Kostbarkeit des Materials einen groſsen Werth legte. Auch das nicht sogleich in die Augen Fallende musste im Gehalte dem äuſseren Glanze entsprechen**). Bekannt ist die Erzäh-

---

*) Der Ausdruck des Plinius 85. 11.: cestro, id est viriculo, wurde gewöhnlich auf das Instrument bezogen, welches dabei in Anwendung kam, und dem penicillo gegenüber gestellt. Das Wort κέστρον hat aber im Griechischen eine doppelte Bedeutung. So heiſst zuerst ein spitzes Instrument, ein Grabstichel, dann ist es der Name einer wohlriechenden Pflanze, botanisch nach Dioskorides „betonica officinalis." Der lat. Ausdruck, viriculum, kommt nur an dieser Stelle vor. Sollte Plinius nicht das cestrum der cera entgegengestellt und das wohlriechende Harz gemeint haben, das in der Farbe der alten Monumente gefunden wird? Freilich stellt Plinius an einer andern Stelle die beiden Ausdrücke penicillum und cestrum einander so gegenüber, dass die gewöhnliche Uebersetzung des Wortes cestrum durch Griffel viele Wahrscheinlichkeit für sich hat. Doch ist die Sache nicht klar.

**) Dieser letzte und unerheblichste Grund ist derjenige, dem Kugler begegnet: Dies sei ganz gegen die Natur des Menschen; das Beispiel spräche nur dagegen, nicht dafür. Die Elfenbeinfiguren hätten einen Kern von schlechterem Stoffe gehabt.

Wie aber, wenn des Phidias Elfenbeinstatuen selbst ihr mildes Weiſs nur unter dem Schleier einer der reichen Goldverbrämung entsprechenden Farbenpracht geltend machten?

Es giebt Belege dafür.

lung von der elfenbeinernen Minervenstatue des Phidias. Die Ehre der Nation und die Achtung vor der Gottheit war im Spiele.

Nicht aus Missachtung der Folgerichtigkeit im Denken, sondern absichtlich geschah es, dass die eigentliche Frage, nämlich was die Griechen vermocht habe, weifse Tempel zu bemalen, in der Antwort umgekehrt wurde, die Auskunft darüber giebt, warum man zu der Malerei weifsen Marmor wählte. Diese Auffassung der Sache ist die richtige, wie sich später noch deutlicher herausstellen wird.

Wie aber stets das Gute und Schöne, wo es gefunden ist, sich nach allen Richtungen und anders noch geltend macht, als nach der ursprünglichen Meinung, so geschah es auch hier, dass, während der Marmor durch sein edles Korn, durch seine krystalline Durchsichtigkeit und seine Farbe den schönsten Grundstoffen zur Entfaltung attischer Skulptur und Malerei bildete, der balsamische Farbenemail *) wieder wesentlich zu seiner Er-

---

Theilt übrigens Herr Kugler hierin nicht meine Ansicht, so lasse er eine bessere Autorität für mich sprechen.

Plinius sagt cpt. 15 des 35. Buches: Durat et Cyzici delubrum in quo filum aureum commissuris omnibus politi lapidis subjecit artifex eburneum Jovem dicaturus intus, coronante eum Apolline. Tralucent ergo juncturae tenuissimis capillamentis, lenique afflatu simulacra refovente, praeter ingenium artificis ipsa materia quamvis occulta in pretio operis intelligitur. Die Stelle ist in mehrfacher Hinsicht für unseren Stoff interessant. Offenbar sagt sie, dass die Goldfäden nur durch etwas, was sie verbarg, durchschimmerten, und die Bildwerke mit einem zarten Hauche umgaben. Was konnte dies anders sein, als die Farbe oder die gefärbte Wachspolitur?

*) Ich deute mit diesen Ausdrücken an, dass bei den Griechen, wie bei den Indern, der Wohlgeruch ein Coefficient des allgemeinen Kunstproductes war.

haltung und Dauer beitrug; so dass, wenn nicht Barbarei sie verstümmelt hätte, sie noch heutiges Tages in ihrer ursprünglichen Schöne dastehen würden. Man lese nach, was Sir Humphry Davy, der Chemiker, in seinem fünften Dialog der tröstenden Betrachtungen auf Reisen hierüber sagt.

Ich schliefse diese Polemik, deren Aufgabe nicht ist, die Kunstanschauungen des Herrn Kugler nach dem von ihm hingestellten Systeme der Polychromie der Alten vom ästhetischen Standpunkte aus zu prüfen\*), noch seine Tempelgenealogie anzugreifen, mit der Erwähnung einer Stelle aus seiner Schrift, wo er, nachdem zugestanden worden, dass das Innere, und sogar die Vorder- und Hinterhallen der Tempel farbig wären, es weiter lautet:

„Doch ist es wiederum die Frage, ob man an den Langseiten der peripteren Tempel eben eine solche Wirkung beabsichtigt habe. Im Gegentheil scheint es fast wahrscheinlicher, dass man dieselbe auf die schmäleren Hauptseiten, um diese auch hierdurch bedeutender erscheinen zu lassen, beschränkte, indem **hier die Tiefe der Vorder- und Hinterhalle schon von selbst jenen bedeutenderen Grund bilden musste**\*\*). Diese Ansicht scheint durch eine Aeufserung Vitruv's bestätigt zu werden, welcher die Säulenstellung als in der Absicht er-

---

\*) Doch frage ich Herrn Kugler, die Hand auf's Herz, ob ihm das seinem Systeme entsprechende Modell des aeginetischen Tempels in der Glyptothek zu München gefällt? Von allen modernen griechisch-dorischen Tempeln gefällt mir am besten die kleine roth-granitne Capelle in Charlottenburg.

\*\*) Es ist mir nicht recht klar geworden, was der Autor damit sagen oder motiviren will.

funden nennt, um durch das Abstehende der Zwischenweiten dem Gebäude ein stattliches Ansehen zu geben, und zugleich den von Hermogenes eingeführten Dipteros rühmt, bei dessen gröfsercr Tiefe des Peristyls die Zwischentiefen bekanntlich von gröfserer Wirkung sind. Diese Charakterwirkung konnte aber nicht wohl erstrebt werden, wenn dieselbe schon insgemein durch dunkle Farben vertreten wurde."

Wenn nun aber die Säulen gleichfalls verhältnissmäfsig dunkel waren, wie dann? — Ich brauche also zur weiteren Prüfung des etwas langweiligen Satzes eigentlich nichts hinzuzufügen und schrieb ihn blofs deshalb ab, weil ich mich später noch einmal auf ihn beziehen muss.

## V.

## Die vier Elemente.

Hellenische Bildung konnte nur auf dem Humus vieler längst erstorbener und verwitterter früherer Zustände und fremder von Aufsen herübergetragener, in ihrer ursprünglichen Bedeutung nicht mehr verstandener Motive entstehen.

Gleich wie die Mythologie eine selbständige poetische Schöpfung des späteren Hellenenthumes ist, die uns im Homer und Hesiod zuerst geordnet entgegentritt, und die auf dem nicht mehr verstandenen und wiederum zur Fabel gewordenen Systeme einer philosophirenden Natursymbolik emporblühte \*), die ihrerseits wieder auf todten Ueberlieferungen von Thatsachen, fremden und uralt einheimischen Glaubensartikeln und Dichtungen gepflanzt gewesen war, wie aus diesem üppigen Boden die freie hellenische Götterpoesie sich entwand, eben so war die bildende Kunst, als Illustration der ersteren, auf den Trümmern älterer, einheimischer und eingeführter, ihrer Wurzeln beraubter Motive hervorgeschossen.

---

\*) Hermann, mythologia Graecorum antiquissima opusc. Vol. II.

Wie es nun kommen mochte, ob die herrlichen Länder Kleinasiens und Griechenlands noch mit jenen Erdmächten zu ringen hatten (deren gewaltige Spuren dort von ihrer bis in späteren Perioden fortdauernden Thätigkeit zeugen), während in den Ebenen Assyriens und Aegyptens schon dichte Bevölkerungen sich zu Staaten geordnet hatten, oder ob der sie bedeckende Humus, die Ueberreste so vieler alter uns unbekannter Culturzustände, die sich dort finden, gerade Zeugniss dafür ablegen, dass sie eines der frühesten Sitze des Menschengeschlechtes\*) und der successive Kampfpreis begehrender Eindringlinge waren, — die Thatsache steht fest, dass die verschiedensten Bestandtheile älterer Civilisationszustände sich hier durchkreuzten und ablagerten, die in einer grofsen Volksmetamorphose aus dem sedimentären Zustande (wie parischer Marmor) zu krystallklarer Selbstständigkeit zusammenschossen.

Dennoch lassen sich die ursprünglichen Bestandtheile erkennen, und es ist nothwendig, sie zu verfolgen, um zu dem Verständnisse gewisser Erscheinungen in der griechischen Kunst zu gelangen, die uns wegen des unserer Anschauung entzogenen Gesammtbildes aus letzterem leider nicht mehr erklärlich sind und ihm zu widersprechen scheinen.

Man hat in alten und neuen Zeiten sehr oft die architektonische Formenwelt vornehmlich als von dem Stoffe bedungen und aus ihm hervorgehend dargestellt, indem man die Construction als das Wesen der Baukunst er-

---

\*) Dies war, nach Herodot, selbst von den auf ihr Alter stolzen Aegyptern geglaubt.

kannte und letztere somit in eiserne Fesseln schmiedete, während man glaubte sie von falschem Beiwerke zu befreien. Soll aber nicht die Baukunst, gleich der Natur, ihrer grofsen Lehrerin, zwar ihren Stoff nach den durch sie bedungenen Gesetzen wählen und verwenden, aber Form und Ausdruck ihrer Gebilde nicht von ihm, sondern von den Ideen abhängig machen, welche in ihnen wohnen?

Allerdings aber muss, wenn zu ihrer Verkörperung der passendste Stoff gewählt ward, der Ausdruck der Idee des Bauwerkes, durch das Erscheinen des letzteren, als eines natürlichen Symboles, an Schönheit und Bedeutung gewinnen. Verbunden mit Alterthümelei, hat die angedeutete materielle Anschauungsweise zu sonderbaren und fruchtlosen Grübeleien geführt, und gerade die wichtigsten Einflüsse auf Kunstentfaltung übersehen*).

Auf die Gefahr hin, mich desselben Fehlers schuldig zu machen, den ich tadle, sehe ich mich genöthigt, in die Urzustände der menschlichen Gesellschaft zurückzukehren, um zu dem zu kommen, was ich eigentlich darzulegen beabsichtige. Ich werde es so kurz wie möglich abzumachen suchen.

Das erste Zeichen menschlicher Niederlassung und Ruhe nach Jagd, Kampf und Wanderung in der Wüste ist heute wie damals, als für die ersten Menschen das Paradies verloren ging, die Einrichtung der Feuerstätte

---

*) Man darf nur an die Folianten erinnern, die, seit Vitruv, über den Ursprung des griechischen Tempels aus dem Holzbau geschrieben wurden, oder an die scharfsinnigen Hythothesen über das Zeltdach der Chinesen. Vide Hope's history of architecture.

und die Erweckung der belebenden und erwärmenden speisebereitenden Flamme. Um den Herd versammelten sich die ersten Gruppen, an ihm knüpften sich die ersten Bündnisse, an ihm wurden die ersten rohen Religionsbegriffe zu Culturgebräuchen formulirt. Durch alle Entwickelungsphasen der Gesellschaft bildet er den heiligen Brennpunkt, um den sich das Ganze ordnet und gestaltet. Er ist das erste und wichtigste, das **moralische** Element der Baukunst. Um ihn gruppiren sich drei andere Elemente, gleichsam die schützenden Negationen, die Abwehrer der dem Feuer des Herdes feindlichen drei Naturelemente; nämlich das **Dach**, die **Umfriedigung** und der **Erdaufwurf** \*).

Je nachdem die menschlichen Vereine unter den verschiedensten Einflüssen der Climate, der Länderbeschaffenheiten, der Verhältnisse zu einander, und nach den Unterschieden in den Anlagen der Racen sich verschiedenartig ausbildeten, mussten die Combinationen, in welchen diese vier Elemente der Baukunst zusammengriffen, sich anders gestalten, und einzelne sich mehr entwickeln, andere in den Hintergrund treten.

---

\*) Der Erdaufwurf oder die Terrasse sollte zwar bei erstem Erwägen als secundär und nur da nothwendig erscheinen, wo schon feste Wohnsitze in der Niederung aufgeschlagen wurden; allein er vermählte sich schon sofort mit dem Herde, zu dessen Erhebung über dem Boden er alsbald nöthig wurde. Auch mag er, verbunden mit dem mit ihm identischen Grubenbau, dem frühesten Dache als Unterlage gedient haben. Aufserdem ist es wahrscheinlich, dass der Mensch, wo nicht als Individuum, doch gewiss als geselliges Wesen, gleichsam als letzte Schlammschöpfung, den Niederungen entsprossen ist. Alle urältesten Völkersagen, die öfters eine naturphilosophische Idee verhüllen, stimmen darin überein.

Zugleich ordneten sich die verschiedenen technischen Geschicklichkeiten der Menschen nach ihnen: die keramischen und späteren metallurgischen Arbeiten und Künste um den Herd, die **Wasserarbeiten** und **Maurerarbeiten** um den **Erdaufwurf**, die **Holzarbeiten** um das **Dach** und dessen Zubehör. — Welche Urtechnik entwickelte sich aber an der **Umfriedigung**? Keine andere als die Kunst der **Wandbereiter**, das ist der Mattenflechter und Teppichwirker. Diese vielleicht befremdlich scheinende Behauptung muss näher motivirt werden.

Es wurde vorhin der Schriftsteller erwähnt, die mit umständlicher Gründlichkeit sich den Untersuchungen über die Anfänge der Kunst hingeben und daraus die Verschiedenheiten des Bauwesens abzuleiten wissen. Eine nicht unwichtige Rolle spielt dabei das Zeltdach der Nomadenstämme. Während aber ihr Scharfsinn in der Kettenlinie des Zeltdaches die Norm der tartarisch-chinesischen Bauweise erkennt (obschon dieselben Formen doch auch an den Mützen und Schuhen dieser Völker vorkommen), übersehen sie den allgemeineren und weniger zweifelhaften Einfluss, den der Teppich in seiner Eigenschaft als **Wand**, als vertikales Schutzmittel auf die Entfaltung gewisser Bauformen übte, so dass ich mit der Behauptung ohne Stütze irgend einer Autorität dazustehen glaube, dass der Teppichwand eine höchst wichtige Bedeutung in der allgemeinen Kunstgeschichte zukommt.

Es ist bekannt, dass sich noch jetzt der erwachende Kunstsinn der in ihrer Kindheit befindlichen Völkerschaften (selbst wenn sie noch ganz nackt gehen) an dem Flechten und Wirken der Matten und Decken früh bethätigt.

Der Zaun, die in einander geflochtenen Zweige von Bäumen, als ursprünglichster Pferch oder Raumabschluss und rohestes Flechtwerk ist jedem wildesten Stamm geläufig. Nur die Töpferkunst kann vielleicht sich mit einigem Rechte der Anciennetät der Teppichwirkerei zur Seite stellen. Vom Flechten der Zweige verfiel man leicht auf das Flechten des Bastes zu Matten und Decken. Von da auf das Gewebe mit Pflanzenfäden u. s. w. Die ältesten Ornamente sind solche, die sich entweder durch Verflechtungen und Verknotungen bilden, oder auf der Drehscheibe und mit dem Finger auf weichem Thone leicht ausführen lassen. Die Anwendung des Pfahlflechtwerkes zu Absonderungen des Eigenthumes von dem Nichtbesitze, der Matten und Teppiche zu Fufsdecken, zur Abwehr der Sonnenstrahlen und der Kälte, zu innerer räumlicher Scheidung der Wohnungen ging in den meisten Fällen, und besonders unter klimatisch günstigen Verhältnissen, der gemauerten Wand lange voraus. Letztere war ein Hineingreifen der sich an Terrassenmauern zuerst entwickelnden ganz anderen Stylbedingungen unterworfenen Maurerkunst in das Gebiet der Wandbereiter.

Wie das Flechtwerk das Ursprüngliche war, so behielt es auch später, als die leichten Mattenwände in feste Erdziegel-, Backstein- oder Steinquadermauern sich umgestalteten, der Wirklichkeit oder blofs der Idee nach, die ganze Wichtigkeit ihrer früheren Bedeutung, das eigentliche Wesen der Wand *).

---

*) Der deutsche Ausdruck Wand, paries, giebt seinen Ursprung zu erkennen. Die Ausdrücke Wand und Gewand sind Einer Wurzel entsprossen. Sie bezeichnen den gewebten oder gewirkten Stoff, der die Wand bildete.

Es blieb der Teppich die Wand, die sichtbare Raumbegrenzung. Die dahinter befindlichen, oft sehr starken Mauern wurden wegen anderer, das Räumliche nicht betreffender Zwecke nothwendig, als zur Sicherheit zum Tragen, zur gröfseren Dauer und dergleichen. Ueberall, wo diese Seitenzwecke nicht in der Absicht waren, blieben die Teppiche die alleinigen ursprünglichen Scheidungen; und selbst, wo die Aufführung fester Mauern erforderlich wurde, bildeten sie nur das innere nicht sichtbare Gerüste, versteckt hinter den wahren und legitimen Repräsentanten der Wand, den buntgewirkten Teppichen.

Diese Bedeutung behielt die Wand selbst dann, als man sie aus Rücksichten gröfserer eigener Dauer, oder zu besserer Erhaltung der dahinter befindlichen Mauer, oder aus Sparsamkeit, oder umgekehrt zu Entfaltung gröfserer Pracht, oder aus was immer für Gründen, durch andere als die ursprünglichen Stoffe ersetzte.

Solcher Ersatzmittel brachte der Erfindungsgeist der Menschen verschiedene hervor, wobei alle Zweige der Technik successive in Anspruch genommen wurden.

Zu dem verbreitetsten und vielleicht ältesten Ersatze bot die Maurerkunst ein Mittel, den Stuckbewurf oder, in anderen Ländern, den Bewurf mit Erdpech. Die Holzarbeiter bildeten Täfellängen (πίνακες), mit denen die Wände besonders an den unteren Theilen ausgestattet wurden.

Die Feuerarbeiter lieferten glasirte Terrakotten*) und

---

*) Es ist mehr als wahrscheinlich, dass die Absicht, den Ziegeln eine bunte Glasur zu geben, erst zu der Erfindung der gebrannten Ziegel führte. Die glasirten Ziegel von Ninive, die ich in Paris genau zu be-

Metallplatten. Als letztes Ersatzmittel können vielleicht die Tafeln aus Sandstein, Granit, Alabaster und Marmor gelten, die wir in Assyrien, in Persien, in Aegypten und selbst in Griechenland verbreitet finden. Der Charakter des Nachgebildeten folgte lange dem des Urbildes. Malerei und Plastik auf Holz, Stuck, gebranntem Thone, Metall oder Stein war und blieb in spätester unbewusster Ueberlieferung eine Nachahmung der bunten Stickereien und Gatterwerke der uralten Teppichwände.

Das ganze System der orientalischen Polychromie, mit dem Täfelungs- und Bekleidungswesen der ältesten Baukunst eng verwachsen und gewissermafsen Eins, mithin auch die Kunst des Malens und die Reliefskulptur, ist hervorgegangen aus den Webstühlen und den Färbekesseln der betriebsamen Assyrer *) oder ihrer Vorgänger in den Erfindungen der Vorzeit.

Immerhin mögen die Assyrer als die treuesten Bewahrer dieses Motives in seiner Ursprünglichkeit gelten.

In den ältesten Urkunden des Menschengeschlechtes wird die Teppichfabrikation der Assyrer gerühmt wegen

---

sichtigen Gelegenheit hatte, sind in einem fast ungebrannten Zustande. Ihre Glasur muss aufserordentlich leichtflüssig sein. Terrakottenbekleidungen sind die Vorgänger der Backsteinmauern, und Steintäfelchen die Vorgänger der Quaderwände. Siehe weiter unten.

*) Es ist merkwürdig, dass die meisten Farben an den assyrischen Alabastergetäfeln von Chorsabad und Nimrud verschwunden sind, während evident ist, dass sie zur Vervollständigung noch vorhandener Resten dagewesen sein müssen. Die vorhandenen Spuren sind, im Gegensatze zu der ägyptischen und griechischen Malerei, nicht dick aufgetragen, sondern wie eingebeizt, und es ist wahrscheinlich, dass die Farben zum gröfseren Theile aus vegetabilischen Stoffen bestanden,

ihrer Farbenpracht und der Kunst der auf ihnen gewirkten phantastischen Darstellungen. Die Beschreibungen von mystischen Thieren, Drachen, Löwen, Tigern u. s. w., die auf ihnen dargestellt waren, stimmen vollkommen überein mit demjenigen, was wir noch heute auf den Wänden von Ninive sehen. Nicht blofs in den Gegenständen, sondern auch in der Art der Behandlung würden wir eine vollständige Uebereinstimmung erkennen, wenn uns die Vergleichung noch möglich wäre.

Die assyrische Skulptur hat sich offenbar innerhalb der Schranken bewegt, welche ihr durch ihren Ursprung vorgezeichnet waren, wenn auch der fremde Stoff neue Mittel des Heraushebens der Gegenstände aus dem Grunde gestattete. Es zeigt sich ein Ringen nach Naturwahrheit, dessen Grenzen nicht durch hierarchischen Zwang, sondern, neben despotischem Hofceremoniell, besonders durch die Laune einer der Skulptur fremden Technik gestellt waren, deren Reminiscenzen noch fortwirkten. Die Haltung der Figuren ist steif, aber nicht zu blofsem Schriftzeichen erstarrt, sondern nur gefesselt. In ihrem Zusammenwirken sind sie schon oder vielmehr noch bildliche Bearbeitungen einer berühmten geschichtlichen That oder einer Hofceremonie u. s. w., nicht wie die ägyptischen Bilder, einfach die Mittel zur Verewigung eines Factums, gemalte Chronik. Auch in der Anordnung, zum Beispiel in der Beobachtung gleicher Kopfhöhen, zeichnen sie sich vor letzteren aus. Scharfe fadenumzogene Umrisse, hart ausgedrücktes Muskelwerk, Vorherrschen des ornamentalen Beiwerkes und der Stickereien, zeugen von ihrem Ursprunge und von Uebertreibung, aber nicht von todter Manier. — Die Köpfe zeigen nicht die geringste Spur eines Bestrebens des Künstlers, innere Seelenzustände zu geben, und sie sind, bei stetem Lächeln, sogar durchaus ohne allen individuellen Ausdruck. Hierin stehen sie hinter den ägyptischen Skulpturen zurück und schliefsen sie sich mehr an die älteren Werke der Griechen an.

Auch in den eigentlichen Wandmalereien bekundet sich dieselbe Technik. Nach Layard sind die Malereien der Wände zu Nimrud mit starken schwarzen Umrissen umzogen und durchwirkt; der Grund ist blau oder gelb. Die friesartigen Verbrämungen der Bilder durch Inschriftreihen deuten gleichfalls auf ihre technische Verwandtschaft mit den Teppichen hin. Der Charakter der Keilschrift entspricht ganz dieser Technik. Würde man für Nadelwerk eine bequemere Schreibart erfinden können?

Dass neben diesen Vertretern der früheren Teppiche letztere als Thürvorhänge, Storen u. s. w. aufserordentlich viel in Anwendung kamen, davon zeugen die reichverzierten Ringe, woran sie befestigt waren, und die einfache Täfelung der Fufsböden giebt zu erkennen, dass sie ebenfalls mit Teppichen belegt waren.

So gaben letztere denn auch wohl die Vorbilder für die musivische Kunst, die ihrem Ursprunge am längsten treu blieb.

Oberhalb der Gypstäfelungen waren die inneren Wände bekanntlich mit schwach gebrannten glasirten, oder man möchte sagen, lackirten Ziegeln ausgefüttert. Sie sind nur an einer Seite glasirt und mit farbigen Ornamenten bedeckt, die durchaus nicht den Formen der Steine entsprechen, sondern sie nach allen Richtungen überkreuzen. Andere Indicien beweisen, dass sich die Steine in horizontaler Lage befunden haben müssen, als sie ihre Glasur erhielten. Sie wurden also erst horizontal zusammengelegt, dann ornamentirt und glasirt und zuletzt nach ihrer Ordnung zu Bekleidung der Lehmziegelmauern verwendet. Ein Beweis auch hier, dass die Glasur eine allgemeine Decke und von dem Materiale, worauf sie safs, der Idee nach unabhängig war. An eine erst spät römische oder mittelalterliche Benutzung bunter Steine zu gemustertem Mauerwerk ist in diesen Zeiten der frühesten Kunst noch nicht gedacht worden.

Wird das Vorkommen von skulptirten Steintafeln an den unteren Theilen der assyrischen Paläste als ein erster Schritt zur späteren Steinconstruction zu betrachten sein, so zeigt sich, sehr instructiv, das Fortschreiten auf diesem Wege deutlich an den bekannten persischen Monumenten zu Murgaub und Istakr. Hier sieht man von dem einstigen, zum gröfseren Theil aus Rohziegeln construirten Mauerwerke nur noch die marmornen Eckschäfte nebst den Thür- und Fenstergerüsten. Diese sind aus ganzen Stücken, aber so ausgehöhlt, dass der Begriff der Täfelung noch in ihnen deutlich hervortritt. In diese Höhlungen griff das Ziegelmauerwerk ein und schloss sich durch seine vielleicht hölzerne oder Teppichbekleidung an die Marmorpfosten an.

An den ägyptischen Monumenten hat sich die ursprüngliche Bedeutung der Wand schon mehr verwischt; das wenn auch uralte, doch jedenfalls auf Trümmern älterer und mehr naturwüchsiger Culturzustände aufgebaute hierarchische System fixirte es zur Steinhieroglyphe. Aber dennoch tritt es auffallend genug in vielen Dingen hervor. Nirgend erscheint die Quadermauer als solche, sondern sie ist, aufsen wie innen, wie mit einem gemalten Teppiche überzogen. Daher die zwar genaue, aber doch nicht regelmäfsige Quaderfügung; sie war durch einen allgemeinen Ueberzug bedeckt, der sogar an Granitbekleidungen nicht fehlte. Diese uralten Granitbekleidungen selbst, z. B. zu Karnac, und im Inneren, so wie vormals am Aeufseren der Pyramiden, sind Seitenstücke zu den assyrischen Täfelungen.

Auch zeigt sich merkwürdiger Weise das uralte Gesetz des Täfelns der Mauern an einem der wenigen architektonischen Glieder, die der ägyptischen Baukunst zu Gebote stehen. Ich meine den Stab, der die scharfen Kanten der Mauermassen abrundet und einfasst. Er diente ursprünglich, um die Fugen der schwachen Bekleidungsplatten zu verstecken, die sonst an den Rändern der massigen Flächen sich leicht durch die Malerei hindurch auf unangenehme Weise geltend gemacht haben würden*).

Die Säulen der ägyptischen Tempel haben zum Theil das Aussehen von Rohrbündeln, die mit einem Teppiche umgeben und durch ihn erst in Eins vereinigt sind.

In den Bildern der Grabeshöhlen tritt ferner die Teppichnachahmung ganz klar und deutlich hervor und unter den dort gefundenen Ornamenten herrscht das bunte Flechtwerk und der Latz vor.

---

*) Es ist dies eine in dem Tischlerhandwerke noch jetzt sehr übliche Methode die Fugen zu verstecken.

Eben so behielten die Bilder wenigstens in den fadenumzogenen Umrissen der Parthieen, in dem Reichthum der Detailstickerei und der Farben den ursprünglichen Charakter bei.

In China, wo die Baukunst seit Urzeiten stehen geblieben ist, und sich die vier architektonischen Elemente am klarsten geschieden neben einander erhalten haben, ist die Wand in ihrer ursprünglichen Bedeutung noch selbständig von dem Dache und der Mauer, und sogar noch gröfstentheils beweglich. Die innere Eintheilung der Häuser besteht aus solchen Scheidungen, die so wenig wie die allerdings backsteinerne, aber hohle und mit Rohrgeflecht und Teppich bekleidete äufsere Mauer mit der eigentlichen Construction etwas zu thun haben.

Wie zugleich mit dieser alterthümlichen Einrichtung der Stuckbewurf und eine reiche allgemeine Polychromie bei den Chinesen vorwaltet, ist allgemein bekannt.

Manche auf unsere Zeit noch recht wohl anwendbare Lehre und mancher Aufschluss über den Zustand der alten Welt ist von ihnen zu entnehmen.

Auch in Indien finden wir Aehnliches, und noch jetzt wie zu Agrippa's Zeiten herrscht der Stuckbewurf und die Farbe. Sogar an den altamerikanischen Bauwerken tritt uns dieselbe Erscheinung entgegen.

Wenn uns von den phönicischen und jüdischen Alterthümern keine Spur mehr geblieben ist, so geben dennoch die in den heiligen und Profanschriften enthaltenen Berichte über die berühmtesten Bauwerke dieser beiden stammverwandten Völker (wenn auch sonst noch so vage und den verschiedensten Deutungen unterworfen) für den angeregten Gegenstand die unzweideutigsten und interessantesten Belege. Wer kennt nicht die berühmte Stiftshütte Mosis, mit den mit Goldblech beschlagenen eingerammten Pfosten, den reichen farbenschimmernden Teppichwänden und dem vierfachen Dache aus Stoffen, Leder und Thierhäuten? Dieses zeltartige Heiligthum wurde durch Salomo in Stein und Cedernholz auf colossalen Unterbauten auf der Höhe des Berges Moriah nachgebildet und es wird ausdrücklich davon gerühmt, dass nichts daran unbekleidet geblieben sei. Innerlich waren die heiligen Räume durchaus mit Goldblech beschlagen.

Es ist in diesen Berichten die vollständigste Geschichte der Wandbereitung enthalten und es hätte die einfache Hinweisung auf sie hingereicht, wäre es nicht zugleich nothwendig gewesen, die allgemeine Verbreitung der Gewohnheit, die Mauern zu bekleiden, unter allen Völkern der Vorzeit nachzuweisen.

Bei so allgemeiner Verbreitung des Täfelns, Bekleidens und buntfarbigen teppichartigen Ausschmückens der Wände müsste es Wunder nehmen, wenn die Griechen, deren Kunst auf den Traditionen anderer Völker fufste, nicht auch hierin wenigstens einen grofsen Theil des Herkömmlichen beibehalten hätten, um so mehr, da letzteres die Ausbildung derjenigen Künste so sehr begünstigen musste, in denen, wie wir wissen, die Griechen das Gröfste erreichten, die Reliefsculptur und die Malerei; und da sie den Terrassenbau und die davon abhängige Quaderconstruction, der Stolz ihrer pelasgischen Vorfahren, zu Gunsten der genannten Künste insofern vernachlässigten, als sie ihnen keine wesentliche Stelle in der höheren Baukunst zuerkannten. Es giebt dafür schon der bei ihnen heimische Gebrauch des Täfelns der Tempelzellen und Hallenwände Kunde, wie er aus so vielen Stellen der Alten und selbst aus einigen Indicien an noch vorhandenen Monumenten hervorgeht. Dies waren die πίνακες tabulae, von denen Plinius sagt, das nur auf ihnen die grofsen Künstler ihre Werke ausführten. Sie hiefsen wegen des ältesten Gebrauches der Holzbekleidungen Fichtentafeln, waren aber sicher in der späteren Zeit der enkaustischen Malerei nicht aus Holz, sondern aus Marmor oder Elfenbein. (Wurden doch auch Schüsseln aus Terrakotta πίνακες genannt.) Von ihnen spricht Cicero in seiner Rede gegen Verres, der den Tempel der Minerva zu Syrakus seiner mit den herrlichsten Gemälden bedeckten Täfelungen beraubt hatte. (His autem tabulis interiores templi parietes vestiebantur.)

Aehnlich zeigen alle die äufseren Flächen der Tempel, die für gemalte Plastik bestimmt sind, eine Täfelungsconstruction. So das Giebelfeld, die Metopen, die Friese, und die ἐρύματα oder Brüstungswände zwischen den Säulen, mit den ihnen entsprechenden untern Täfelungen der Zellen.

Gleichzeitig, oder vielmehr früher schon, galt das durchgehende Gesetz der Stuckbekleidung der constructiven Theile, die wir an alten Steintempeln angewendet finden, mit alleiniger Ausnahme der Marmortempel, an denen die Stuckbekleidung überflüssig wurde, weil der Marmor selbst ein natürlicher Stuck war. Es wurde oben auf die Wahrscheinlichkeit hingewiesen, dass der Gebrauch des Marmors mit der Aufnahme einer neuen Technik in der Malerei Hand in Hand ging. Dass nun endlich alles dieses mit Malerei bedeckt war und kein Stückchen nackten Steines übrig blieb, davon wurden die Beweise in den beiden vorhergegangenen Abschnitten dieser Schrift zusammengestellt. Ich resumire nochmals meine Behauptung dahin, dass die Polychromie aus jener uralten Herrschaft der Technik der Wandbereiter über die der Maurer bei wohnlichen Einrichtungen entsprungen ist, und dass letztere nur an den massiven Terrassenmauern selbständig ihr eigenes Werk sichtbar hervortreten lassen durften. Sogar die äufsersten Wallmauern der Assyrier, Meder und Baktrer waren reich mit Basreliefs und Malereien bis auf den Terrassenunterbau geschmückt, wie aus den bekannten Erzählungen des Herodot, Diodor, Strabo etc. erhellt und wie jetzt auf einer assyrischen Reliefplatte im britischen Museum deutlich zu sehen ist, welche eine feste Burg darstellt, die blofs an den untersten Theilen der äufseren Mauer Quaderwerk zeigt. Die Ruinen von Nimrud und Chorsabad bestätigen diesen Umstand; so auch die von Pasargadä und Persepolis und die Tempel der Aegypter. Auch in Griechenland finden wir dasselbe. So steht z. B. der Parthenon auf einer Terrasse von schönem Quaderwerk aus eleusinischem Steine und ist das Einzige, was von Farbe frei blieb.

Erst in späterer Zeit, kaum früher als unter den Römern, wird die Construction der Mauern, der sogenannte Quaderschnitt, und die Beschaffenheit des Stoffes, woraus die Construction besteht, als decoratives Element an den Haupttheilen der Gebäude, hauptsächlich an den äufseren Mauern benutzt. — Vorher wurden selbst die edelsten Stoffe, die Granitgemächer von Karnak, die Alabastertafeln von Ninive, die Elfenbeintäfelungen und Elfenbeinbilder, ja selbst die goldenen Fugen der Tempelwände nicht minder als die Säulen und herrlichen Bildwerke des Parthenon von schneeweifsem penthelischen Marmor mit Farbenüberzügen versehen.

Doch ist es möglich, dass bei einfachen Cellatempeln die Mauer hier und da aus cyklopischem Werke ausgeführt war und unbestuckt blieb. Diese Erscheinung liefse sich als archaistische und sinnbildliche Erinnerung an Erdhütten der Stammväter erklären, an welchen die Terrasse sich unmittelbar mit dem Dache vermählen mochte. Ein solches Beispiel konnte der Tempel von Anticyra sein, den Kugler aus dem Pausanias citirt. Das alles aber ist sehr zweifelhaft, und man ist nicht genöthigt, Aehnliches in dem Pausanias zu suchen, der kurz nachher eines anderen von ungeregeltem Mauerwerk aufgeführten Gebäudes erwähnte, und vielleicht den inneren Stuckbewurf des Tempels einer an anderen Tempeln von ihm vorgefundenen Täfelung oder dergleichen entgegenhält. Man kennt seine Eigenheit schon, die Beschaffenheit des Materiales der Bauwerke herauszuheben.

Die antike Kunst beschloss ihre Bahn, nachdem sie den Kreislauf bis zu ihrem Ursprunge vollendet hatte, und ging in den byzantinischen Teppichstickereien unter. Ihre Windeln wurden ihr Grabgewand *).

---

*) Wie sich der Phönix der Kunst in der christlichen Aera wieder aus ihnen neu entwand, dieses zu verfolgen würde zu weit führen.

Nach dieser Abschweifung in das Gebiet des Wandbereiters müssen wir nochmals zu den vier Elementen der Baukunst zurückkehren, ehe der erste Ausgangspunkt der Abhandlung, die Polychromie der Griechen in ihrer besten Zeit, wieder erreicht werden kann.

Jenachdem, so hiefs es oben, die menschlichen Vereine unter den verschiedensten Einflüssen der Climate, der Länderbeschaffenheiten u. s. w. sich verschiedenartig ausbildeten, mussten die Combinationen, in welchen diese vier Elemente zusammengriffen, sich anders gestalten.

Es lässt sich schon von vorn herein annehmen, dass da, wo der Mensch nur in vereinzelten kleinen Gruppen auftritt und seinen Herd nur gegen das Wetter zu schützen hat, wo das Recht des Eigenthums Anfangs nicht bestand oder nicht eben bestritten ward, und sich der Staat als Föderation vereinzelter Gruppen gestaltete, die ein spärlich ausgestattetes Land bewohnen, sei es als herumziehende Hirten oder als jagdtreibende Hinterwäldler, von den drei abwehrenden Elementen der Baukunst das Dach eine überwiegende Bedeutung erhalten musste, welches in ursprünglichster Form als tragbares Zelt erschien, oder auf der Erde über einer Erdvertiefung stand, und erst allmälig sich über den Boden erhob. Die Häuslichkeit bildet sich in diesen Hütten aus, ein Gegensatz zu dem freien Naturleben, das von Mühen und Kämpfen erfüllt ist. Sie werden kleine abgeschlossene Welten für sich. Nur das freundliche Tageslicht hat durch in der Mauer gelassene Oeffnungen freien Eingang. Die Familie mit dem Viehstande nimmt gleichen Antheil an ihrem Schutze. Vereinzelt stehen sie oder bilden ungeregelte Gruppen in dem ursprünglichen Naturbilde, jenachdem der Lauf eines Flusses zu Niederlassungen anlockt *).

Doch ändern sich auch hier die Zustände; und in der Weise, wie das Gesetz der Vergröfserung und Befestigung dieser Bauart sich formulirte, tritt ihre ganze Eigenthümlichkeit hervor.

Die Dächer schliefsen sich nämlich in freien und unsymmetrischen Gruppen aneinander, wo jeder Haupttheil sein eigenes Dach behält, oder zweitens, es bildet sich der Etagenbau, oder es findet drittens beides zugleich Statt.

Sind die Niederlassungen angefochten durch verdrängte Urbewohner, so bildet sich das Blockhaus, und wo Fehden unter den Stammesgenossen entstehen, wo der Besitz anfängt Preis des Stärkeren zu werden, dort entsteht der Thurm, das auf hohem und festem Unterbaue errichtete Etagenhaus. Um den Thurmbewohner gruppiren sich Schutz suchend die schwächeren, der eigenen Kraft nicht trauenden Insassen, und die Schutzherrschaft beginnt. Immer bleibt Regellosigkeit der Anlage, schräges Dach, Etagenbau und Beleuchtung des Inneren durch in der Aufsenmauer angebrachte Fenster das Charakteristische dieser Bauweise. Am ungemischtesten hat sie sich bis auf unsere Tage in den sächsischen Ansiedelungen,

---

*) In den Gegenden Deutschlands, die gemischt von slavischen und deutschen Stämmen bewohnt sind, z. B. in Mecklenburg und Holstein, verräth sich der Stammesursprung der Ortschaften sogleich an ihrer Form: Alle deutschen Dörfer und Städte sind in langen Zeilen längs den Flüssen und Bächen erbaut und ohne Mauern. Die slavischen Ansiedelungen dagegen erkennt man an der concentrischen Form, dem regelmäfsigen Marktplatze in ihrer Mitte und den Ringmauern.

in Norddeutschland, Holland, Belgien, England und Nordamerika erhalten. Die beiden vorherrschenden Elemente sind der Terrassenbau und das Dach. Doch hat der erstere in dem Etagenbau sich mit der Wandbereitung eng verbunden.

In warmen Himmelsstrichen und in Ländern, deren reicher Ertrag nur durch vereintes Wirken zu gewinnen war, erkennen wir in den Niederlassungen zuerst die Wirkungen dieses nicht mehr blofs passiven und abwehrenden, sondern activen Verhaltens gegen die Natur.

Der Erde und dem Wasser müssen die Reichthümer des Landes abgerungen werden, wozu es der Vereinigung zu grofsen gemeinschaftlichen Werken bedarf. Grofse nationale Bauunternehmungen werden das Band, welches sie äufserlich verbindet *).

Hier bilden sich Baugänge aus, welche der Kürze wegen, als Gegensatz des Hüttenbaues, der Hofbau heifsen mögen.

Doch konnten sich menschliche Verhältnisse unter diesen Umständen selten oder niemals ungestört aus sich heraus entwickeln.

Kaum war durch die gemeinsamen Anstrengungen der Vereine die Natur bewältigt, so wurden ihre Segnungen Gegenstand des Begehrens roherer und ärmerer Stämme, gegen welche man sich zu vertheidigen hatte.

---

*) Jes. 23. 13. Sehet das Land der Chaldäer, dies Volk, das noch vor Kurzem kein Volk war. Assyrier dämmten es ein und schenkten es den Einwohnern der Wüste! Sie verwandelten die herumziehenden Horden des Volks in stehende Wohnungen und bauten die Paläste des Landes.

Die Einrichtungen, welche die Vertheidigung der Niederlassungen erheischte, mussten zwar ihren Bau modificiren, konnten aber, so lange sie Erfolg behielten, ihn nicht verhindern, sich aus sich heraus und selbständig zu gestalten. Anders verhielt es sich, als sie die Beute von Eroberern wurden.

In dem befestigten Heerlager wuchs nun ein drittes Princip. Die Eroberungsheere bestanden aus den Söhnen der Hütten bewohnenden Stämme, und während sie sich um ihren Führer, nach Gesetzen der Subordination und Befestigungskunst in Feldlagern schaarten, vereinigten sie ihre Hütten zu baulichen Formen, bei denen Regelmäfsigkeit, Uebersichtlichkeit, bequeme Gliederung und Festigkeit maafsgebend waren.

Wenn so in der äufseren Gestaltung verwandt und ähnlich, waren doch beide Anlagen in ihren Grundsätzen sehr verschieden.

Derselbe Unterschied, welcher zwischen einer auf reichen Grundbesitz oder priesterlicher Hierarchie gestützten eingebornen und unbestrittenen Monarchie, und einem auf Eroberung begründeten militärischen Satrapendespotismus besteht, bekundet sich auch in ihren Werken. Dieser Unterschied zeigt sich besonders deutlich (wie immer) in dem Gesetze ihres Wachsens.

Die Gröfse des eingeborenen Herrn nimmt langsam zu, und mit dem wachsenden Bedürfniss wächst sein Haus, theils durch angefügte Raumabschlüsse, theils und vornehmlich durch organische Entwickelung von Innen.

Die Gröfse des Satrapen und Lehnsmannes dagegen ist ein Geschenk der Gnade und entsteht plötzlich. Sein Haus ist von vornherein für seinen hohen Stand fertig gemacht, und eine Wiederholung des Hoflagers im kleineren Maaſsstabe. Vergröſserungen sind nur durch äuſsere Verbindungen einander ähnlicher Einheiten möglich.

Wie dort das Groſse eine Entwickelung und Weiterbildung des Einfachen und Kleinen ist, so ist hier das Kleine eine Verkrüppelung des Groſsen. Doch, wo nicht ein baldiges Erstarren mitten in dieser ungünstigen Periode eintrat, wie in China, dort wird das unbildsame militärische Princip beseitigt, nachdem es Zeit gehabt hatte, gewisse neue Baumotive typisch festzustellen; gleich wie das Lehnswesen durch Verjährung seine ursprüngliche (socialistisch-communistische) Bedeutung verlor.

Durch das sieghafte Auftreten solcher Stämme von Hüttenbewohnern in früher Zeit ist es erklärlich, dass, während sonst der Hofbau vorherrscht, doch der Cultus der meisten mittäglichen groſsen Völkerverbindungen an eine Form geknüpft ist, die das Giebeldach der Hütte zeigt *).

Vier merkwürdige Beispiele von eigenthümlicher Entfaltung des dem Menschen als geselligem Wesen inwohnenden Bauinstinctes bietet die Völkerkunde aus den Zeiten vor der Entwickelung griechischer Zustände: die chinesische, die ägyptische, die assyrische und die phönizische.

Die chinesische Baukunst, obschon noch gegenwärtig geübt, ist, mit Ausschluss der Hütte des Wilden, den Motiven nach die ursprünglichste, die wir kennen. In ihr treten, wie schon angeführt wurde, die drei äuſserli-

---

*) Selbst jetzt noch die heilige Kaaba.

chen Elemente der Baukunst in strenger Abgeschiedenheit unverbunden neben einander auf. Das geistige oder moralische Element, der Heerd, den ich hier und in der Folge in seiner höheren Bedeutung als Altar nehme, bildet keinen belebenden Mittelpunkt.

Dem Tartarenlager entsprossen zu einer Zeit, wie das eroberte Land nur von wilden Stämmen bewohnt war, konnte sich dieser Styl nicht mit einheimischen Elementen bereichern, und in seiner Abgeschlossenheit von äufseren Einflüssen blieb er unverrückt stehen, wo er vor fünf oder sechstausend Jahren stand.

Nur durch Hinzufügen neuer Höfe, neuer Terrassen und Pavillons, nur durch Vermehrung der Anzahl der Zwischenweiten der Säulen und ihrer Dimensionen, ist es möglich, die Bedeutung eines Bauwerkes zu heben.

In Hinsicht der Polychromie gewährt es einen interessanten Blick auf das alt-asiatische System, welches ich dem ägyptischen Farbensysteme gegenüberstelle.

Die ägyptische Baukunst ist diejenige, welche am ungestörtesten organisch aus sich und aus dem Boden, worauf sie wurzelt, herausgewachsen ist, ehe sie von der Hierarchie fixirt wurde.

Der Käfig des Repräsentanten der Bezirksgottheit, des heiligen Thieres mit dem Gemeindealtare stand Anfangs da, von einfacher Umfriedigung umgeben, auf dem erhöhten Damme am Nilufer. Hier begannen und endigten die Processionen, zu denen die Wallfahrer sich versammelten. Gewann der Ruf des Heiligthums an Zudrang, so wurde ein zweiter, den ersten umgebender oder sich an ihn anschliefsender Hof hinzugefügt. Zugleich vermehrte sich der Anspruch, den der innere Dienst des

Gottes an das Bauwerk zu machen hatte. Es wurde der Hof Anfangs blofs für besondere Gelegenheiten mit Teppichen und Segeln, hernach solider überdeckt und Theile von ihm zu Zellen und Schatzkammern abgetrennt. Zugleich wurde durch monumentale Hervorhebung der Eingänge, die gleichsam das Bild des heiligen Käfigs darstellten *), kräftig auf die Bedeutung des verborgenen Heiligthums im Inneren hingewiesen, von Ferne zur Wallfahrt zu ihm aufgefordert. Weit über die Grenzen des Heiligthums hinaus sind die Wege bezeichnet, welche die Procession zu nehmen hat.

Mit mehr noch wachsender Bedeutung wurden neue Hofmauern hinzugefügt, deren Gröfse und Höhe im Verhältniss zu der Berühmtheit des Heiligthums wächst.

Auch innerlich entfaltet sich der Bau, während äufserlich neue Theile anschiefsen, zu immer reicherer Gliederung.

Schon war der ehemals offene, später überdeckte, die Sekos oder den heiligen Käfig enthaltende Raum durch sein Alter selbst ehrwürdig und heilig geworden. Er wurde zum Tempelhause (ἡ νεώς), und vor seinem Portale ward zum Gebrauche des engeren Ausschusses der Gemeinde (den ältesten Stammsprösslingen der den berühmt gewordenen Wallfahrtsort enthaltenden Nomos, unter denen das Priesterthum sich vererbte), der nächste Vorhof überdeckt. Zu Stützen der Anfangs blofs linnenen horizontalen Decken bedurfte es bei gröfseren Anlagen schon der Säulen.

Gleichzeitig wurden zum Schutze der in den Vorhö-

---

*) Die ältesten Pylonen waren nicht zweigetheilt, sondern bildeten Eine Masse, der Form nach der Sekos oder heiligen Arca nachgebildet.

fen versammelten Wallfahrer, die dort des endlichen Hervortretens des festlichen Aufzuges aus den inneren Thoren harrten (Anfangs provisorische), Schutzdächer längs der inneren Mauerwände auf Säulen und Pfeilern, und für die Procession selbst, in der Mitte, auf höheren Säulen, Tücher quer über den Hof gespannt *). Jenachdem nun jene oder diese oder beide oder eine Bedeckung des ganzen Hofes mit Berücksichtigung der für die hohen, auf den Schultern der Priester getragenen Bilder gröfsere Höfe des Mittelganges sich später monumental ausbildeten, entstanden alle die reichgegliederten Gestaltungen des Raumabschlusses, zu denen spätere Zeiten nicht Eine hinzugefügt haben, und deren Studium für das Verständniss der Kunst wenigstens eben so wichtig ist, als das der Gliederungen, Verhältnisse und Verzierungen derjenigen stützenden, getragenen und umschliefsenden Theile, die dabei in Anwendung kamen. Diesem Letzteren haben sich jedoch unsere Kunstgelehrten meistens mit zu grofser Vorliebe und mit Vernachlässigung des Ersteren hingegeben.

Ein Blick auf die Beschaffenheit Aegyptens macht es von selbst verständlich, dass die gröfsten und ältesten Bauunternehmungen dieses Landes an das Abdämmen, Bewässern und Entwässern derjenigen Landesstücke ge-

---

*) Nicht dass ich glaubte, die alten Tempel wären wirklich so allmälig aus dem Provisorium herausgebildet worden; aber die Ordner des offenbar künstlich gestalteten hierarchischen Aegypten hatten die Motive zu ihren Schöpfungen der Natur abgelauscht. Es sind dies durchaus keine Hypothesen, sondern bestimmte Wahrheiten! Wer kann sie noch bezweifeln, der die Bibel und die Entstehung des Salomonischen Tempels kennt?

knüpft sein mussten, die der Cultur zugänglich gemacht wurden.

Dennoch hatten die Erdarbeiten des Ingenieurs bei diesem reichbegabten Volke nur in so weit Bezug auf die höhere Kunst, als sie den Unterbau zu den Tempeln bereiteten und zu dem Uebrigen den Stoff herliehen, der sich aber dort nicht gesetzgebend zeigen durfte.

Auch das Festungswesen wirkte wenig oder gar nicht auf die Entwickelung ihrer Massen hin und gab höchstens einige symbolische oder decorative Formen her. Die Städte Aegyptens waren niemals befestigt.

Somit war die Baukunst bei den Aegyptern vornehmlich aus demjenigen Elemente hervorgegangen, welches wir die Umzäumung nannten, und an welchem sich, wie gezeigt wurde, die Zunft der Wandbereiter und ihrer Nachfolger, der Maler und Bildhauer, am meisten betheiligte.

Das andere Element, das Dach, bekundet sich auf zweierlei Weise, symbolisch zuweilen an den Sekos als pyramidalischer Aufsatz (und ich bin versucht, die geheimnissvollen ägyptischen Pyramiden für monströse Repräsentanten des Sekosdaches zu halten), und zweitens als flache Ueberdeckung der Hofräume, wodurch es aufhört äufserlich zu erscheinen, innerlich aber dem Gebiete der Wandbereiter anheimfällt, dem es schon, dem ursprünglichsten Motive nach, als ausgebreitetes Segel angehört. Dieser Umstand verhinderte auch die ägyptischen Säulen, sich zu einer äufseren Ordnung zu verbinden. Nur als innere Träger wirken sie geschaart zu Einem Ziele zusammen. Sie erscheinen sogar zuweilen z. B. an dem Peristyle zu Karnac, in Alleen neben einander gereiht, ohne alles verbindende Gebälk, statt dessen ein leichtes, wahrscheinlich sehr reiches Velum hoch in den Lüften flatterte.

So wie die Formen der ägyptischen Kunst hieroglyphisch zu Buchstaben gebannt waren, so durfte die Farbenmusik ihrer Polychromie nichts weiter sein wie Farbensprache, und musste statt des melodischen orientalischen Farbenspieles eine gemessene und deutliche Farbenprosodie annehmen. —

Das dritte uns erst in neuester Zeit einigermafsen verständlich gewordene Beispiel eigenthümlicher Gestaltung räumlicher Verhältnisse ist nicht minder interessant als jenes.

Mesopotamien, der Sitz der Culturzustände, von denen hier in aller Kürze Einiges zu sagen erlaubt sein mag, ist ein Aegypten sehr ähnliches Land, und die ersten Anfänge der Baukunst mochten dort wohl ziemlich denjenigen Gang genommen haben, auf dem sie hier Zeit hatten sich aus sich zu entfalten.

Aber während in Aegypten das ungestört Entstandene unter dem Systeme einheimischer Aristokratie in hierarchischer Form versteinerte, war jenes Land von ältester Zeit der Kampfpreis fremder Eroberer, die sich in den Besitz des Landes setzten und es unter ihre Kampfgenossen als Lehen vertheilten.

Die Eroberer nahmen die Sitten und den Luxus der Besiegten an, ohne sich gänzlich ihrer Stammeseigenthümlichkeiten zu entäufsern, und kaum war ein neuer Organismus aus dieser Vermischung entstanden, so erfolgten neue Einfälle, deren Aufeinanderfolge fast die Regelmäfsigkeit gewöhnlicher Naturerscheinungen zeigte.

Auch mochten Handel und lebhafter Verkehr mit anderen Völkern den Sitten dieses Landes schon früh eine mehr praktisch-sinnliche und bewegliche Richtung geben, zu der das semitische Volk vielleicht schon aus natürlicher Anlage mehr geneigt war, als der Stamm der ackerbauenden Aegyptier.

Wie dort in Aegypten sich die Grundidee der Bauformen an den Wallfahrtsorten und ihrer allmäligen Erweiterung entwickeln liefs, so knüpft sich diese Idee für Assyrien an die königliche Hofburg, welche (nicht aus einem Keime gewachsen, sondern zusammen geordnet, wie das Lager des Feldherrn) sowohl aufwärts für die um sie geschaffenen colossalen Städte, als abwärts für die Burgen der Vasallen und Untervasallen bis zu den kleinsten Einheiten herab als Vorbild dienten.

Ein seltsames Einschachtelungsprincip giebt sich dabei kund, wie diese der Gröfse nach verschiedenen, der Form nach gleichartigen Einheiten sich einander umschliefsen und zu gröfseren Einheiten derselben Gattung zusammentreten.

Fragen wir nach den Elementen des assyrischen Baustyles, die als einheimisch zu betrachten sind, so zeigt sich vornehmlich der Terrassenbau, der sich bei der ersten Ansiedelung in Canalanlagen, Dämmen und Substructionen bethätigen musste und sich an dem Festungsbaue mit dem zweiten Elemente der Umzäunung vereinigte. Es mussten wohl seit undenklichen Zeiten her diese Völker in der Wandbereitung excelliren, dem Gegenstande ihres Handels und der Hauptquelle ihres Reichthumes.

Das Dach dagegen spielte wegen des Climas und der Holzarmuth des Landes wohl nur eine untergeordnete

Rolle, obwohl das Holz zu Täfelungen, Decken und Säulen vielfach in Anwendung kam.

In welcher Beziehung diese Elemente ursprünglich zu dem Altare standen, ist nicht mehr zu erkennen. Denn Fremdherrschaft führte gerade hierin, wie später unter den feuerverehrenden Persern, so gewiss auch frühere Umwälzungen des Bestehenden herbei.

Als eine fremde Einführung der Art ist wahrscheinlich die assyrische Terrassenpyramide anzusehen, obschon die ältesten Urkunden sie als ein nationales Bauwerk und eine auf die Spitze getriebene Consequenz des Terrassenbaues schildern, zum Schutze gegen das gefürchtete Wiedereintreten eines Naturereignisses.

Nach den Schilderungen Herodot's und anderer alter Schriftsteller aber waren sie nichts weiter, als die colossalen Unterbaue eines, das eigentliche Object bildenden Grabmahles oder Tempels.

Seit den in Chorsabad und Nimrud gemachten Entdeckungen ist nach vorgefundenen Darstellungen ähnlicher Gebäude die Muthmaaſsung mehr als begründet, die auch schon Herodot's Beschreibung rechtfertigt, dass dieser Tempel die Giebelform und an der Vorderseite Säulen hatte. So finden wir hier wieder in dieser Form das Heiligste und Höchste repräsentirt.

Ein colossaler pyramidaler quadratischer Unterbau, mit einem kleinen Tempel auf seiner Spitze, würde wegen des ihm mangelnden Sinnes *) und des Missverhältnisses

---

*) Die deutsche Sprache hat kein Wort für den Begriff des französischen Seris. Eine Form, die keinen Sinn hat, ist eine solche, von der man nicht weiſs, was vorn oder hinten ist.

zwischen dem Getragenen und Stützenden unverständlich gewesen sein und den Namen eines Monumentes in künstlerischer Bedeutung nicht verdient haben, wäre es nicht von einem ausgebreiteten und reichgegliederten Terrassensysteme umgeben gewesen, wovon es nicht die Mitte, sondern den Stützpunkt bildete.

Das Ganze stand auf einem immensen länglicht viereckigen und erhöhten Plateau, umgeben von Mauern, mit Thürmen, Zinnen, Thoren und Freitreppen. Innerhalb lagerten die Knechte und Tribut bringenden Untersassen in Zelten, und auf einem innern Plateau erhob sich ein zweiter Peribolus. Hohe gewölbte Thore führten in diesen wieder von Thürmen und Zinnen geschützten Bezirk, dessen Mauern, wie die ersten, von Metall, Bildwerken und Farben glänzten. Hier fanden die täglichen Leibesübungen der ritterlichen Jugend Statt, und unter hohen, von Cedernsäulen gestützten hypostylen Hallen versammelten sich die Männer zu Staatsgeschäften und zum Unterrichte ihrer Söhne.

So steigerte sich in mehrfachen Circumvallationen, deren jede wieder in sich abgeschlossene Untereinheiten enthielt, die Wirkung bis zu der eigentlichen Residenz des Dynasten, bis zu jenen bedeutungsvollen von mystischen Thiercolossen bewachten Pforten *), die wir, vielleicht in sehr geringen Beispielen, jetzt im Louvre und im britischen Museum anstaunen. Hier war der grofse Salambek oder Audienz- und Gerichtshof, ein oft hundert und mehrsäuliger hypostyler Saal mit dem erhabenen

---

*) αἱ πύλαι, die Pforten, hatten dieselbe Bedeutung, wie jetzt bei den Türken. Man verstand darunter die Residenz und den Regierungssitz des Herrschers.

Throne, von Vorhallen und Nebenräumen umschlossen. Von ihm ging es wieder terrassenförmig aufwärts zu den Privatpavillons des Fürsten, die in vereinzelten Massen unter schattigen Gartenanlagen standen. Jeder bildete ein regelmäfsiges Quadrat, das einen gleichfalls quadratischen hypostylen Saal einschloss, und hatte sein eigenes durch reich verzierte Treppen zugänglich gemachtes Plateau. Aber dieser vielgegliederte Terrassenbau war zugleich auch Etagenbau, wie die Reliefdarstellungen es zeigen und wie Herodot und Diodor es bestätigen. Die langen, schmalen, pfeifenartigen Gänge zwischen den dicken Erdmauern, welche die Terrassen trugen, dienten nicht minder wie jene oberen Räume zu wohnlichen und anderen Zwecken, wozu ihre reiche Ausstattung (von Diodor beschrieben und uns neuerlichst anschaulich gemacht) und ihre Kühle in heifsen Sommertagen sie eigneten*).

Und über alles dies erhob sich als krönendes Werk die hohe Pyramide mit den baumbepflanzten Terrassen und den hinauf sich windenden breiten Freitreppen. Oben das Grabmahl des Stammherrn, der dem unterjochten Volke zum Gotte aufgedrungen ward, und sich allnächtlich in seinem Tempelhause mit der uralten einheimischen Göttin Melicerta per procuram vermählte.

Dieses zusammen war wieder von Wildgärten und Pflanzungen begrenzt und duchflochten, die sich bis zu den höchsten Terrassen hinaufzogen und deren schattige Gänge die Verbindung zwischen den isolirt stehenden

---

*) Noch jetzt ist in Mossul der Sommeraufenthalt in ähnlichen Kellerräumen.

Wohnpavillons des Dynasten bildeten. Hydraulische Künste, Teiche und Canäle, Bäder und Springbrunnen belebten diese Anlagen. Wir sehen aus dem Ganzen, wie südlicher Hofbau mit mancherlei Anklängen nordischen Burgbaues und Erinnerungen an eine waldige Gebirgsheimath der Culturträger sich vermischten. Aus solchen Elementen nun (denn die kleineren Dynasten befolgten in der Einrichtung ihrer Burgen das Vorbild des Fürstenpalastes) wurden durch fürstlichen Beschluss plötzlich Städte geschaffen. Die Stadt, in ihrer Gesammtheit, war eine Wiederholung desselben Grundgedankens. Die königliche Burg ist für die Stadt, was für den einzelnen Palast die erhöhte Terrasse ist, und der Tempel des Ninus beherrscht das Ganze. Von öffentlichen Gebäuden, Gerichtshöfen, Märkten u. s. w. keine Rede. Alles Staatsleben vereinigt sich in der königlichen Burg, zu der die dreifachen Mauern der Stadt nur eben so viele Peribolus gaben. Der Fremdenverkehr bewegt sich innerhalb des ersten und zweiten Peribolus. Dort lagern die Karavanen in Zelten unter ihren Heerden. In weiten Bazars und Karavanenserails breitet der Handel seine Waaren- und seine Sittenverderbniss aus; regelmäfsige, rechtwinklicht sich kreuzende Strafsen, zum Theil von enormer Breite (so dass hundert Reiter in Fronte passiren können und noch Platz für die Zuschauer ist), ziehen sich zwischen den Palästen fort. So ist erklärlich, dass Herodot über diese unerhörte Pracht und Gröfse in Ausdrücke des Erstaunens ausbrechen musste.

Mochten immerhin einheimische Motive, klimatische Erfordernisse, Beschaffenheit der Baustoffe und Anklänge aus der Heimath der Eroberer bei diesen Werken zusammenwirken, die eigentlich schaffende Idee ist dabei die vollendete Despotenherrschaft mit ihrem Rangwesen, deren wahren Ausdruck sie bilden.

Subordination und Coordination, also äufsere Ordnung ist das herrschende Princip. Dennoch aber giebt sich hier ein grofser Reichthum an Motiven, innere Bildsamkeit und eine gewisse Beweglichkeit kund, die in China zum Beispiel nicht existirt.

Es war oben der Tempel Erwähnung geschehen, die auf den Gipfeln der Pyramiden standen; wahrscheinlich glichen sie denen, die auf den Alabastertafeln von Chorsabad dargestellt sind; darnach waren sie ναοι ἐν παράςασιν, mit vollkommen ausgebildeter, der ionischen sehr verwandten, Säulenordnung. Auf ihren Giebeldächern standen hohe Akroterien, und Weihgeschenke schmückten ihre Wände. —

Die freie äufsre Säulenordnung scheint auch hier noch unbekannt gewesen zu sein; denn auch die bekannten reichgegliederten Marmornachbildungen assyrischer Cedersäulen zu Persepolis (obgleich in sechs- und mehrfacher Zusammenstellung) sind, wo sie äufserlich erscheinen, stets nur die Zwischenträger eines auf die Mauern sich stützenden Gebälkes.

Von peristyler Anordnung der Säulen ist keine Spur zu finden, weder bei Höfen, noch in Verbindung mit Giebeldächern; — statt ihrer scheint der hypostyle Saal eine grofse Bedeutung gehabt und viele Anwendung gefunden zu haben; er giebt ein Beispiel von innerer Bildsamkeit der assyrisch-persischen Baukunst. Zuerst offener Hof, dann bei den Assyrern mit einer Decke auf hölzernen

Säulen versehen, wurde der hypostyle Saal unter den Persern aus kostbaren Steinen vollendet. Die Palastruinen von Niniveh zeigen mehre in ihrer Grundform homogene Einheiten, die sich ganz ähnlich in Persepolis wiederfinden, und es erleidet keinen Zweifel, dass sie uns jene fürstlichen Wohnpavillons vergegenwärtigen, die uns aus der Geschichte Alexander's bekannt sind. So giebt das allgemeine Bild der assyrischen Baukunst, obgleich nur dunkel erkenntlich, zu interessanten Vergleichungen Anlass.

In Aegypten wurde der naturgemäfse (so zu sagen noch thierische) Bauinstinct des Menschen als geselligen Wesens von klugen Priestern beobachtet und fixirt in Werken, die auf dem Boden, wie Corallenbänke, entstanden und gewachsen scheinen. Alles an dem Werke weist auf einen unsichtbaren Kern, auf einen Bienenkönig hin, dessen Bedeutung sich nur mittelbar in dem Wachsen der Anzahl der Gläubigen, in dem Hinzutreten stets gröfserer und erhabenerer Raumabschlüsse bekundet, und eben so gut die Verherrlichung der mächtigen Priesterkaste, wie die des von ihr geschaffenen und gepflogenen Gottes ist. Die Idee der Hierarchie ist in ihm verkörpert. —

An jenen Werken des Euphratthales zeigt sich davon in mancher Hinsicht der Gegensatz.

Statt des Aufgehens in die Natur zeigen sich die ersten Zeichen eines Ringens nach Abstreifung der Naturfesseln in der Baukunst. Schon giebt sich dieses in der Objectivität kund, womit die Naturschönheiten erkannt worden sein müssen, ehe man sie, in trotzigem Wetteifer mit ihr, an Orten, wo sie fehlten, nachzubilden wagte. Die pyramidenbauenden Könige in Aegypten, die gleiches Streben verfolgten, wurden als Gottesverächter gestempelt, und die sieghafte Priesterpartei verhinderte spätere Wiederholungen ähnlicher Werke. Im assyrischen Beluspalaste, wie im ägyptischen Wallfahrtstempel, ist ein geistiger Mittelpunkt aller Beziehungen vorhanden, aber dort wird er beherrscht vom mächtigen Unterbaue, hier von endlosen Vorwerken versteckt; in beiden verliert er seine eigene Bedeutung, und nicht der Gott, sondern die Macht derer, die ihn setzten, wird verherrlicht.

Nahe verwandt mit den assyrisch-chaldäischen Bewohnern Mesopotamiens mochten die semitischen Phönicier und Juden sein, bei welchen wir auch einige Augenblicke verweilen müssen. Letztere, noch lange ein unstätes Nomadenvolk, als ihre Stammverwandten schon feste Städte gegründet und bis über die Säulen des Herkules hinaus Colonien abgesetzt hatten, entlehnten von diesen ihre Bauformen, so dass, bei fast gänzlicher Unwissenheit dessen, was das Wesen der phönicischen Kunst ausmachte, uns die biblische Beschreibung der alten Salomonischen Prachtbauten einige ziemlich zuverlässige Schlüsse in Beziehung auf sie gestattet. Wir besitzen ausführliche Nachrichten über den alten Tempel Salomonis und einige abgerissene Notizen über den Palast dieses üppigen Königs. — Es wurde schon oben darauf aufmerksam gemacht, wie grofses Interesse diese Bauwerke, namentlich die Tempel, in Beziehung auf dessen sichtbare Entstehung aus dem Zeltbaue gewähren. Er war durchweg phönicisches Werk, heidnische Auffassung der Mosaichen Stiftshütte, Versündigung gegen das zweite Gebot. War doch Salomon aufserdem ein arger Sünder, und, seinen Weibern zu Lieb, auch Götzendiener! — Die hohe Felsenterrasse des Berges Moria ist eine phönicische Idee, wiederkehrend in Tyrus, Carthago und Hades, und nahe verwandt dem Belusthurm. Phönicisch war ferner die Einrichtung des Vorhofes der Priester, der den Tempel zunächst umgab, und den nur die Leviten betreten durften. Er war nur mit einer niedrigen hölzernen Brüstung von dem allgemeinen Hofe abgeschieden, als Symbol der nur formell fortbestehenden, aber im Grunde gebrochenen Priestergewalt; das Vorbild des griechischen τέμενος. Phönicisch waren die beiden berühmten Säulen Backim und Boas, und hauptsächlich die peristyle Anlage der Höfe, so wie die Erweiterung des einfachen Motives der Stiftshütte durch die herumgelegten Gallerieen. Hier zeigt sich phönicischer Styl vollkommen unabhängig. Weder Assyrier noch Aegypter kannten solche dem späteren Griechischen verwandte peristyle Umfassungshöfe. Alles deutet hier schon den Uebergang zu den griechischen Formen an, der Tempel tritt hier schon aus der priesterlichen Verborgenheit heraus ins Freie, und das Königthum ist in einem beweglichen Handelsstaate nicht stark genug, um sich den Glauben des Volkes dienstbar zu machen. Phönicisch endlich war die ganze Verzierungsweise der Anlagen, die (wahrscheinlich assyrisch-ionische) Ordnung der Säulen, der Reichthum aus Metallbekleidungen und Erzgefäfsen.

Uralt war der Verkehr Phöniciens mit den Griechen, die von dort die Kenntniss der Schriftsprache und mancher segenvollen Erfindung entnahmen; und es darf nicht

Wunder nehmen, dass die Idee, welche erst unter den Griechen in vollster klarster Durcharbeitung im Tempel hervortrat, schon, zwar unentwickelter, aber dennoch entschieden genug, sich in den phönicisch-jüdischen Tempelanlagen zu erkennen giebt.

Hatten sich die Religionsverhältnisse bei den Phöniciern anders gestaltet, als bei den Assyrern und Persern, so war die Stammverwandtschaft beider Völker dennoch an ihren sonstigen Gebäuden und Einrichtungen sehr leicht erkenntlich. Glaubt man doch die Beschreibung von Persepolis in dem zu finden, was Josephus von dem Palaste des Salomon erzählt!

---

Noch ein grofses unbekanntes Volk von Maulwürfen hinterliefs mächtige Spuren seines frühen Wirkens, das mit den genannten Richtungen in fast gar keiner Beziehung stand, und vielleicht älter als alle früher erwähnten war.

Die über die ganze Erde zerstreuten Gänge und kegelförmigen Aufwürfe geben Zeugniss von ihrer einstigen Gegenwart, während sie selbst bis auf die letzte historische Spur verschwunden sind. Sie waren geschickte Ingenieure und Metallarbeiter, bauten keine Tempel, sondern verehrten die Todten in trichterförmigen Rotunden mit gewölbten Decken, und diese Vorliebe für die runde Grundform und den Hochbau oder Thurm (wonach sie Tyrrhener hiefsen) macht ihr frühes dunkles Wirken für die Entwickelung der griechischen Kunst sehr bedeutsam[*]).

---

[*]) Doch haben die Griechen für ihren Tempel kaum ein einziges Motiv von ihnen entnommen.

Vielleicht waren sie die Ureinwohner des metallreichen Kleinasien und ein bergwerktreibendes Volk (die Kureten und Korybanten der Mythologie), später ein Volk von armen Auswanderern (Pelasger), und sehen wir ihre letzten Spuren in den kesselflickenden Zigeunern, welche über dem alten Continente in Banden zerstreut leben. Trümmer von dieser Art, und noch viele andere uns räthselhafte Ueberreste erstorbener Zustände bedeckten den Boden der Länder, die Sitz der hellenischen Bildung wurden.

Ein Gemisch von Stämmen, das sich zu freier Entwickelung in nationaler Einheit erst dadurch vorbereiten konnte, dass ihm durch Krieg, Seeräuberei und Handel seine alten sittlichen Stützen und tellurischen Fesseln geraubt waren.

Das aus diesen verwilderten Zuständen hervorgegangene demokratische Element würde sich frühzeitig in sich verzehrt haben, wären nicht in die Flamme der Demokratie zuweilen nachhaltige Klötze geworfen worden, woran sie zu zehren hatte.

Von älteren assyrischen und ägyptischen Einwirkungen im Geiste der Ordnung und des äufseren Gesetzes erzählt die Sage, und es ist bezeichnend, dass der dorische Stamm genealogisch an jene frühesten Einflüsse auf griechische Zustände anzuknüpfen bestrebt war, als er von Macedonien herab seine aristokratische, auf äufsere Form und Ordnung sich stützende Macht über Griechenland verbreitete.

Der Dienst des Apollo des Niobidentödters tritt nun an die Stelle asiatischen Bacchusdienstes. Alles deutet auf ein den asiatischen Culturelementen feindliches Auftreten der neuen Ordner der Gesellschaft hin. Sie stützen ihr System auf Gesetze, die sie zum Theil dem hierarchisch-aristokratischen Aegypten entlehnen, und geben dem vorher dichterisch - asiatischen Hellenenthume eine tempelbauende Richtung.

Wäre ihr System siegreich geblieben, niemals konnte dann das Hellenenthum in seiner wahren eigenthümlichen Herrlichkeit erstehen; niemals konnte sich dann die Kunst der Fesseln ganz entwinden, die sie in Aegypten band. Nur wo der freie ionische Geist des neuen Stoffes Herr wurde, ihn durchdrang und belebte, war dies Ziel erreichbar.

---

Auffallende und neue, zuweilen willkürliche und durch die Gesetze der strengen Architektonik ungerechtfertigte Verbindungen oder Verzwitterungen der verschiedenen vorgefundenen Bauelemente mussten vorangehen, ehe die Schöpfung des griechischen Tempels vollendet war.

Nur dadurch ward sie möglich, dass alle Künste ihre Opfer brachten und die Schranken duldeten, innerhalb welcher sie höchste Freiheit in der Entfaltung ihrer Mittel handhaben konnte, ohne dem Ganzen zu schaden.

Doch werfen wir vorher einen Blick auf dasjenige, was ein griechischer Tempel in seinem allgemeinen Zusammenhange war.

Der ganze Tempelbezirk hiefs das Heiligthum ($\tau\grave{o}$ $\iota\varepsilon$-$\varrho\acute{o}\nu$) und war, gleich jenen asiatischen Anlagen, ein weites, länglicht viereckiges Plateau, das sich auf kräftigen Quadersubstructionen mehr oder weniger hoch über der

Fläche erhob, und häufig schon durch seine Lage die Umgegend überragte. Freitreppen führten zu ihm hinauf, und in einigen Fällen war es mit einem ersten Peribolus umgeben; meistens aber bildete es eine freie Terrasse, ohne Brüstung und mit Bildwerken, Weihgeschenken u. s. w. verziert. —

Auf ihm erhob sich, von allen Seiten zurücktretend, und wieder mäfsig über dem Boden erhöht, ein engerer, von Mauern umgebener Abschluss; den Eingang dazu bildeten gegiebelte, säulengetragene (hypostyle) Vorhallen, Propyläen genannt, und bei späteren und reicheren Anlagen der Art wurde die Mauer innerlich mit einem Peristyle umgeben *). Hernach ersetzte eine ganz offene Säulenhalle diese Mauer. In den beiden letzten Fällen hiefs diese Umschliefsung des Tempelhofes die Stoa.

Nun erst trat man in den eigenthümlichen Bezirk des Heiligthums, in dessen Hintergrunde auf neuem Unterbaue, oft blofs auf herumlaufenden Stufen, der Tempel (ἡ νέως) stand. Vor ihm war ein eingehegter Bezirk mit dem Altare in der Mitte, er hiefs die τέμενος.

Das Tempelhaus bildete, der Grundform nach, bekanntlich ein rechteckiges regelmäfsiges Giebelhaus, ursprünglich aus der einfachen Tempelzelle bestehend, und blofs vorn zwischen den Anten des Vortempels mit Säulen geziert. Aber um seine Bedeutung zu heben, wurde er mit der weiteren Entwickelung der Grundidee des

---

*) Erst unter den Römern scheint der Gebrauch aufgekommen zu sein, das Peristyl äufserlich um die Mauer des Peribolus zu legen, oder ein solches durch säulengestützte Simmsverkröpfungen anzudeuten, wie bei dem Tempel des olympischen Jupiter zu Athen.

griechischen Tempelbaues, wie die Mauer des Vorhofes, mit Peristylen umgeben, die das Tempeldach trugen.

Obschon mit ihm die höchste architektonische Wirkung erreicht war, musste sich dennoch der allgemeine Kunsteffect noch bis zum Götterbilde steigern. Man hatte daher im Widerspruche mit der äufseren Form des Tempels, sich genöthigt gesehen, dessen Inneres wieder in der Art eines peristylen Hofes zu gestalten, in dessen Hintergrunde das Sacellum*) (ἡ σηκός) mit dem Götterbilde stand.

Die Wände und Interkolumnien dieses, an gröfseren Tempeln peristylen Hofes sind durch die edelsten Werke der Plastik, Toreutik und Malerei gehoben, und mit dem majestätischen goldschimmernden Götterbilde ist die durch alles Vorangegangene, bis zum Höchsten gespannte Erwartung befriedigt.

Der Reichthum der Beziehungen und die Erhabenheit des Gedankens musste dadurch noch Zuwachs erhalten, dass in vielen Fällen die Burg, der Markt, das Theater, das Hospital und so weiter, in den Bereich und unter den Schutz des Gottes gebracht wurden, indem sie und ihre Einschlüsse die Peribolus des Tempels bildeten. So sehen wir es noch jetzt in Pompeji und auf der Akropolis von Athen. So war es in Rom und überall. Dieser Umstand war wohl der Anlass, in Kunstbüchern immer nur den Tempel, d. i. die νέως (partem pro toto), als vollständiges Ganzes behandelt zu sehen.

Wenn schon in dieser Gliederung, die in der Mitte

---

*) Es war oft nur in der Idee als gestickter Baldachin vorhanden.

des zum Höchsten gesteigerten Effectes einen zu scharfen Abschnitt zeigt, etwas Mangelhaftes liegt (was die Athener bewog, ihre colossale Minerva mitten auf die Akropolis zu stellen, wo ihr Helmbusch selbst die Giebelkrönungen des Parthenon überragte), so erkennt man schon in diesem Zusammenhange, ohne die Vollkommenheiten des Einzelnen zu berücksichtigen, den unermesslichen Abstand zwischen Hellenenthum und den Barbaren.

In unübertroffener, nie erreichter Harmonie wirken die vier Elemente der Baukunst zu Einem grofsen Ziele zusammen. Der Unterbau, die umgebenden Stoen sind nur das Vorbereitende und Tragende, der Hofstaat des Gottes; ohne sie hätte sein viereckiges Giebelhaus kein Vorne und kein Hinten, es wäre beziehungslos und unverständlich. So aber ragt es über den ihm zur Verherrlichung in eigener Schöne prangenden Hallen hinaus mit seinem reich gekrönten Giebel, das Haus des Gottes. Nicht mehr halten ihn kluge Priester in verborgenem Käfig gefangen, nicht mehr dient er despotischem Uebermuthe hoch in den Wolken als Symbol und Drohbild eigener Macht. Er dient Niemandem, ist sich selbst Zweck, ein Vertreter der eigenen Vollkommenheit und des in ihm vergötterten griechischen Menschenthumes. —

Nur ein freies, von Nationalgefühl getragenes Volk kann solche Werke verstehen und — schaffen *).

---

*) Der in dem Texte bemerkte Umstand, dass die Steigerung der Wirkung bis zum Bilde der Gottheit eine Unterbrechung erleidet, hat wahrscheinlich zu der Ansicht geführt (die jetzt einen der verbreiteten ästhetischen Gemeinplätze bildet), die Baukunst der Griechen sei eine wesentlich äufserliche. — Es kommt dabei auf ein Verständniss an; mich

Mancherlei Einflüsse waren aber bei ihrer Entstehung thätig.

---

dünkt, man kann sie eben so richtig, oder eben so unrichtig als eine wesentlich innerliche qualificiren. Der asiatische Peribolus bildet dabei eine drei bis viermal wiederkehrende Grundidee, die gerade den Begriff des Abschliefsens der Aufsenwelt von etwas Geheiligtem, Innerem mit sich führt. Auch fehlt das prachtvolle Thor nicht, das so gut wie an den gothischen Kirchen und an den ägyptischen Tempeln so nachdrucksvoll auf das Innere hindeutet. Die Steigerung des Kunsteffectes bis zum Bilde der Gottheit ist endlich ein fortgesetztes Hinweisen auf das Innere. Alles ist innerliche, das heifst Hofarchitektur, bis auf das Aeufsere des Tempels, und selbst dieses wird bei einem peristylen Tempel durch das Anlehnen des gewöhnlich die inneren Wände eines Hofes umgebenden Peristyles an die Tempelmauer in den Bereich der inneren Hofarchitektur hinübergetragen. Dass die Mauer der Cella als der eigentliche äufsere Abschluss des Tempels zu betrachten ist, erkennt man deutlich an dem innerhalb der Hallen an der Tempelmauer herumlaufenden vollständigen Gebälke, welches ohne diese damit verbundene Idee nicht motivirt wäre. Zwar scheint die Giebelüberdeckung des Tempels, die alles umfasst, dem zu widersprechen, aber dies ist eben eine von den Inconsequenzen der griechischen Baukunst, die der beabsichtigten Idee zugestanden wurden. Noch gröfser ist die andere Inconsequenz, nämlich die Hypäthraleinrichtung der Cella, und wie wir uns auch die Sache denken mögen, mochte nun das Innere ganz offen bleiben oder nach Art der Basiliken ein eigenes überhöhtes Dach erhalten, oder gar (nach Fergusson) durch Erkerfensterchen beleuchtet werden, niemals werden die Scrupel ganz gehoben, die wir bei dieser merkwürdigen Verzwitterung zweier, auf diese Weise nicht organisch vereinbarer Bauelemente (des Daches mit der Umfriedigung) empfinden. Wenn übrigens (und dies sage ich in Beziehung auf eine aus der Kugler'schen Schrift weiter oben citirte Stelle) durch das Vorsetzen des Peristyles die Cellamauer in den Bereich der Hofarchitektur herübergetragen wurde, wenn, nächst der Vergröfserung des Tempels, die Harmonie des Aeufseren mit seinem Inneren und seiner Umgebung Anlass dazu gegeben haben muss, so ist es auch consequent anzunehmen, dass das Aeufsere der Cellamauer gleich den Wänden des peristylen Inneren und der Umgebung des Tempels gemalt gewesen sei. Diese Nothwendigkeit trat sofort ein, wie die nackte Cella mit einem Peristyle umgeben wurde,

Der alt-hellenische Cultus war an Opfer geknüpft, die auf den höchsten Bergspitzen des Landes gehalten wurden. Dort befinden sich noch jene alten, auf cyklopischem Unterbaue errichteten Plateaus, auf denen der gigantische, aus der Asche der Hekatomben errichtete Altar stand, und neben ihm eine kleine Capelle, dessen Giebeldach nicht auf Säulen stand, sondern eine gemauerte Cella unmittelbar überdeckte. Mochte nun der assyrische Thurmbau auf denselben ursprünglich auf Bergspitzen gehaltenen Naturdienst fußen, oder umgekehrt von dorther den bergbewohnenden Hellenen dieser Cultus vererbt worden sein, nicht zu verkennen ist die Wurzelverwandtschaft zwischen beiden.

Aus dieser Erdhütte nun erwuchs mit Hülfe fremder hinzugetragener Elemente der griechische Tempel.

---

wenn auch, nach dem angeblichen Beispiele des Delubrum zu Anticyra, die Mauern der templa in antis etc. ursprünglich das rohe Steinwerk zeigten.

Um nochmals auf die Aeufserlichkeit der classischen Architektur zurückzukommen, so giebt es eigentlich keine bedeutendere Bauform, die nicht aus dem ursprünglich darin verhaltenen Begriffe des Hofes hervorgegangen wäre. An den ägyptischen Tempeln wurde dies oben nachgewiesen; aber auch die gothische Kathedrale ist eine überwölbte Basilika, d. h. ein Hof, dessen mittlerer offener Raum dadurch in das Gebiet des Inneren gezogen wurde, dass man ein höheres Dach darauf setzte. Die gothischen Baumeister selbst waren dieser Bedeutung desselben vollständig eingedenk, wie schon die Fensterdurchbrechungen des Triforium und der mit goldenen Sternen geschmückte Azurgrund der hohen Mittelgewölbe es beweisen.

Sogar das antike Pantheon und die byzantinischen Dome sind nichts weiter als überwölbte Atrien, deren oft runde Form schon aus des Plinius Briefen bekannt ist. Es sind die atria testudinata oder testudine tecta des Vitruv.

Mit ihr und dem herrschenden Terrassenbau stand auch die asiatische Hofumschliefsung in Verbindung. Asiatisch ist ferner der Gebrauch der hypostylen Propyläen, ein in Aegypten erst durch die Griechen eingeführtes Motiv. Als Neuerung erscheint dagegen die dorische Säule, ihre peristyle Anwendung *) und die auffallende Verbindung der äufseren Giebelform mit innerer Hofeinrichtung, die Hypäthralform der Tempel. Aehnliche Motive finden sich theils in Aegypten, theils in Phönicien, und es ist daher nicht unwahrscheinlich, dass dorische Gesetzgeber, deren Verkehr mit diesen Ländern erwiesen ist, sie von dort entlehnten, um in ihnen die den eigenen verwandten hierarchisch-aristokratischen Tendenzen dem vermischt dynastisch-demokratischen alten Hellenismus entgegenzustellen.

Der Gott, von den hohen Berggipfeln in den Kreis der menschlichen Wohnungen heruntergetragen, lief Gefahr, unter priesterlichem Vorwerke zu verschwinden, und erst, als unter ionischer Kunst der olympische Jupiter zu einer Gröfse und Majestät heranwuchs, dass ihm seine Cella zu eng wurde, erst, als Pallas Athene aus ihrem gestickten Tabernakel hochragend mitten auf den Platz trat, war die Gottheit ihrer Fesseln vollständig entledigt. —

Bei der Verschmelzung des Dorismus mit dem Hellenismus mussten in der mehr ionischen als dorischen Pro-

---

*) Im Homer ist noch keine Rede von peristylen Höfen, wohl aber beschreibt er deutlich die hypostylen, mit Etagenbauten umschlossenen assyrischen Hallen.

vinz Attika die beweglicheren Elemente, die mehr phonetischen Künste, Malerei und Sculptur, der ionischen Tonweise folgen.

Es ist nämlich wohl mehr als blofse Muthmafsung, dass der Dorismus, wie in der Musik, so auch in der Ausübung der beiden genannten Künste, und hauptsächlich in ihrer Anwendung auf den Tempelbau, sich principiell von dem Ionismus unterschied, dass eine dorische Farbentonart bestand, wie es eine dorische Tonart in der Musik gab.

Dass dorische Kunst auch hierin mehr sich an das Aegyptische anlehnte, ionische Kunst dagegen auf den ursprünglichen, nicht zur Hieroglyphe erstarrten Teppichwerken der Assyrer fufste (die gerade wegen ihrer incunablen Unvollkommenheiten den besseren Ausgangspunkt zu freierer Entfaltung der Künste bildeten), oder wenigstens mit ihnen aus gemeinsamer Wurzel hervorging, ist eben so wahrscheinlich.

So erklärt sich der Gegensatz zwischen ägyptisch-dorischer und orientalisch-attischer Polychromie, der sich aus der Vergleichung ihrer Ueberreste an den Monumenten von Attika und Sicilien ergiebt.

Beide Systeme konnten nicht mit einander übereinstimmen, und dass die Restaurationsversuche sicilischer Tempel mit denen der attischen durchaus nicht harmoniren, giebt eher einen Beweis für die Glaubwürdigkeit beider, als dagegen; um so mehr, da wirklich jene an das hellgründige, blaugrüne, accentuirte ägyptische, diese mehr an das reiche und getragene orientalische Farbensystem erinnern, das in fortlebender Ueberlieferung durch das Mittelalter hindurch die Basis der neueren Farbenmusik wurde, während jenes mit der Hieroglyphenschrift unterging. —

Dieser Gegensatz zeigt sich noch klar an den Wandgemälden von Pompei, einer Stadt, die zu der Zeit blühte, als ägyptischer Einfluss (freilich nur durch bedeutungslose Nachahmung) auf die Künste der Welthauptstadt neu angeregt war *).

Die ägyptisirenden Wanddecorationen sind dort hell, und von dem reicheren orientalischen Verzierungsprincipe auf anderen Wänden leicht zu unterscheiden **).

---

*) Petron. cpt. I.

**) In der ganzen Verhandlung ist fast gar nicht von der Plastik die Rede, weil ich sie, als decoratives Element, nach der Weise der Alten, für vollkommen mit der Malerei identisch ansehe, und in ihrem mehreren oder minderen Relief nur ein Resultat weiser Berechnung der Wirkung erkenne, welche ein Bildwerk an dieser oder jener Stelle zu machen hat, damit es zum Ganzen stimme und sich selbst gehörig vertrete. —

Uebrigens gehört offenbar böser Wille dazu, alle die deutlichen Spuren antiker Farbenbekleidung nicht sehen zu wollen, die selbst auf den Elginmarbles trotz des häufigen Einseifens noch erscheinen.

In Betreff der antiken Statuen habe ich noch zu bemerken, dass die fasrigen Flecken auf den meisten unter ihnen, die man für Pflanzenwurzeln hält, die sich während ihres Vergrabenseins an ihre Oberfläche angesetzt hätten, und die der italienische Antiquar die vergine nennt, Stellen sind, wo die Nahrung suchenden Wurzeln den harzigen Ueberzug verschont liefsen.

# VI.
## Nutzanwendungen.

Sei es nun gestattet, den verhandelten Stoff mit einigen kurzen Nutzanwendungen zu schliefsen:

Sollen wir wieder anfangen, griechische Tempel zu bauen, und versuchen, ob es uns diesmal mit Anwendung antiker Polychromie uud aller neu enthüllten Finessen antiker Kunsttechnik besser gelinge als früher?

Das wäre ein erschreckliches Unglück!

Die antike Polychromie hat ihre historische Basis verloren, seitdem schon durch die Römer der Stoff und die Construction der Mauer ihre höhere künstlerische Geltung erhielten, und nicht mehr hinter der Scheerwand versteckt, blofs dienend, sondern Formen gebend oder wenigstens mit bestimmend auftreten, ein Recht, was das hölzerne Dach schon lange und von Ursprung der Künste her genossen hat. Durch das Weitergreifen der Mauer in das Gebiet des Daches hinein, seit der künstlerischen Anwendung des Bogens und des Gewölbes, ist sogar diesem uralten Symbole des Heiligsten, dem Dache, seine Herrschaft und Bedeutung geraubt oder wenigstens streitig gemacht worden.

Wo aber die künstlerisch nicht genügende Beschaffenheit des Stoffes oder Vorsorge für dessen bessere Erhaltung äufserlich, und die stets dieselben gebliebenen Erfordernisse der Bequemlichkeit, Wärme, Behaglichkeit etc. innerlich eine Bekleidung der Wände und sichtbaren Constructionstheile, sei es nun Stuck, Holz, Anstrich, Teppich oder was immer, vorschreiben, da tritt heute wie damals die Nothwendigkeit hervor, ihr ihre ursprüngliche Bedeutung zu lassen; dort ist der Malerei das Gebiet eröffnet.

Wie dies geschehen solle? Es ist schwer, darauf eine allgemein gültige und zugleich bestimmte Antwort zu geben.

Man muss, dünkt mich, hauptsächlich folgende Dinge dabei im Auge behalten:

Zuerst darf die Wand niemals durch das darauf Dargestellte ihre ursprüngliche Bedeutung als Raumabschluss verlieren, es ist vielmehr immer noch rathsam, bei Verzierung der Wände durch Malerei des Teppichs, als frühesten Raumabschlusses, eingedenk zu bleiben. Ausnahme machen nur solche Fälle, wo der Raumabschluss wohl materiell, aber nicht der Idee nach vorhanden ist. Dann tritt die Malerei in das Gebiet der Theaterdecoration ein, was sie öfters mit gutem Erfolge thun mag*).

Zweitens müssen das Clima und selbst die Sitten eines Landes bei der Wahl der Farbentonarten und der Gegenstände berücksichtigt und darf nichts Neues ver-

---

\*) Die Verlängerungen einer Hofperspective auf Grenzmauern des Eigenthumes, ein in Oberitalien sehr beliebtes Motiv, gehören dahin.

sucht werden, was nicht gewissermafsen dort schon im Motiv vorhanden wäre. Drittens muss die Malerei zu dem Charakter des Gebäudes im Allgemeinen und zu den Bestimmungen seiner Abtheilungen im Einzelnen passen und sie hervorheben. Viertens muss der Standpunkt, den die Malerei auf ihrem Wege als erste unter den Künsten sich erwarb, und der hohe Grad technischer Vollkommenheit, den sie erreichte, dabei nicht aufser Augen gelassen werden. Es wäre vergeblich, sie zur Sklavin machen zu wollen. Man muss sich ihre Gunst zu erwerben suchen und in eine freie Allianz mit ihr treten.

Fünftens endlich muss bei der künstlerischen Behandlung des Anstriches sichtbarer constructiver Theile, z. B. eiserner Säulen, eiserner Dachconstructionen oder dergleichen von Holz, auf die diesen Stoffen eigenthümlichen statischen Verhältnisse Rücksicht genommen werden. So würde ich z. B. bei Eisenwerk, das, je dünner, desto vollkommener erscheint, niemals helle Farben anwenden, sondern Schwarz, Bronzefarbe und viele Vergoldung.

Auf die Sculptur ist theils was von der Emancipation des Stoffes in der Baukunst gesagt wurde, theils das auf die Malerei Bezügliche anwendbar, jenachdem sie mehr das Gebiet des äufserlich Stofflichen oder des innerlich Ausschmückenden betritt. Diese Kunst hat den Irrthum, die Antike weifs zu sehen, in der grofsen Zeit der Renaissance auf eine Weise verdaut und verarbeitet, dass es schwer ist, das daraus entstandene wahrhaft Grofse durch anderes wenigstens sofort zu ersetzen. Doch wird es einen häufig anwendbaren Ausweg bieten, wenn man die Sculptur mehr in das Gebiet des Metallarbeiters hinüberleitet. —

Ein grofses und freies Feld für äufserliches polychromes Wirken ist uns in der Benutzung des verschiedenfarbigen Materials geblieben, dessen künstlerische Weiterbildung keine von unseren Traditionen verletzt, und dem jetzigen Standpunkte der Technik, wie oben gezeigt wurde, vollkommen entspricht, vorausgesetzt, dass bei der Wahl der decorativen Formen und Farben nicht mehr, wie sonst bei den Assyrern der Fall war, ein der Mauer fremdes Bauelement, sondern die Construction selbst und der sich darbietende Stoff mafsgebend auftreten\*).

Doch sind das alles nur armselige Hausmittel, die keinen alterssiechen Zustand in Jugendkraft verwandeln können. Nicht der Kräuter der Medea, wohl aber ihres verjüngenden Kessels bedarf es.

Noch eine Nutzanwendung, wenn es beliebt:

In dem griechischen Tempel erkannten wir die Versöhnung zweier Gegensätze, des despotisch-monarchischen Belustempels und des hierarchisch-aristokratischen Wallfahrtstempels der Aegypter, in einer höheren Idee, wonach das Volk, das Monarch und Priester gewordene, sich in seinem Gotte verherrlichte.

---

\*) In vielen Fällen erlaubt die Ziegelconstruction eine Ornamentation, die zugleich dem Flechtwerke und dem Fugenverbande der Steine entspricht, und wovon sehr schöne und bemerkenswerthe Beispiele in dem alten italienischen Baustyle vorkommen.

Ein sehr verwandter Gegensatz bildete sich in unserer christlichen Culturperiode. Was ist die in dem gothischen Dome zu ihrem letzten Ausdrucke fixirte abendländische Basilika anderes, als ein ägyptischer Priestertempel? Die Ecclesia hat den Tempel verschlungen, die Kirche ist des Gottes Herr geworden; fehlen doch selbst die hohen ägyptischen Pylonen nicht!

Was ist die morgenländische Kuppel anderes, als ein christlicher Baalstempel*)?

Unser Heiland ist der Repräsentant des Despoten geworden, der sein Reich auf Erden vertritt, und alleiniger Herr ist über Geistliches und Weltliches!

---

*) Es wird wahrlich kein Anthemius von Tralles, kein Isidor von Milet erfinderisch genug sein, eine neue Grundform der Architektur zu schaffen, wenn nicht vorher eine neue welthistorische Idee sich Bahn brach, von welcher jene der Ausdruck wurde. Eine solche Idee schwebte Constantin dem Grofsen vor dem Sinne, als er mit dem äufseren Christenthum für seine neu gegründete Hauptstadt nicht auch zugleich die weströmische christliche Basilika adoptirte, sondern seinem Christengotte vor dem Tablinum seines römischen Hauses den Altar errichtete, dessen hohes Atrium testudinatum das Vorbild aller griechisch-katholischen „Dome" wurde. Es ist leicht zu erweisen, dass in ihrer ältesten und einfachsten Form, in welcher alle späteren Kuppeltempel wie im Keime enthalten sind, alle Haupttheile vorkommen, die das römische Haus constituiren. Die aula, die prothyra, das vestibulum, das atrium, die alae, das tablinum und selbst die fauces, die zu dem peristylen Hinterhof und den inneren Theilen des kaiserlichen Palastes führen. So war der kaiserliche Gedanke, der ihn zur Annahme der neuen Lehre bewog, architektonisch verkörpert, und Christus war in seine neue Wohnung, als Hausgott der irdischen Gewalt, eingezogen.

Wie grofses Unrecht thut man uns Architekten mit dem Vorwurfe der Armuth an Erfindung, während sich nirgend eine neue weltgeschichtliche, mit Nachdruck und Kraft verfolgte Idee kund giebt. Vorher sorgt für einen neuen Gedanken, dann wollen wir schon den architektonischen Ausdruck dafür finden. Bis dahin begnüge man sich mit dem alten.

Die Versöhnung dieser Gegensätze ist auch zugleich der Anfang einer neuen Zeitrechnung in der Kunst, einer noch höheren Kunstentfaltung, als die hellenische war *).
Wann wird diese Zeit eintreten? Welche Pythia wird darauf antworten und wie?
Hoffentlich nicht wie folgt:

„Wenn einst roth in Sifnos das Prytaneion erscheint,
„Roth der Markt aussieht . . . . . . . ."

---

*) St. Peters Dom ist nur eine Verkuppelung der Gegensätze, ein Repräsentant des vom Papste geknechteten Priesterthumes

Bei Fragen zur Produktsicherheit wenden Sie sich bitte an:
If you have any questions regarding product safety,
please contact:

Birkhäuser Verlag GmbH
Im Westfeld 8
4055 Basel, Schweiz
productsafety@degruyterbrill.com